현대사회와 윤리 주제 탐구

현대사회와 윤리 주제탐구

더 나은 삶을 위한
생활과 윤리 도덕 주제들

개정판 1쇄 발행일 2023년 3월 6일
개정판 2쇄 발행일 2023년 11월 28일

지은이 문종길 김미덕
펴낸이 양옥매
디자인 표지혜 송다희
교 정 조준경

펴낸곳 도서출판 책과나무
출판등록 제2012-000376
주소 서울특별시 마포구 방울내로 79 이노빌딩 302호
대표전화 02.372.1537 **팩스** 02.372.1538
이메일 booknamu2007@naver.com
홈페이지 www.booknamu.com
ISBN 979-11-6752-273-3 (03190)

현대사회와 윤리
주제 탐구

문종길 · 김미덕 | 지음

책과나무

"더 좋은 삶을 위한 도덕 주제들"이 세상에 나온 이후 독자들로부터 분수에 넘치는 사랑을 받아 전면 개정의 뜻깊은 기회를 맞았다. 그동안 세 번의 수정을 거치면서 다소 부족한 부분들을 바로잡았지만, 사회과 교육과정의 변화에 맞는 내용을 싣기에는 부족했던 점이 늘 아쉬움으로 남았다. 이번 개정판에서는 이런 아쉬움을 보완하기 위해 실천 윤리학, 메타 및 기술 윤리학, 도덕 과학적 접근, 책임 윤리, 우생학, 인공지능 (AI)의 윤리, 노직의 정의관, 형벌과 사회 계약, 베카리아의 형벌관, 칸트 · 묵자 · 순자의 예술관, 칸트의 영원한 평화, 갈퉁의 평화적 수단에 의한 평화, 국가와 개인 등의 주제들을 새롭게 추가한 한편, 이미 기술된 내용들에 대해서는 부족했던 내용들을 더 보충했다. 특히 국가와 개인 간의 관계를 새롭게 독립된 주제 영역으로 설정해 아리스토텔레스, 홉스, 로크, 루소의 국가와 개인 간의 관계를 비교적 깊게 다루었다.

전체적으로 볼 때 열 한 개의 주제를 다루고 있지만, 첫 한 개 주제가 윤리학 이론과 관련된 점을 고려하면, 실질적으로 열 개의 주제를 다루고 있다. 하지만 겉으로 드러난 형식이 열한 개 주제일 뿐, 구체적인 내용은 앞으로 개정될 "현대사회와 윤리" 교과에서 다룰 대부분의 내용을 포함하고 있다. 또 개정 교육과정(2022)에서는 "생활과 윤리" 교과가 "현대사회와 윤리"로 변경됨에 따라 이 책의 제목도 "현대사회와 윤리: 더 나은 삶을 위한 '생활과 윤리' 도덕 주제들"로 변경했다.

이 책은 전문적 학술 서적이 아니며, 고등학교에서 배우는 "현대사회와 윤리" 교과를 조금 더 깊게 읽기를 통해 내용을 심화함으로써 학생들에게 도움을 주고, 대학의 윤리교육과 학생들에게는 실천·응용 윤리학의 일반적 주제들에 대한 대강의 내용을 제공하는 한편, 논술이나 면접을 준비하는 학생과 일반인들에게 조금 더 깊이 있는 교양과 지식을 제공하려는 의도를 갖고 썼다.

모쪼록 이 책이 필요한 곳에서 유용하게 활용될 수 있기를 바라는 마음으로 조심스럽게 세상에 내놓는다.

수정과 개정, 디자인에 이르기까지 까다로운 작업을 정성 들여 깔끔하게 갈무리해준 책과나무 송다희, 표지혜 편집 선생님, 그리고 녹록하지 않은 상황에서도 항상 지은이의 글을 아껴주시는 양옥매 대표님께 감사드립니다.

2023년 3월
지은이를 대표해 문종길 씀.

문종길

차례

어떤 행동을
도덕적이라고
할 수 있을까?

1. 의무론 : 행위 자체의 옳음

성찰 없는 삶이란 무의미하기 때문에 더 살 가치가 없다던 소크라테스의 말을 돌이켜 생각해 보면, 우리들의 일상이 그만큼 성찰 없이 이루어지고 있는 것은 아닌지에 대한 반성을 하게 된다. 사실 자신이 하고 있는 행동에 대해 조금만 생각해 보면, '왜 그와 같이 판단하고, 왜 그렇게 행동하는가?'라는 물음을 어렵지 않게 던질 수 있다.

고대 소크라테스는 물론, 특히 이제 검토할 중세의 토마스 아퀴나스나 근대의 칸트도 이와 같은 생각을 하고 있었다. 이에 대해 아퀴나스는 '그와 같이 판단하고 행동해야 하는' 당위성(의무)을 '신과 자연법(Natural Law)'에 두었고, 칸트는 이성에 의한 '정언 명령(도덕 규칙)'에서 발견했다. 이들은 그것은 옳기(Right) 때문에 우리에게 의무이며, 그러므로 마땅히 그에 따라 행동해야 할 것으로 생각했다.

반면, 근대의 벤담 같은 공리주의자는 '왜 그와 같이 판단하고, 행동해야 하는가?'에 대해 우리가 어떤 선택을 하든 벗어날 수 없는 힘, 즉 '쾌락과 행복'이라는 목적 달성에 유용하기 때문이라고 생각했다. 이 때문에 칸트의 윤리를 '의무론적(또는 동기주의) 윤리', 벤담의 윤리를 '목적론적(결과주의) 윤리'라고 부른다.

윤리에서 의무론적 입장은 아퀴나스의 자연법 이론과 칸트 윤리에서 가장 잘 표현되고 있다. 아퀴나스에 따르면, 신은 인간에게 이성적 직관 능력을 주었고, 인간은 이를 통해 신의 영원하고 절대적인 도덕 원칙을 발견할 수 있다는 것이다. 즉 인간은 어떤 행동을 해야 하며, 무엇을 따라야 하는지(의무와 자연법, 보편 규칙)에 대해 직관할 수 있는 능력을 지녔다(직관주의)는 것이다. 이제 인간은 신이 부여한 자연법의 원리를 이성을 통해 발견(직관)할 수 있는데, 그것은 아퀴나스의 표현처럼 "선은 증진하고 행해야 하며, 악은 피해야 한다."는 이성적 직관에 의한 자연법이다.

한편, 신의 영원한 법에 기초하고 있는 아퀴나스의 자연법은 위계적 질서관을 보여 주는데, 예를 들어 '자신의 생명을 보존하고 건강을 유지하라.'(제1자연적 성향), '자손을 늘려라.', '절도 있는 성행위를 하라.'(제2자연적 성향), '이성을 가지고 선을 추구하라.'(제3자연적 성향) 등이다.

자연법의 이와 같은 보편 규칙들은 오늘날의 도덕 문제들에 대해서도 적용할 수 있다. 예를 들어 '무고한 생명을 죽이는 것은 옳지 않기' 때문에 낙태는 옳지 않다거나, '자연 법칙에 반하는 것은 옳지 않기' 때문에 동성애나 출산을 목적으로 하지 않는 성행위는 옳지 않다는 것이다. 아퀴나스는 자연법을 따르는 행위는 '정상적이기(선)' 때문에 추구해야 하며, 이에 반하는 행위는 '비정상적이기(악)' 때문에 배척해야 할 것으로 보았다.

오늘날 응용 윤리와 관련해 아퀴나스의 주장을 한 가지 더 검토한다면, 그것은 '이중 결과의 원칙(Doctrine of Double Effect)'이다. 현재는 크게 주목받지 못하고 있지만, 이것은 도덕적 의무들 사이의 충돌을 다루고 있어 오늘날 생명·의료 윤리에 시사하는 점이 있다. 이것은 아퀴나스가 선을 추구할 목적으로 했던 어떤 행동이 악을 초래하게 되더라도 도덕적으로 허용될 수 있는 조건을 설명하기 위해 제시한 것이다.

의무론의 본보기로 알려져 있는 근대 칸트 또한 우리가 이성을 통해 도덕 법칙을 직관할 수 있는 능력을 지녔다고 생각했고, 이에 기초해 우리가 무조건 따르고 행해야 할 보편적 행위 규칙을 주장했다. 그는 경험이나 쾌락, 유용성(목적의 달성)처럼 행위 이후의 결과들은 그 행위의 도덕성을 판단하는데 아무런 도움이 되지 않는다고 생각했다.

벤담과 달리 칸트는 오직 우리가 갖고 있는 이성을 통해 우리가 어떤 행동을 해야 할지에 대한 절대적이고, 그 자체로서 무조건 선하고 타당할 수밖에 없는 보편적 도덕 원칙(도덕 법칙)을 발견할 수 있다고 확신했다. 그리고 그것을 '선의지'라 했고, 오직 이 선의지만을 따르려는 동기에서 나온 행동이야말로 무조건 도덕적이라고 했다. 그 이유는 이 행동이야말로 우리가 누구나 마땅히 따라야 할 선의지를 자신의 의무로 받아들이고, 오직 이에 따라서만 행동하기 때문이라는 것이다. 그러므로 오직 선의지로부터 나온 모든 행동은 그 자체로서 도덕적이며, 그러한 행동은 그것이 가져올 결과(행복)와는 전혀 관계없는 것이다.

이 때문에 칸트는 선의지를 '무조건 선'이라고 했고, 이에 기초한 행동 원칙을 '보편적 도덕 법칙'이라고 주장했다. 이제 우리는 자신의 주관적인 행동 규칙(즉 '준칙')이 누구에게나 보편적으로 받아들여지고 적용될 수 있는 보편적인 도덕 원리가 될 수 있도록 오직 선의지를 자신이 따라야 할 의무로 받아들이고 행동하면 된다.

하지만 칸트의 의무론은 도덕 규칙의 예외를 허용하지 않는다는 점, 그리고 이성에 기초해 세워진 이론이기 때문에 감각이나 욕구, 정서와 같은 인간의 다른 특성을 제대로 설명하지 못하여 지나치게 형식 원리(정언 명령)에 치우쳐 있다는 점, 이성이 결여된 동물이나 태아, 어린아이, 안락사 문제를 어떻게 다루고 이들을 어떻게 대우할 것인지에 한계가 있다는 점에서 비판을 받아 왔다. 또 '거짓말 하지 말라.'와 '어려운 처지의 사람을 도우라.'와 같이 두 가지 도덕 규칙이 서로 충돌할 때, 어떤 도덕 규칙을 우선해야 하는지에 대해서도 침묵한다는 비판을 받는다.

이처럼 칸트의 윤리는 '동물은 수단이며, 인간이 목적'이라 주장하고, '인간성(Humanity)을 언제나 목적(인격)으로서 대우하라'는 점에서 매우 이성 중심적이고, 인간 중심적이라는 평가를 받고 있다. 또 이에 기초해 칸트는 사형제도에 대해서도 사람을 죽인 행위 그 자체의 부도덕성, 그리고 스스로 목적으로서 자신의 시민적 인격성을 포기했다는 점에 근거해 응보적 입장에서 허용하는 입장을 나타낸다.

2. 결과주의 : 행위 공리주의, 규칙 공리주의

2000년 9월 영국의 항소법원은 '한 명이라도 살릴 것인가?', 아니면 '두 명
모두 죽도록 내버려 둘 것인가?'의 문제로 논쟁의 중심에 있던 샴쌍둥이 조
디와 메리에 대해 분리 수술을 하라는 판결을 내렸다. 조디와 메리는 8월
4일 하복부가 서로 붙은 채 태어났으며, 메리는 조디의 건강한 심장과 폐
에 의지해 겨우 생명을 유지하고 있었다. 의료진은 분리 수술을 하지 않을
경우 수동적 삶을 유지하는 메리는 물론, 건강한 조디 마저 수개월 이내에
목숨을 잃게 될 것이라고 진단했다. 하지만 가톨릭교회와 생명 옹호 단체
들은 '신의 뜻'을 어기는 것은 죄악이며, 죽게 되더라도 그대로 자라게 해
야 한다고 주장해 왔고, 중요한 것은 '부모의 뜻'이라는 점도 강조해 왔다.
가톨릭 신자인 아이들의 부모는 이미 '신의 뜻'에 반하는 결정을 하지 않겠
다며 수술 거부 의사를 분명히 밝혀 왔다. 하지만 사회 여론은 응답자 중
78%가 수술을 즉시 해야 한다고 반응했다. 결국 법원의 판결에 따라 11월
에 수술은 집행되었고, 예상대로 메리는 죽고, 조디는 생명을 구했다.

만약에 우리가 위의 조디와 메리의 사례에서 아퀴나스의 주장대로
그 자체로서 옳은 신의 뜻과 자연법에 따르는 결정을 한다면, 이는 의
무론적 입장을 지지한다는 의미가 된다. 하지만 만약에 우리가 '가능한

(많은) 생명을 살리는 것이 옳다'라는 기준에 따라 당장 수술을 해야 한다고 결정한다면, 우리의 판단과 행동은 결과주의 윤리에 기초해 도덕적 정당성을 주장하는 것이라고 할 수 있다. 왜냐하면 결과주의 윤리는 어떤 행위의 옳고 그름을 그 행위가 가져오는(또는 가져올) 결과인 유용성(공리)에 기초해 판단하기 때문이다. 따라서 조디와 메리 모두가 죽음에 이르게 하기보다는 수술(즉 행위)을 통해 가능한 좋은 결과(또는 유용성)를 가져오는 것(또는 산출하는 것)이 바람직하다고 할 수 있다.

이처럼 어떤 행위를 통한 결과로서 유용성을 가능한 한 증진시키고, 또 개인은 물론 관련된 모든 사람들(또는 사회 전체)의 행복과 복지를 증대시키고자 하는 윤리적 입장을 '결과주의' 또는 '공리주의'라고 부른다.

공리주의 윤리가 가장 중요하게 여기는 '유용성(효용, 쾌락, 행복)'에 대해 벤담은 유용성의 원리란 어떤 행동이 그 행동과 관련된 사람들의 이익을 증대 혹은 감소시키는지를 기준으로 그 행동을 승인하거나 거부하는 것이라고 설명한다. 즉 어떤 행동이 행복이라는 결과를 증대시키는 경향이 있으면 좋은 것이고, 그와 반대되는 고통을 늘리는 경향이 있으면 악이라는 입장이다. 특히 어떤 행동이 산출하게 되는 유익한 결과에 기초해 행위의 선악을 판단하는 기준으로 삼는다는 점에서 '행위 공리주의'라고도 부른다.

그런데 그가 말하는 결과로서 행복이 곧 쾌락과 같은 의미이기 때문에 결국 쾌락을 극대화하거나 고통을 최소화하는 행위는 선이지만, 반대로 고통을 확대하는 경향이 있는 행위는 악이라는 주장도 정확히 맞는 설명이다. 실제로 벤담은 우리 인간을 지배하고 있는 두 가지 행동 원칙으로 '쾌락과 고통이라는 절대 군주'를 제시한다('쾌락주의적 공리주의'). 즉 우리가 어떤 선택을 하든지 우리는 이 두 군주의 지배로부터 벗어날 수 없으며, 또한 그렇기 때문에 우리가 살고 있는 사회의 전체 구조가 가능한 한 구성원들의 쾌락을 극대화하고, 고통을 최소화하는 방향으로 개선되어야 한다고 주장한다.

나아가 벤담은 쾌락과 행복의 양을 측정하는 기준까지 제시('쾌락 계산법')하여, 이를 근거로 쾌락과 고통을 계산한 다음, 어떤 선택과 행동을 해야 할 것인지 결정해야 한다고 주장한다. 그의 쾌락 계산법은 오늘날 정부의 중요한 행정과 경제 정책 분야에서 '비용-편익 분석'으로 매우 중요하게 응용되고 있다. 예를 들어 가장 논쟁이 격렬했던 새만금 간척 사업을 계속 진행해야 할 것인지를 판단할 때도 이 방법이 채택되었다. 즉 간척 사업에 들어가는 비용과 그 결과 지속적으로 나오게 될 편익(혜택)을 계산하여 최종적인 정책 결정에 반영하는 방식이다.

한편, 벤담이 주장하는 쾌락과 고통이란 인간은 물론, 감각 능력을 갖고 있는 동물에게도 확장될 수 있는 가능성이 매우 높다. 실제로 벤담은 『도덕과 입법의 원리』에서 "언젠가 동물에 대해서도 도덕적 지위를 인정하는 그런 날이 올지도 모른다."는 주장을 펼쳤다. 이런 그의 입장은 현재 대표적인 응용 윤리학자인 피터 싱어(P. Singer)에 의해 계승되어 억압적이고 기업적인 형태의 가축 농장에서 고통을 받고 있는 동물들의 도덕적 지위를 인정해야 한다는 '동물 해방'의 가장 중요한 논거로 채택되고 있다.

이외에도 처벌과 관련해 공리주의는 '응보주의적' 관점에 대해 반대한다. 한 사람의 행복은 다른 누구의 행복과 마찬가지로 똑같이 중요하기 때문이다. 따라서 처벌 자체는 고통을 초래하기 때문에 올바른 것이라고 하기는 어렵다. 처벌은 또 다른 범죄를 억제하거나 예방하여 행복을 산출하는 데 기여할 때 의미를 지니며, 그렇기 때문에 공리의 원칙에 따라 최소의 비용으로 최대의 효과를 산출할 수 있는 대안을 마련해야 한다(판옵티콘).

하지만 결과주의로서 공리주의가 '사회 전체의 구조'를 '최대 다수의 최대 행복'을 위한 것으로 바꾸고자 할 경우, 불가피하게 소수자의 이익이나 권리를 보호하는 데 한계가 있을 수밖에 없고, 이 때문에 공리주의는 다수에게 '좋은 것'을 '도덕적으로 옳은 것'과 혼동하고 있다는 비판을 받아 왔다. 즉 사회적 소수자의 기본권이나 분배에서의 정의(Right)의 문제를 제대로 다루지 못해왔다는 것이다.

또 우리가 언제나 쾌락과 고통에 대해 매우 영리하게 계산하는 것도 아니고, 어떤 경우는 계산할 여유마저 없다는 점도 지적할 수 있다. 이런 경우는 차라리 '일반적으로 규칙을 지키는 것이 바람직하다.', '일반적으로 거짓보다는 정직이 더 낫다.'처럼, 지금까지의 경험을 규칙으로 삼는 편이 더 나을 수 있다. '규칙 공리주의'는 행위 공리주의가 받아 왔던 이와 같은 비판에 대한 합리적 대응이라고 할 수 있다.

행위 공리주의에 따르면, 만약에 어떤 행위가 옳다면, 그것은 그 행위가 가능한 여러 대안들 중에서 가장 많은 선을 산출하기 때문이라고 주장한다. 그렇지만 이런 입장이 드러낸 한계는 위에서 이미 살펴보았다. 이에 대한 대응으로서의 규칙 공리주의에 의하면, 만약에 어떤 행위가 옳다면, 그것은 그 행위가 다른 대안들보다 더 많은 선(유용성, 공리)을 산출하는 행위 규칙에 부합하기 때문이라고 주장한다.

현대사회와 윤리 주제탐구

즉 행위 공리주의는 어떤 행동이 다른 행동보다 더 큰 이익(복지, 행복, 효용, 유용성)을 가져오는지를 가지고서 '그 행동은 옳다'고 주장한다. 반면, 규칙 공리주의는 어떤 행동이 어떤 하나의 규칙을 따름으로써 그것이 다른 규칙을 따를 때보다 더 큰 이익을 가져오는지를 가지고서 '그 행위가 옳다'고 판단한다. 또한 규칙 공리주의에 의하면, "도덕적으로 나쁜 행위란 이성적인 사람들이 자신이 속한 사회에서 평생을 살기 원한다면, 어떤 규칙들보다도 우선적으로 지지하는 도덕 규칙에 의해 금지되는 행위를 말한다(R. Brandt)." 이와 같은 규칙 공리주의를 보다 간명하게 이해하기 위해 다음에 제시된 하나의 사례를 보기로 하자.

■ 가장 낮은 수준의 경험 규칙

⑴ 거짓말하지 말라.

⑵ 해악을 끼치지 말라.

갈등이 없는 경우 ⑴과 ⑵는 지켜져야 하지만, 만약에 경험 규칙 ⑴과 ⑵가 서로 충돌하는 상황이 일어난다면, 중간 수준의 새로운 경험 규칙을 적용한다.

■ 중간 수준의 경험 규칙

⑶ 진실을 말하는 것보다 더욱 중요한 것은 해악을 발생시켜서는 안 된다는 것이다(예를 들면, 고문에 의한 자백 때문에 무고한 다수의 시민이 희생되는 상황).

■ 가장 높은 수준의 경험 규칙

⑷ 다른 규칙들을 적용할 수 없다면, 당신이 내리는 최선의 판단에 따라 효용을 극대화할 것으로 생각하는 것을 행하라.

이 외에도 '약속을 지켜라.'와 '어려운 처지의 사람을 도우라.'는 경험 규칙이 서로 충돌한다면, 우리는 보다 높은 수준의 규칙인 '남을 돕는 것이 자기에게 심각한 불편과 곤경을 초래하지 않는 한, 도와주어야 한다.'는 행동 규칙을 수용할 수 있을 것이다. 또 이를 앞의 조디와 메리의 사례에 적용하면, 적극적인 악을 행하라(메리의 죽음)는 것이 아니라 '가능한 악을 최소화하고 선을 증진하라(조디의 생명을 구함).'는 행동 규칙을 적용하는 것으로 이해할 수 있다.

이처럼 규칙 공리주의는 쾌락의 총량만을 고려하는 행위 공리주의를 통해서는 올바른 도덕 원칙을 이야기할 수 없다는 의무론자들의 비판에 대해 일종의 '원칙이 있는 공리주의'의 모습을 보여 주는 한편, 나아가 '무조건 따르라.'는 의무론의 모호함과 추상성까지 극복하려 했다는 평가를 받기도 한다.

3. 덕 윤리 : 좋은 습관과 성품

　우리에게 '방관자 효과'로 알려진 키티 제노비스 사건은 1964년 3월 가장 자유주의적이고 개인주의적인 도시, 뉴욕 퀸즈에서 발생했다. 제노비스가 죽음에 이르는 35분 동안 그녀의 주변에는 38명의 목격자가 있었지만, 단 한 명도 경찰에 신고하지 않았다. 이로 미루어 볼 때, 인간은 이성적이기 때문에 절대적 가치를 지니며, 그렇기 때문에 오직 목적으로서 대우하라는 칸트의 '도덕 법칙'은 아무런 실천적 지침을 제공하지 못한다. 칸트의 의무론적 윤리가 형식 원리적이기 때문에 구체적인 상황에서 행동을 이끌어내지 못한다는 평가는 바로 이 경우에 해당한다.

　그렇다면 결과주의는 어떨까? 사회가 최대 다수의 쾌락(행복)을 계산하듯이 38명의 사람들은 각자 자신들이 할 수 있는 행동들을 두고 쾌락과 고통의 양을 계산했을 것이다. 자신이 어떤 조치를 취함으로써 겪게 될 결과, 예를 들어 제노비스의 죽음을 막기 위해 직접 행동할 경우 자신이 위험에 빠질 수 있다는 계산(이것은 고통의 최소화와 쾌락의 극대화 원칙에 어긋난다), 신고를 한다면 사건 이후 증인 자격으로 진술하고 법정에 서야 한다는 불편함에 대한 계산, 심지어 제노비스의 죽음을 목격하면서 자신이 당사자가 아니라는 사실에 대한 심리적 위안을 계산했을지도 모른다. 이렇게 보면, 자신의 행동이 가져올 쾌락과 고통에 대한 계산만을 기준으로 삼아야 한다는 벤담의 결과주의는 윤리적 이기주의('각자는 각자에 대해서 동일한 단위로 계산되어야 한다.')라는 비난에 직면할 수 있다.

목적론적 윤리의 대표적인 유형인 벤담의 '쾌락주의적 공리주의'가 비록 같은 목적론적 윤리인 '윤리적 이기주의'와 다르다고 할지라도, 벤담의 쾌락주의적 공리주의에 기초해 제노비스 사건을 해석한다면, '최대 다수의 최대 행복'을 추구하는 공리주의의 이상보다는 '행위자의 이익 추구'라는 윤리적 이기주의와 결합할 가능성이 더 높다. 키티 제노비스의 사례는 근대 칸트와 결과주의 윤리가 안고 있는 심각한 문제, 즉 규칙(순수한 도덕 규칙이나 결과주의적 규칙)만을 강조하고, 이것을 따르는 행동이 옳다는 윤리의 허구성을 드러낸다.

규칙에 따른 행위만을 가지고 옳고 그름을 판단하려는 근대의 대표적인 두 윤리에 대한 비판은 단순히 '우리는 무엇을 해야 하는가?'라는 행동 규칙이 아니라 '좋은(훌륭한) 성격'과 '덕 있는(유덕한) 사람'에 대한 강조로 나타났다. 이에 따라 도덕적인 물음은 단순히 의무나 결과를 따르는 행동이 아니라 개인의 '성품'으로 옮겨가게 되었다. 바꿔 말하면, '우리는 어떤 사람이 되어야 하는가?', '어떤 행동이 훌륭한 행동인가?', '우리는 어떤 성품(인격, 성격)을 지녀야 하는가?', '우리 사회와 우리에게 필요한 미덕(덕)은 무엇인가?', '어떤 성품에서 나온 행동이 우리를 정의롭게 만드는가?'와 같은 질문이 도덕 이론의 대안으로 떠올랐다. 이것을

현대사회와 윤리 주제탐구

'덕 윤리'라고 한다.

그런데 이러한 유덕한 성품은 한 번의 행위나 짧은 기간 동안의 노력으로 성취되는 것이 아니라 오랜 기간 동안(또는 일생 동안) 좋은 습관을 쌓아서 형성되기 때문에 많은 시간과 노력, 그리고 훌륭한 모범을 따르려는 모방 학습도 중요한 부분을 차지한다. 그리고 이렇게 해서 형성된 좋은 습관은 바람직한 행동을 일관성 있게 하도록 하는 실천적인 경향성으로 나타난다.

아리스토텔레스의 주장처럼, 덕 윤리는 적절한(Right) 상황에서, 적절한 사람들에게, 적절한 목적을 위해, 적절한 방식으로, 바람직하고 훌륭한 감정(중용의 감정)을 표현하기를 강조한다. 예를 들어, 허클베리 핀이 살았던 시대는 흑인 노예가 허용되었던 시기이기 때문에 허클베리 핀에게 당시의 도덕적 의무란 자기 친구이자 도망친 노예인 짐을 신고하는 것이었다. 하지만 허클베리 핀은 짐에 대한 자신의 자연적 감정을 기초로 그렇게 하지 않았다. 자신의 도덕적 감정과 성품(양심)이 '규칙에 따라 행동해야 한다.'는 의무보다 더욱 중요한 동기로 작용했기 때문이다.

또 안티고네는 크레온 왕의 '자기 조국의 선보다 친구를 우선하는 사람은 국가를 파괴하는 사람'이기 때문에 사형에 처할 것(공리주의적 입장)이라는 엄포에도 불구하고, 새와 짐승의 먹잇감이 될 자신의 오빠의 장례식을 치러 지하 감옥에 갇히고 스스로 목숨을 끊는다. 이러한 안티고네의 행동은 규칙에 의한 삶보다는 죽음까지도 감수하는 자연스런 동정심과 가족애, 자연스런 친근감이나 염려 같은 도덕적 감수성에 충실한 행동이라고 할 수 있다.

이처럼 덕 윤리는 원리에 따르는 행위가 아니라 인간의 성품으로부터 나오는 자연스럽고 자발적인 행위를 강조하는 특성이 있다. 우리는 교통사고로 다리에 골절상을 입은 친구의 문병을 가면서 '오직 의무이기 때문에' 갈 수도 있고, 아니면 '퇴원 후 친구와의 관계를 계산해서' 갈 수도 있다. 하지만 이보다 더욱 가치 있고, 훌륭한 동기는 우정을 나눈 친구를 걱정하는 마음에서 나오는 자연적인 정서에 의한 문병일 것이다.

한편, 아리스토텔레스가 고대 덕 윤리를 대표한다면, 현대 덕 윤리를 대표하는 학자인 매킨타이어는 '덕'과 관련해 다음과 같이 주장한다.

> 덕이란 습득된(또는 습득한) 인간의 자질(품성)이며, 그것을 소유하고 실천하는 것은 우리가 그 실천에 내재된 어떤 선들을 성취할 수 있도록 해주며, 그것이 없는 경우 결과적으로 덕에 내재한 선들을 성취하기 어렵게 하는 자질이다.

매킨타이어는 사회적 관행(관습)이나 실천에 내재하고 있는 선을 성취하는 데 유익한 인간의 품성적 자질을 덕이라는 용어로 표현한다. 따라서 어떤 행위의 도덕성을 판단할 때, '규칙이나 행위 중심'의 윤리, 즉 칸트나 벤담의 보편적 원리의 실천에 대한 강조가 아니라 '행위자의 품성적 특성(덕)'을 중심에 두어야 한다고 주장한다. 덕 윤리에서 도덕적 행위 또는 덕 있는 행위란 성향에 반대되는 행동을 한다는 말이 아니라 오히려 덕을 연마하여 형성된 성향에 따라 행위 한다는 것을 의미한다.
매킨타이어는 대표적인 공동체주의자로도 불리는데, 그는 우리는 태어나면서부터 "누군가의 아들·딸이고, 누군가의 삼촌·사촌이며,

현대사회와 윤리 주제탐구

이·저 도시의 시민이고, 이·저 집단의 구성원이며, 이·저 친족과 민족에 속하게 된다."라고 주장한다. 따라서 나에게 좋은 것은 그러한 역할들을 수행하는 사람들에게도 좋은 것이어야 한다. 우리는 자신이 속한 공동체(가족, 도시, 민족)로부터 다양한 빚과 유산을 물려받았고, 이러한 것들이 우리가 속한 공동체 도덕의 바탕이 되기 때문이다. 개인에게 공동체의 전통과 역사(이야기로서 서사), 그리고 실천적 관행은 그의 삶이 전개되는 구체적인 공간이자 모습이 된다. 그러므로 행위자의 행위에 대한 도덕 판단은 공동체의 전통(미덕)과 분리될 수 없으며, 이러한 속성을 파악하기 위해서는 행위가 이루어지는 구체적인 맥락(관계)이나 상황을 중요하게 고려해야 한다.

역사란 실행된 연극과 같은 하나의 이야기(서사)이며, 그 속에서 등장인물들은 또한 작가이기도 하다. 등장인물들은 처음부터 시작하는 것이 아니라 사건의 진행되는 과정에서 나오며, 여기서 시작되는 그들의 이야기는 앞에서 이루어진 것들과 앞서간 사람들에 의해서 만들어진 것이다. 따라서 그들은 자기 마음에 드는 곳에서 시작하지 않으며, 자신이 원하는 대로 이야기를 진행할 수도 없다. 모든 인물의 행위는 다른 사람들의 행위 속에 포함된 사회적 무대장치라는 제약을 받는다.

4. 실천, 기술, 메타, 신경, 진화 윤리학

    철학의 한 영역으로서 윤리학은 전통적으로 대개는 '규범 윤리학'으로 인식되어 왔다. 왜냐하면 일반적으로 '윤리학'을 인간의 행위와 관련된 여러 가지 문제와 규범을 연구하는 것으로 이해했기 때문이다. 하지만 시대의 변화와 함께 윤리학은 (1) 전통적인 규범 윤리학(이론 윤리학), (2) 실천 윤리학, (3) 기술 윤리학, (4) 메타 윤리학, (5) 신경 윤리학, (6) 진화 윤리학 등 다양한 영역으로 분화하고 있다.

    이론 윤리학은 도덕적 행위의 정당화를 위한 이론적 분석 및 현실의 도덕 문제들을 해결할 수 있는 이론적 토대의 정립을 위해 주로 연구하며, 실천 윤리학은 이론 윤리학의 윤리 이론들(의무론, 공리주의, 덕 윤리 등)을 현실의 도덕 문제(주제)들에 적용(응용)하여 이들 도덕 문제들을 해결하고자 하는 실천적 성격이 강한 윤리학이다. 특히 실천 윤리학은 사회의 빠른 변화(자본주의와 시장 경제, 문화 다양성, 생태와 인권, 과학기술, 의학기술 문제 등)와 함께 새롭게 제기되는 다양하고 복잡한 도덕 문제들을 해결하기 위해 이와 관련된 영역들의 학문적 성과들에 대해서도 열린 자세로 이해하고자 노력하며, 이를 관련 영역의 도덕 문제를 해결하고자 할 때 채택하기도 하기 때문에 학제적 성격이 두드러진 영역이라 할 수 있다. 또 실천 윤리학은 이러한 노력을 통해 각각의 주제들에 대해 도덕적 해결을 위한 실천 원리(도덕 원리)와 지침을 제시하고자 노력한다는 점에서 규범 윤리학적 성격을 지닌다. 즉 실천 윤리학은 규범 윤리학 영역에 속하며, 도덕 문제의 해결을 위해 이론 윤리학에 토대를 두고 있다고 할 수 있다.

한편, 기술 윤리학은 한 개인(또는 사회)이 지니고 있는 도덕은 그의 삶을 반영하는 경험의 일부이기 때문에 경험적으로 연구(탐구)될 수 있다고 본다. 즉 한 개인이나 사회의 도덕 판단은 구체적으로 기술될 수 있고, 그 원인과 결과(인과)에 대해서도 과학적 탐구가 가능하다고 본다. 기술 윤리학은 한 개인이나 사회가 지니고 있는 도덕적 신념이나 태도는 그것에 영향을 미치는 요인들에 대해 객관적 서술이 가능하다는 입장이다. 이에 따르면, 한 사회나 문화권에 존재하는 사회·경제적 계층(계급)에 속하는 사람들의 도덕 규범(도덕적 사실, 도덕 현상)에 대해 탐구하면 그들의 도덕 규칙과 원칙들이 사회 제도와 어떤 인과 관계가 있는지를 밝힐 수 있다는 것이다. 기술 윤리학은 한 개인이나 사회의 도덕을 사실이나 현상으로서 파악하고, 이를 경험적으로 접근하여 규명하려 하는데, 이러한 접근법은 주로 인류학, 사회학, 역사학, 사회 심리학 등에서 이루어지고 있다.

메타 윤리학은 도덕적 논의에 대해 의미론적·논리적·인식론적 구조를 분명하고 완전하게 이해하는데 연구 역량을 집중한다. 의미론적이라는 말은 도덕적 용어나 진술이 의미하는 바를 검토하는 것이고, 논리적이라는 말은 도덕적 논의에 따른 결론이 그것을 지지하기 위해 제시된 근거들로부터 타당하게 증명(논증)되는지, 즉 논의된 진술들 간의 논증의 타당성에 대해 탐구한다. 그리고 인신론적이라는 말은 논리학과 인식론의 관련성, 즉 주장과 주장의 정당화에 대한 검토이다. 정리하면, 메타 윤리학은 도덕적 논증에 사용되는 용어들의 의미를 분석하고, 도덕적 신념이 참인지 거짓인지를 보여줄 수 있는 추론의 규칙과 인식의 방법에 대해 검토한다.

한편, 신경 윤리학과 진화 윤리학은 일반적으로 도덕 과학적 접근으로 불린다. 신경 윤리학은 "우리의 뇌가 작동하는 방식에 대한 심층 지식을 바탕으로 마음, 자아, 자유의지, 도덕성의 본질이 무엇인지, 그리고 우리가 어떻게 사회적 상호작용을 하는지 등을 (과학적으로) 탐구하는 일종의 종합학문"이다. 일반적으로 신경 윤리학은 "자유의지나 도덕 판단처럼 전통적으로 철학적 탐구의 핵심 주제를 조사하기 위해 신경과학적 방법을 활용"하는 경향이 있다. 일례로 fMRI(기능적 자기공명영상)에서 피험자들은 '트롤리 딜레마'의 경우에는 배외측 전전두 피질이 활성화되었고, '인도교 딜레마'에서는 복내측 전전두 피질이 활성화된 것으로 나타났다. 이것은 불공정에 대한 민감성이나 추상적 도덕 원리 또는 고차적이고 숙고적인 '인지 처리'와 관련해서는 배외측 전전두 피질이 활성화되는 반면, 감정이나 정서적 반응 처리와 관련된 경우에는 복내측 전전두 피질이 활성화된다는 것을 보여준다. 이렇게 볼 때, 도덕적 정서(자부심, 죄책감)와 이타적 행위, 사회적 정서 등은 복내측 전전두 피질의 주요 기능 수행과 관련된 것으로 볼 수 있다. 한편, 사이코패스 살인자의 뇌는 안와 전전두 피질의 활동이 결여된 것으로 관찰되었다. 안와

현대사회와 윤리 주제탐구

전전두 피질은 충동 조절, 웃음과 같은 사회적 행동과 관련되는데, 여기에서 충동적인 반사회적 행동과 관련된 도덕적 판단을 담당하는 것으로 보고 있다.

진화 윤리학은 인간의 이타적 행위나 도덕적 품성을 자연선택(자연도태)에 의한 진화의 결과로 판단하고자 한다. 즉 인간의 이타적 행위의 기원을 생물학적 토대 위에서 근거 짓고자 한다. 윌슨의 사회 생물학에 의하면, 포유동물들은 대개 사회적 삶을 영위한다. 그런데 이들이 사회적 삶을 살아가는 이유는 그렇게 하는 것이 개체로서의 생명 보존 및 유지에 이익이 되기 때문이다. 사회는 개체가 자신의 삶을 유지하기 위한 수단일 뿐이므로, 중요한 것은 개체이지 집단이 아니라는 것이다. 윌슨에 따르면, 우리는 사회에 자발적으로 협력하는 것이 아니라 마지못해 협력한다. 그 이유는 집단의 성원이 됨으로써 개체로서 얻게 되는 이익이 훨씬 크기 때문이다. 진화 윤리학은 윤리 규칙들은 인류의 진화 역사로부터 나타난 생물학적 적응의 산물일 뿐이므로 도덕의 절대성을 강조하는 '자연법' 이론은 설득력이 없다고 주장한다.

과학기술이
사회의 방향을
결정할까?

✕
✕

1. 과학 기술, 가치중립성 대 윤리적 책임

　수학자 푸앵카레는 과학과 윤리의 관계에 대해 '한 점에서 접하기만 하는 두 개의 원과 같은 별개의 영역'이라 했다고 한다. 반면, 핵무기 개발 프로젝트인 '맨해튼 계획'을 지휘했던 핵물리학자인 오펜하이머는 히로시마에 핵폭탄이 떨어진 다음, 뒤늦게 "과학자는 죄를 짓고 말았다"는 참회의 말을 남겼다고 전해진다.

　우리가 푸앵카레의 입장을 따른다면, 과학적 탐구 활동과 윤리 · 도덕적 책임의 관계는 서로 관계가 없는 독립된 영역이라고 주장할 수 있다. 이에 따르면, 과학이란 자연 세계에 대한 체계적인 설명을 위한 일체의 활동(실험적 증명과 실천)이기 때문에 과학에 대한 윤리를 말하더라도 그것은 지식을 탐구하는 과학자 또는 과학자 집단에만 적용된다. 따라서 실제 삶이 이루어지고 있는 세상, 즉 사회와 환경에 대해서는 어떤 도덕적 책임이나 의무를 말할 수 없다. 예를 들어 '지식을 획득하라', '속임수를 쓰지 마라', '실험 결과의 오류에 침묵하지 마라', '지적 성실성과 엄밀성을 추구하라'와 같은 윤리 규범들은 연구자와 연구자 집단의 내부 윤리일 수는 있지만, 사회적 차원의 윤리가 되기는 어렵다.

　과학기술의 가치중립성을 주장하는 논리는 다음 몇 가지로 요약할 수 있다. 첫째, 과학 기술은 '양날의 칼'이기 때문에 본질적으로 가치중립적이다. 즉 과학 기술은 누가, 어떻게, 어떤 목적을 가지고 이용하느냐에 달려 있다. 따라서 과학 기술에 대한 책임과 가치 문제는 과학 기술자의 몫이 아니라 정치인, 사회집단, 시민 사회의 몫이라고 할 수 있다. 둘째, 과학이란 자연적 사실을 탐구하고 발견하며, 이를 체계적이고 과학적·수학적으로 설명하는 활동이기 때문에 그 자체에 대해 윤리와 책임을 말할 수 없다. 셋째, 현재의 연구 활동이 낳을 가능성만을 가지고 미래의 윤리적 책임 문제를 주장하게 되면, 연구가 낳을 무한한 가능성이 훼손될 수 있다. 만약에 1950년대 DNA의 이중나선 구조가 처음 밝혀졌을 때, 윤리적 문제만이 부각되었다면 현재와 같은 바이오 혁명은 불가능했을지도 모른다. 넷째, 과학 기술이 윤리 문제를 초래한다고 하더라도, 그것은 과학 기술자가 아니라 생명윤리학자들이 다루어야 할 분야이다. 만약에 과학 기술자들이 윤리 문제에 개입하게 되면, 오히려 '과학 기술은 인류 복지를 증진시키게 될 것'이라는 주장만 할 수도 있다.

　결론적으로 과학자에게 내리는 정언 명령, 즉 "너 자신의 개인적인 가치관 혹은 성향을 대상의 연구로부터 분리시켜라. 그리고 네가 원하는 방식이 아니라, 있는 그대로 대상을 보도록 하라. 또한 파당을 떠나서 중립적 관찰자로 남도록 하라."는 과학자로 하여금 오직 객관적이며, 가치중립적이어야 한다는 점을 제안하고 있다. 또 과학자가 알아내고자 하는 인식 대상 자체는 가치와는 무관한 '중립적'이라는 점도 중요하다. 그렇기 때문에 과학은 대상 자체를 가치중립적으로 파악해야 하며, 객관성을 위해 가치 평가적 주관성을 배제하고 사실적이고 보편적인 판단만을 해야 한다. 한마디로 자연은 가치와 무관하기 때문에 이를 탐구하는 과학자 또한 주관적 가치 판단을 개입시키지 않은 객관적 연구를 수행해야 한다는 것이다.

그렇지만 오펜하이머의 뒤늦은 후회와 하이젠베르크가 핵무기의 위험성에 대해 경고했던 '인류에 씻을 수 없는 죄'라는 입장을 따르면, 연구자의 과학적 탐구 활동에 대해 사회적 책임과 윤리를 요구할 수 있다. 이와 같은 입장을 지지하는 홍성욱 교수는 다음과 같은 이유로 과학 기술의 가치중립성을 비판한다.

첫째, 과학 기술 자체는 특정한 발전 방향을 가지고 있기 때문에 좋게 사용될 가능성보다 나쁘게 사용될 가능성에 주목해야 한다. 둘째, 현대 사회에서 과학과 기술은 실험실의 특수한 인공적 상황 속에서 발견되고 구성되는 측면이 강하기 때문에 명확한 경계를 설정하기 어렵다. 셋째, 과학 기술 연구는 어떤 방향으로 발전할 것인지를 정확히 예측하기 어렵기 때문에 초기 단계에서부터 미래의 위험성과 부작용을 심사숙고해야 한다. 넷째, 생명윤리학자들이 있지만 과학과 윤리 문제는 또한 과학자의 현실적 참여가 이루어질 때 더욱 이성적인 결론을 도출할 가능성이 높아진다.

오늘날 과학 기술자들이 자신의 연구 활동에서 윤리와 책임의 문제에 대해 깊이 성찰해야 하는 현실적이고 중요한 이유는 최근의 과학 기술에서 나타나고 있는 특성 때문이다. 오늘날의 과학 연구는 대부분 국가의 정책적 지원과 거대 자본의 지원을 받고 수행되기 때문에 이들 집단이 요구하는 결과물을 내놓아야 한다는 압박을 받고 있다. 또 '위험 사회'라는 표현처럼 현대 과학 기술의 영향력이 우리의 상상을 초월하고 있으며, 그 결과가 사회에 어떤 영향을 미치게 될지 정확한 예측이 불가능하기 때문이다.

20세기 초 자동차는 말똥에 의한 오염을 해결하는 새로운 기술로 환영받았다. 그렇지만 오늘날 자동차는 과거와 달리 환경오염을 유발하는 가장 중요한 요인이 되었다. 일단 개발되고 응용된 과학 기술은 사회의 기대와 달리 불확실성과 위험성을 증가시키는 경향이 있기 때문에 과학 기술자는 과학 기술의 공공적 성격을 깨닫고, 사회적 책임과 윤리 문제에 대해 스스로 검열하는 자세를 가져야 한다.

책임 윤리를 강조하는 한스 요나스는 현대 과학 기술이 윤리적 성찰의 대상이 되어야 하는 이유를 다섯 가지로 제시한다. 첫째, 결과의 모호성 때문이다. 즉 처음에는 좋은 의도로 행했지만, 전체적으로 보면 나쁜 결과를 낳을 수도 있다는 점이다. 비록 과학 기술이 선한 목적을 위해 사용되었다고 할지라도, 장기적이고 지속적으로 위험한 요소를 갖고 있다면, 이는 윤리적 성찰이 필요하다는 뜻이다.

둘째, 적용의 강제성 때문이다. 어떤 능력이 권력을 갖고 있다는 말이 곧 그것을 사용하고 있다는 말은 아니다. 그렇지만 언어 능력처럼, 일단 그 능력과 권력이 사용되고 나면, 이런저런 새로운 가능성이 열리게 되고, 이에 대한 활용 요구는 지속적으로 더욱 커지게 된다. 그리고 마침내 하나의 당연한 욕구로 자리 잡게 된다. 이 때문에 영속적 행위를 통해 고양된 하나의 힘으로서 과학 기술은 윤리적 중립성, 가치중립성을 주장할 수 없게 된다.

셋째, 시공간적 광역성 때문이다. 현재 세대인 우리를 위해서 저지른 행위가 다른 곳에 사는, 혹은 미래에 살게 될 세대의 삶에 영향을 미치게 된다. 따라서 현재 세대의 근시안적 이익과 필요 때문에 미래 세대의 삶이 저당 잡혀서는 안 된다.

넷째, 인간중심주의 윤리가 무너졌기 때문이다. 지금까지 인간은 오직 인간에 대해서만 의무를 지닌다는 생각으로 생태계의 모든 생명체를 부당하게 침해해 왔다. 그러나 이제 인간이 아닌 다른 존재자의 생명을 인간의 선 안으로 편입시켜, 효용 지향적인 인간중심적 관점을 뛰어넘어야 한다.

마지막으로 인류의 생존이라는 근본적인 이유 때문이다. 인류의 생존이 우리가 따라야 할 도덕 명령이라면, 자기 파괴적 과학 기술은 처음부터 배제되어야 한다. 사악한 형 카인(원자폭탄)이 결박당한 채 지옥에 갇혀 있는 동안, 선량한 동생 아벨(평화로운 원자력)은 차분하게 지구의 운명을 결정할 독(毒)을 비축하고 있는 것이 과학 기술의 현실이다. 눈 앞의 이익과 현재 세대의 현실적인 필요가 우리의 판단을 더 이상 흐리게 하지 않도록 적정량의 도덕을 첨가한 약이 필요하다.

더불어 과학 기술에 대해서 시민 사회의 참여와 운동이 필요하다. 왜냐하면 유전공학이나 원자력처럼 현대의 과학 기술이 미치는 영향은 국지적이지 않고 매우 포괄적인 공공적 성격을 띠기 때문이다. 또 정부에 의한 대형 과학 기술 연구 프로젝트들의 재원이 시민의 세금에 절대적으로 의존하기 때문이다. 이것을 '기술 시민권(Technological Citizenship)'이라고 부를 수 있는데, 그 이유는 시민권의 개념을 과학 기술 정책 결정 과정에까지 확장해야 한다고 주장하기 때문이다.

2. 기술 결정론

1960년대 들어, 기술과 인간 사회의 관계를 연구하는 학자들은 기술이 사회를 결정짓는지, 아니면 사회가 어떤 기술을 채택하는지에 대한 연구를 수행했다. 그 결과, 먼저 우리의 주목을 끈 것은 '기술 결정론'이었다.

린 화이트 주니어는 자신의 『중세 기술과 사회 변화』(1962)에서 그 근거로 등자(鐙子, 기수가 말을 타고 앉아 두 발로 디디게 되어 있는 물건으로 안장에 달아 말의 양쪽 옆구리로 늘어뜨린다)를 제시한다. 등자의 등장으로 말 위에서 창이나 칼, 활을 자유롭게 사용할 수 있게 되었고, 이것이 전투에서 승리를 이끄는데 결정적인 기여를 하게 되었다는 것이다. 그는 프랑크 왕국의 샤를 마르텔이 등자를 기마 전투에 적용하여 교회의 재산을 몰수해 이를 기사들에게 나누어 주었는데, 이것이 중세 봉건 영주의 출현과 세력화에 가장 중요한 영향을 미쳤다고 주장한다. 결국 등자라는 기술이 서구 역사에서 '봉건제'라는 근본적인 사회적 변화를 이끌어 낸 근원적 힘이 되었다는 것이다.

현대사회와 윤리 주제탐구

이와 같은 기술 결정론은 "기술이 사회를 구성한다."는 논리에 기초한다. 이것은 마치 자연의 기후가 인간의 사회와는 독립되어 있지만, 인간 사회에 결정적인 영향을 미치는 것처럼, 기술 또한 인간 사회의 외부에 존재하면서 사회를 변화시킨다는 믿음에 기초하고 있다. 기술 결정론은 기술의 발전은 물론, 기술이 사회에 미치는 영향이 이미 기술 속에 결정되어 있다고 주장한다.

3. 기술의 사회적 구성론

　그렇지만 기술은 그 자체의 고유한 발전 논리, 즉 공학적 논리를 가지고 있기 때문에 시간과 공간에 상관없이 발전하며, 인간 사회의 모습을 결정한다는 기술 결정론은 곧바로 비판에 직면한다.

　과학기술사회학자인 핀치와 바이커는 기술 결정론과는 반대로 기술적인 인공물들은 오히려 사회적으로 구성된다고 주장한다. 이들은 기술의 변화 과정에 정치적 · 경제적 · 문화적 · 집단적 요소가 개입하고 있는 사실에 주목한다. 즉 이해관계를 지닌 사회 집단들이 기술의 발전에 중요한 영향을 미친다는 것이다.

　예를 들어 자전거가 처음 등장했던 19세기 말에는 현재와 같은 다이아몬드 프레임과 고무 공기 타이어를 보편적으로 채택하지 않았었다. 특히 스포츠를 즐겼던 남성들에게 쿠션이 있는 고무 타이어란 오히려 불편하고 불필요한 것이었다. 자전거에 부착된 용수철 프레임만으로도 울퉁불퉁한 길의 불편함은 해결되었기 때문이다. 그러나 시간이 지나면서 고무 타이어를 부착한 다이아몬드 프레임의 자전거가 스피드를 강조하

　　　　　　　　　　　　　　　현대사회와 윤리 주제탐구

는 자전거 경기에서 훨씬 유리하다는 주장이 실제로 증명되었다. 그 결과 현재와 같은 다이아몬드 프레임을 한 공기 타이어가 자전거의 보편적인 모습으로 자리 잡게 되었다. 한편, 자전거를 애용했던 여성들 또한 현재와 같은 모양의 자전거로 정착하는데 영향을 미쳤다. 여성들은 큰 앞바퀴를 선호했던 남성들과 달리, 치마라는 제약 때문에 더 작은 앞바퀴와 쿠션 역할을 해주는 고무 타이어를 선호했던 것이다. 이처럼 현재의 자전거 모델은 이해관계를 지닌 사회 집단에 의해 재구성되었다고 할 수 있다.

이처럼 각각의 사회 집단은 어떤 한 가지 기술에 대해 자신들의 관점에서 해결하고 싶은 과제들이 있으며, 여기에는 각각의 해결 방식이 존재할 수 있다. 그리고 이러한 과제는 새로운 기술에 의해 해결되고, 그것이 하나의 표준으로 채택되는 과정을 밟는다. 즉 기술적 과제와 갈등은 기술 자체의 논리가 아니라 기술을 둘러싼 사람들 또는 사회 집단들 사이의 일종의 합의 과정인 셈이다. 이처럼 기술이 어떤 방향으로 나아갈지, 그 내용은 무엇이며, 그 결과는 어떠할지, 이 모든 것들은 사회 집단들(엔지니어, 기업가, 소비자 등) 사이의 상호 작용에 의해 사회적으로 구성되는 것이라 할 수 있다.

한편, 기술 자체는 정치적으로 특정한 이념을 가지고 있지 않으며, 그것을 사용하는 집단의 정치적 이념에 따라 결정될 뿐이라는 과학 기술의 가치중립성을 부정하는 대표적인 사례로, 로버트 모제스의 이야기가 있다. 1930~1950년대에 뉴욕시의 지형을 디자인했던 유명한 건축가, 로버트 모제스는 로드아일랜드에 존스 비치 공원을 조성했다. 그는 이 과정에서 기존의 진입로를 사용하는 대신 새로 포장된 공원 도로를 만들었는데, 이 길 위를 지나가게 되는 교각을 의도적으로 버스 높이보다 더 낮게 만들어서 흑인들이 주로 타는 버스가 공원에 접근하지 못하도록 했다. 이 때문에 이 공원은 자가용을 가진 중산층 이상의 백인들을 위한 공원이 되었다. 공원의 디자인에 당시 미국 사회의 인종차별주의가 그대로 반영되었던 것이다.

현대사회와 윤리 주제탐구

4. 기술 시스템 이론

사회적 필요에 의해 기술은 채택되고 바뀐다는 '기술의 사회적 구성론', 기술 자체가 자율성을 갖고 사회를 일방적으로 변화시킨다는 '기술 결정론'에 반대하여 등장한 것이 '기술 시스템 이론'이다. 이것은 사회가 기술 형성에 영향을 미칠 뿐만 아니라 또한 기술로부터 영향을 받는다는 신념에 기초해 있다.

예를 들어, 산업 혁명 당시 증기 기관은 애초에 갱도의 고인 물을 퍼내기 위한 것이었다. 그런데 이것이 응용되어 공장의 동력원이 되었고, 또다시 응용되어 석탄을 운송하는 철도 기술과 결합했다. 광산기술, 증기기관, 공장, 운송기술이 발전하면서 이들 각각의 기술은 긴밀하게 결합하고 통합되는 형태를 띠게 되었다.

이것을 가리켜 토머스 휴즈는 '기술 시스템'이라고 이름 붙였다. 오늘날 기술 시스템은 회사, 투자회사, 법제도, 정치, 과학, 자연자원, 무형의 인공물에 이르기까지 모두 포함한 개념이다. 따라서 기술적인 것과 사회적인 것이 결합해서 공존하고 있는 상황이다. 예를 들어 투자 회사

는 제조업체의 기술 개발이나 경영에 관여하여 긴밀한 상호작용을 유지
하고 있다.

현대사회와 윤리 주제탐구

5. 요나스와 책임 윤리

인간이 사용하는 모든 '권력(힘)'은 윤리적 검토의 대상이다. 왜냐하면 그것은 인간의 의지적 행위의 일부이기 때문이다. '과학기술 사회'라고 불리는 현대 사회에서 기술은 인간이 자연에 대해, 그리고 인간이 인간에 대해 행사하는 가장 지배적인 권력이다. 따라서 '기술 권력'은 당연히 윤리적 검토의 대상이다. 하지만 이에 대한 반대 의견도 있다. 이들이 주장하는 논거는 과학적 탐구 영역과 윤리적 탐구 영역은 서로 독립된 별개라는 것이다. 즉, 과학기술은 자연 세계를 실험과 관찰을 통해 체계적으로 규명하려는 시도임에 반해, 윤리는 인간 행위의 바탕에 놓여 있는 성품과 행위의 동기 또는 결과에 대한 가치 판단의 타당성을 성찰하기 때문이라는 것이다.

이들은 과학자 집단에 필요한 것은 자연적 사실을 규명하는 연구 과정에서의 윤리, 즉 '내적 윤리(또는 내적 책임)'뿐이라고 주장한다. 즉 과학 연구자는 자료나 정보를 표절하거나 날조(사실이 아닌 것을 사실인 것처럼 꾸며냄)해서는 안 되며, 과학적 지식을 추구하고 발견(규명)하는 과정에서는 반드시 '윤리적이고 학문적인 절차'를 지켜야 한다는 것이다. 한마디로 과학이란 주관적 가치가 개입하지 않는 순수한 지적 호기심에 따라 '자연적 사실'을 규명하는 학문이며, 그렇기 때문에 가치문제로부터 중립적이어야(가치중립성) 한다는 주장이다.

이러한 입장을 지지하는 사람들은 자연 과학적 사실의 영역에 대해 윤리적 관점에서 간섭하고 책임을 요구하게 된다면, 과학자들의 연구 태도를 위축시킴으로써 과학기술의 발전에 방해를 초래할 것이라고 주장한다. 가치중립적인 것을 연구하는 사람들에게 미래에 발생할지도 모를 문제들까지 미리 염려하여 절제(통제)하라고 요구하는 것은 연구자들의 순수한 연구 의지에 대해 '자기 검열'을 요구하는 것과 같아 과학과 인간의 지적 욕구를 억압하는 결과를 초래한다는 비판이다. 그러므로 과학 연구자에게 '내적 책임' 외에 '사회적 책임'까지 포함하는 윤리를 요구해서는 안 된다는 것이 과학의 '가치중립성'을 주장하는 사람들의 입장이다.

반면, 과학 연구자 집단에는 '내적 책임'은 물론, '외적 책임'까지 포함해야 한다는 입장이 있다. 이들은 그 이유로 사회에 미치는 영향이 큰 전문가 집단은 그에 상응하는 사회적 책임을 수행해야 하며, 사회와 미래를 위해 해로운 결과가 예측되는 연구에 대해서는 그 위험성을 알리고 스스로 연구를 중단하는 용기가 필요하다고 주장한다. 한마디로 자신의 연구 활동이 인간의 존엄성 실현 및 삶의 질 향상과 행복에 기여하는지에 대해 윤리적 차원에서의 비판적 성찰이 필요하다는 견해이다. 이 견해는 과학 연구자에게 '공동선의 도덕적 의무'의 이행을 요구하며, 연구자에게 개인적 차원은 물론, 사회 공동체적 차원에서 활동할 것을 요구

현대사회와 윤리 주제탐구

한다. 이 입장은 한 걸음 더 나아가 오늘날 과학기술은 국가 경쟁력과 기업의 이윤 추구를 위해 거대 자본과 결탁해 있고, 이 때문에 이들이 요구하는 어떤 결과를 미리 염두에 두고 연구하기 때문에 사회적 책임성으로부터 자유로워서는 더욱 안 된다고 주장한다.

현대 과학기술의 책임 및 윤리와 관련해 요나스는 자신의 '책임 윤리'를 지금까지의 '전통적인 인간 중심 윤리'와 구별해 주장한다. 그에 따르면, 전통 윤리학은 '지금', '여기'의 사람과 사람 사이의 관계에 기초하고 있어 행동이 미치는 범위가 시간·공간적으로 제한적이라는 것이다. 반면, 책임 윤리는 인류의 미래 세대와 자연 생명까지 윤리적 책임 대상으로 포함한다는 점에서 전통 윤리학과는 그 성격이 근본적으로 다르다고 주장한다.

'책임 윤리'를 주장하는 요나스는 오늘날의 과학기술 권력은 (1) 장기적으로 어떤 결과를 초래할지 예측한다는 것이 사실상 불가능하므로, (2) 이미 사용된 권력은 당연한 욕구가 되기 때문에(적용의 강제성), (3) 미래의 모든 존재(인간, 자연)에게 영향을 미치기 때문에, (4) 현세대의 자연 생태에 대한 도덕적 의무 때문에, (5) 마지막으로 인류의 지속 가능성은 정언 명령에 해당하기 때문에 윤리적 책임의 영역에 두어야 한다고 주장한다. 즉 현대 과학기술이 "눈앞의 이익과 현실적인 필요 때문에 우리의 판단을 더 이상 흐리지 않도록 도덕이라는 적정량의 약이 필요하다."라는 것이다.

요나스는 전통 윤리학은 기본적으로 지금 여기의 당사자들 간 권리와 의무를 전제로 하기 때문에 '호혜성의 이념'에 기초하는 반면, 자신의 책임 윤리는 앞으로 존재할 가능성(미래 인류의 실존)과 자연 생명을 윤리적 책임 대상에 포함하기 때문에 '비호혜성의 이념'에 기초한다고 주장한다. 요나스는 현세대는 미래 세대의 요구에 응답할 윤리적 책임이 있으며, 그것은 현세대가 미래 세대와의 관계에서 깨닫는 '허구적 동시성'에 기초하며, 현세대가 미래 세대에 갖는 유대, 공감, 공정, 동정의 윤리로 포섭될 수 있다고 주장한다.

이러한 문제의식을 토대로 요나스는 자신의 생태적 정언 명령을 구체화하기에 이르는데, 이를 위해 칸트의 정언 명령을 책임 윤리에 맞도록 변형해 제시한다. 즉 칸트의 정언 명령("네 의지의 격률이 언제나 동시에 누구에게나 보편적 법칙이 되기를 바랄 수 있는 그러한 행위를 하라.")을 "네 행위의 결과가 지상에서의 진정한 인간적 삶의 지속과 조화를 이루도록 (양립하도록) 행위 하라.", "네 행위의 결과(효과)가 인간 생명의 미래 가능성에 대해 파괴적이지 않도록 행위 하라.", "미래 인류에 대한 불가침성을 네가 함께 바라는 대상이 되도록 지금 여기에서의 선택에 포함시켜라." 등의 형식으로 변형해 제시한다.

요나스의 이와 같은 생태적 정언 명령은 그가 주장하는 '공포의 발견술'과 깊은 관계를 이루고 있다. 그는 우리의 선택이 최고의 선을 획득하기 위한 것이 아니라 최고의 악을 피하는 쪽을 향해야 한다고 주장한다. 최고의 선이 없이는 살 수 있지만, 최고의 악으로써는 살 수 없기 때문이다. 요나스는 이 때문에 현세대는 물론, 미래 세대의 실존과 자연 생명이 무모한 도박의 담보물이 되어서는 안 된다고 주장한다. 그에게 이러한 '공포의 발견술'은 새로운 도덕적 관심을 일깨우고, '책임 윤리'가 시작되는 지점이 된다. 요나스는 '공포와 전율', 즉 '두려워함' 그 자체가 책임 윤리의 원천이자, 예방을 위한 희망이 되며, 실천해야 할 의무('예견적이고 예방적인 책임')가 된다고 주장한다.

요나스는 이와 관련해 이제 갓 태어난 아이(신생아)의 모습은 우리(보모)에게 경외와 모든 책임의 원형(즉 '비호혜성의 이념')을 보여 준다고 말한다. 우리는 갓 태어난 아이를 보면서 모든 생명체가 지닌 무제한적인 자기 목적성과 그 목적에 일치하도록 이끄는 생명 능력이 그 속에 있음을 인식하고, 그 생명(아이)이 존재(존속)해야 한다는 내재적 당위성을 깨닫고 그에 맞는 행동을 우리의 책임과 의무로 받아들여야 한다. 따라서 요나스에게 "생명체로서 존재함은 곧 책임의 전제 조건이 된다."

> 모든 생명체는 자신에 대해 더 이상의 정당화를 필요로 하지 않는 고유한 목적이다. 이 점에서 인간은 다른 생명체에 대해 우선권을 갖지 않는다. 단지 인간만이 생명체들에 대해, 즉 생명의 자기 목적을 보호하기 위해 책임을 질 수 있다는 것만은 예외이다. 책임 관계에서 이것은 의심의 여지가 없다. 책임질 수 있음(능력)이 책임의 의무(당위)를 낳는다.

6. 하버마스와 우생학

사물화를 통해서도 우리는 여전히 우리 자신을 우리의 삶의 유일한 저자로서
이해하고, 다른 모든 인격체를 예외 없이 평등한 인격체로 인정할 수 있을까?
(하버마스)

우생학과 관련해 하버마스가 갖고 있는 문제의식은 바로 이것이다.
하버마스는 현재 우생학의 단계는 예방적 우생학을 넘어 적극적 우생학
의 단계에 진입해 있다고 진단한다. 하버마스(『인간이라는 자연의 미래』)
는 이것을 '자유주의적 우생학', '인간이라는 자연에 대한 기술화' 또는
'사물화'라고 규정한다. 그는 '자유주의 우생학'은 생식에 관한 개인들의
다양한 선호에 대한 존중, 그리고 "투자자의 이윤 창출에 관한 관심과
정부의 성공에 대한 압력과 동맹"이 만들어 결과라고 주장한다. 생식의
방식에 대한 개인의 선호와 자본주의의 시장 논리가 결합하고 있다는 것
이다. 그는 착상 전 유전자 진단과 줄기세포 연구는 자유주의 우생학의
중심을 이루고 있으며, 이것은 인간이 자기 실존의 생물학적 토대를 스
스로 계획하는 자기 도구화와 자기 최적화"의 기술로 인간 "자신의 생물

현대사회와 윤리 주제탐구

학적 진화를 곧 인간 자신의 손안에 두게 된다."라는 점에서 "인류의 자기 변형"이라고 비판한다.

그가 가진 문제의식은 "인간 생명이 (유전적으로 우월하거나 아무런 문제가 없다는) 일정한 조건을 만족시켜야만 태어날 수 있고, 유전자 진단을 거친 다음에야 비로소 존재할 만한 가치가 있으며, 또 성장하게 할 만하다고 인정을 받아야 한다면, 이것이 과연 인간 생명의 존엄성에 부합하는가"이다. 하버마스는 "인간의 생명을 일단 한 번 도구화하기 시작한 사람은, 그리고 살 가치가 있는지 없는지를 일단 구분하기 시작한 사람은 멈출 수 없는 궤도를 달리게 된다."라는 말로 자유주의 우생학의 문제를 지적한다. 이는 유전자 조작이 궁극적으로 인간의 자기 이해, 즉 인류의 정체성의 문제를 위협하게 될 것이라는 의미이다. 유전자 조작은 자연적으로 '성장한 것'과 '만들어진 것', 자신만의 삶을 살아가면서 형성하는 '주관적인 것'과 이미 계획되고 확정된 '객관적인 것' 사이의 경계를 무너뜨려 '자유롭고 평등한 인격체(도덕 주체)들'이라는 인간에 대한 전통적인 관념을 허물게 될 것이라는 비판도 담겨 있다.

그렇다고 하버마스가 모든 생명 공학 기술 연구 자체를 규제해야 한다고 주장하는 것은 아니다. "유전적 소질에 대한 간섭을 포함해 모든 인간의 자연에 대한 간섭과 연구는 '치료'라는 규제 이념의 인도를 받을 때만 허용될 수 있다."라고 말하고 있기 때문이다. 즉 그에 의하면, '치료' 목적의 기술은 사후(事後)에라도 당사자의 동의를 얻을 수 있지만, 유전적 프로그래밍은 정당한 동의를 위한 모든 조건을 봉쇄해버린 채 한 생명체의 삶 전체를 결정해 버리기 때문에 문제이다. '자연에 의한 운명과 결과를 받아들이는 것과 부모에 의해 결정된(계획된) 가치를 받아들이는 것은 전혀 다른 문제이다. 우리는 자신의 주관적(개인적) 삶을 자신의 능력과 신념에 따라 자기 삶의 계획에 맞춰 추구할 권리를 갖기 때문이다.

하버마스에 따르면, 우생학적 프로그래밍 또는 유전적 프로그래밍(부모의 간섭주의)에서는 일정한 삶의 방식을 미리 결정된 방식에 따라 강요하고, 삶에 관한 자유로운 선택과 의지를 제약하게 된다는 점에서 윤리적인 문제를 안고 있다. 또 설령 기술의 발달에 따라 우생학적으로 검증된 기증자의 선택과 결합을 통제할 수 있게 되더라도, 누가 어떤 기준을 가지고 선택된 유전자 표본에 대해 우수하다고 판단할 수 있겠는가의 문제는 여전히 남아 있다. 정신 분열이나 혈우병처럼 논란의 여지가 없는 질병도 있지만, 냉철한 이성 대 따뜻한 마음, 감정적 예민함 대 강인함, 온순함 대 반항적인 기질 중 어떤 것이 더 바람직한지를 누가, 어떤 기준을 가지고 결정할 수 있다는 것인가? 이에 대한 표준화(획일적 기준)도 불가능하지만, 가능하더라도 그것은 일시적인 선호에 따른 것일 가능성이 매우 크다. 인간의 본질이 아직 확정되지 않은 존재로서 특성이라면, 우생학 기술에 의한 유전자 간섭은 '오만한 기술의 광기'일 수 있다.

마지막으로 자유주의의 적극적 우생학은 "성관계를 탈인격화함으로써 사랑과 생식, 결혼과 자발적 부모 됨을 분리하며, 인간에게 자연이 허락해 준 가장 내밀한 동반관계가 비밀스럽게 그려 내는 미래에 대해 공권력의 불순한 간섭"을 허용하며, 그것은 소극적 우생학과 달리 어떤 "안전도 보장해 주지 않는다"라는 점에서 심각한 문제를 안고 있다.

한편, '오만한 기술'의 가장 극적인 광기는 '복제'에서 드러난다. 복제는 유전 정보를 교정하고 바꾸는 차원을 넘어서, 즉 "자연을 지배하려는 전략을 위반해 가면서까지 유전 정보를 인간 마음대로 고정시켜 버리려

현대사회와 윤리 주제탐구

고 시도한다." 원래 복제는 딸기나 감자 같은 줄기식물이 생식을 거치지 않고 유전적으로 동일한 것을 만들어 내는 것으로, 무성생식에 의한 증식의 한 형태를 의미한다. 따라서 동물의 경우 이러한 대체 생식은 일반적으로 불가능한 것으로 받아들여져 왔다. 하지만 생물학 기술의 발달은 생식세포가 아닌 체세포를 통해 생명을 복제할 수 있는 기술을 만들어 내기에 이르렀다.

달리 말해, 원래 모든 '유전' 정보를 담고 있는 한 개체의 성장을 이미 지배하고 있는, 즉 부모의 것과 정확히 일치하는 복제물('자식')을 만들어 내는 데 성공한 것이다. 체내 수정과 자궁 내 태아 발육을 필요로 하는 포유류에 대한 복제는 한층 어려운 것으로 알려졌지만, 이미 쥐와 양, 돼지, 소, 원숭이(1996)에서 성공을 거두었다. 유전학적으로 동일한 두 개의 개체란 존재할 수 없다는 지금까지의 지식이 마치 제비뽑기에 비유되는 자연과 우연을 부정하는 복제라는 기술적 수단에 의해 전복된 것이다. 더 탁월한 품종('상품')의 개발이라는 효용성의 원리는 동물 복제의 가장 중요한 목적이 되고 있다.

따라서 복제된 동물을 사육하게 될 동물사육자는 자신이 원하는 것이 무엇인지를 정확히 깨닫고 있다. 하지만 복제가 인간에게 적용된다면, 이는 동물 복제와 완전히 다른 차원의 문제를 일으킨다. 그것은 유전적 프로그램(배아 연구와 착상 전 유전자 진단)에서 제기되었던 문제, 즉 "여전히 우리는 우리 자신을 우리의 삶의 유일한 저자로서 이해하고, 다른 모든 인격체를 예외 없이 동등한(평등한) 인격체로서 인정하는 그런 인격체로서 이해할 수 있는가?"의 문제이다.

복제된 '사물(인간)'과 자연적 '쌍둥이'는 근본적으로 다르다. 쌍둥이는 전적으로 '자연의 우연'에 의한 결과이기 때문에 복제가 아니다. "자연이 만들어 낸 쌍둥이는 '엄격하게 동시적'이다 ."쌍둥이 중 한 명은 다른 한 명보다 앞서서 미리 삶을 산 것이 아니다. 따라서 다른 한 명이 미리 산 사람의 삶을 뒤따라 살지도 않는다. 자신의 자아와 가능성을 다른 한쪽에게 빼앗기지 않기 때문에 앞으로 전개될 삶에 대해서 완전히 '새로움 그 자체'이다. 그래서 자신의 삶이 이행되는 과정에서 자신의 정체성이 드러나고 밝혀진다. "무지야말로 자유의 전제 조건인 것이다." 마치 막 던져진 주사위처럼 스스로 발견하고, 스스로의 삶을 살기 위해 애쓰지 않으면 안 된다.

반대로 미리 결정된 유전자형 복제에 의한 인간은 "오직 자기만이 가지고 있는 일회적인 유전자형에 대한 권리 개념을 침해받게 된다." "아직은 가설이지만, 복제 인간에 대한 사전지식은 그가 스스로 '자신이 되어 갈 수 있는 자율성(자발성)'을 마비시킬 수 있다. 세포를 증여해 준 원형은 우리에게 이미 알려진 사람이며, 이것은 복제된 개인에게 그대로 알려질 것이다. 하지만 바로 이런 사실 때문에 설계된 인간 주체가 '자기 자신'을 찾기 위해 더듬거리며 나아가게 될 모든 시도, 그리고 선과 악처럼 그가 갖게 될 삶의 놀라운 경험들을 모두 제거해 버리게 된다."

요컨대 그는 삶의 시작부터 '무지의 보호 아래' 스스로 만들어 갈 자신의 삶에 관한 자유를 박탈당하고 만다. 우리는 이러한 논의에 담긴 문제와 염려들로부터 자유의 근본 조건이 되는 '무지에 대한 권리'를 박탈해서는 안 된다는 도덕 명령을 만들어 낼 수 있다. 그것은 "자기의 고유한 길을 찾아가며, 자신에게 놀라워할 수 있는 인간적 삶의 권리를 존중하라(무지에 대한 권리 존중)."이다.

현대사회와 윤리 주제탐구

7. 인공지능(AI)의 윤리

 지금 여기의 윤리 문제

운전자의 조작 없이 자동차가 스스로 운행하는 자율주행차가 운행 중 사고를 냈다면 누가 책임져야 할까? 2018년 3월 미국 애리조나 주 템페 시내 밤 10시경, 복잡한 교차로에서 자율주행차는 북쪽 방향으로 가던 중이었고, 40대의 여성은 서쪽 편에서 횡단보도 바깥쪽으로 걸어가던 중 사고가 발생했다. 여성은 병원으로 옮겼으나 숨졌다. 여성이 횡단보도 안쪽이 아니라 바깥쪽에서 걷고 있었다는 점이 중요한데, 이런 경우 자율주행차에 의한 사고가 더 자주 일어날 가능성을 보여준다. 아무튼 이 사고로 우버는 자율주행자 시범운행을 전면 중단했다. 자율주행차가 교통사고를 줄이기 위해 나온 것이지만, 자칫 도로 위의 흉기가 될 수 있음을 보여주는 이번 사고는 자율주행차의 안전성에 대한 의문을 제기한다. 한편, 2019

년 미국 캘리포니아주에서는 자율주행차 관련 사고로 두 명이 사망했으며, 차량에 타고 있던 남성은 차량 과실치사 혐의로 사상 첫 형사처벌을 받았다.

미국 자동차공학회(SAE)는 자율주행 기술과 관련해 5단계 분류 체계(레벨1~레벨5)를 제시하고 있으며, 현재 이것은 실질적인 표준으로 사용되고 있다. 0단계: 자동화 기능 미적용, 1단계: 운전자 보조 주행(ACC), 2단계: 부분적 자율주행(ACC+조향), 3단계: 조건부 자율주행(ACC+조향+비상제동), 4단계: 고(high)수준 자율주행(특정 상황에서 운전자 개입 필요), 5단계(완전 자율주행-모든 상황 운전자 개입 불필요)이다. 좀 더 구체적으로 정리하면, 0단계에서 운전자는 상황을 스스로 파악하고 운전하며(비자동화), 2단계에서 운전자는 스마트 쿠르즈 컨트롤, 차로 유지 보조 장치 등을 통해 시스템으로부터 운전 도움을 받아 상황을 파악하고 운전하며(운전자 보조), 3단계에서 운전자는 여기에 더하여 고속도로 주행보조와 원격 스마트 주차 보조 시스템의 도움을 받아 상황을 파악하고 운전한다(조건부 자동화). 4단계에서 운전자는 시스템이 정해진 도로와 조건 하에서 스스로 운전하므로 시스템에 개입하지 않으며(고도 자동화), 마지막 5단계에서는 시스템이 모든 도로와 조건에서 자율주행하는 완전 자동화가 구현된다(완전 자동화). 우리나라는 2027년까지 4단계(레벨4) 구현을 목표로 하고 있다.

* * *

일간지 문화일보(2023.02.08.)는 한국어를 전혀 못하는 40대 한 일본 여성이 인공지능(AI) 번역기의 도움으로 한국문학번역원이 주관하는 '2022 한국문학번역상 웹툰부분' 신인상을 받았다고 보도했다. 그녀는 네이버의 파파고를 통해 웹툰 '미래의 골동품 가게'를 일본어로 번역하고 수정했는데, 이 사실을 번역원과 심사위원들은 뒤늦게 알게 되었다고 했다. 더욱 놀라운 점은 심사위원 만장일치로 신인상을 수상했다는 점이다. 이 상징적 사례는 인간과 기계의 공동 작업과 관련해 중요한 시사점을 제시하고 있다. 앞으로 인간과 기계와의 협업이 거스를 수 없는 흐름이 될 것으로 보이기 때문이다. 또한 이번 사례는 AI의 긍정적·부정적 기능을 동시에 보여주고 있다는 점에서 인공지능과 그것의 결과물에 대한 윤리·사회적 기준이 마련되어야 한다는 것도 시사하고 있다. 한편, 과학 전문지인 네이처지와 셀지는 AI를 활용해도 되지만, AI를 논문 공동 저자로 인정하지 않겠다고 발표했고, 사이언스지는 AI를 활용한 논문을 아예 받지 않겠다고 했다.

* * *

챗GPT. 미국 대학 로스쿨 입학시험, MBA기말 시험, 의사 면허시험 합격. 챗GPT는 개발자처럼 컴퓨터 코드를 짜고, 시와 논문, 신문 기사까지 작성한다. 이 기술이 검색 서비스로 나와 이미 1억 명 넘게 경험했고 일상이 되고 있다. 물론, 언어 데이터를 기반으로 하기 때문에 물리학적 직관이나 학습하지 않은 데이터에 대한 정보는 틀릴 가능성이 높다고 한다. 또 표절로 인한 저작권 문제나 도덕 문제에 대한 비판도 해결해야 할 과제이다. 어찌 됐든 AI와 인간의 공존에 대해 고민해야 할 때다.

전통적인 윤리학은 도덕적 행위의 주체, 도덕적 책임 능력을 지닌 행위자라는 관점에 기초해 동식물, 인공지능(AI, artificial intelligence), 로봇, 컴퓨터 등은 도덕적 고려나 지위의 대상에서 배제해 왔다. 도덕적 행위 주체와 도덕적 책임을 인간만으로 제한하는 인간 중심주의적 접근만으로는 비인간 존재들에 대한 윤리적 성찰, 즉 비인간 존재들의 행위들이 점점 일상화되는 지금의 상황에 대해 적절한 해명을 하기 어렵다.[1]

이미 인공지능 기술의 발달로 인간과 로봇 사이의 경계가 허물어지고 있으며, 인간이 기술을 자신의 신체 일부로 받아들이고 있는 것이 현실이다. 즉 인공지능 기술이 접목된 로봇, 컴퓨터, 자율주행차량, 사물인터넷 등 인간의 권한을 위임받은 인공지능 시스템이 자율적으로 기능을 수행함으로써 잠정적인 인공적 행위자로서 인간 존재의 일부를 구성하고 있는 것이다. 이에 따라 인공지능이 인간에게 해악을 끼칠 경우 그 책임 주체는 누구인지, 인공지능 스스로가 해악을 끼치는 주체가 될 수 있는지, 로봇이나 인공지능이 인간에게 윤리적 고려 대상이 될 수 있는지와 같은 전혀 새로운 질문들이 제기되고 있다.

이와 관련해 『정보 윤리학』의 저자 플로리디(Floridi)는 사회 변화를 설명할 때 주로 인터넷 혁명, 디지털 혁명이란 용어처럼 새로운 기술에 의한 사회 변화라는 관점에 초점을 맞추기보다 정보 혁명을 '우리는 누구

---

1   유용민, "인공지능 시대의 새로운 윤리학 모색", 커뮤니케이션 이론, 2022년 18권 2호.

인가?'라는 우리 자신의 존재에 대한 물음으로 전환하는 것이 더 바람직하다는 것으로 자신의 논의를 시작한다. 이를 위해 그는 역사를 네 단계의 혁명, 즉 코페르니쿠스에 의한 혁명(인간은 우주의 중심이 아니라 우주의 일원이라는 인식), 찰스 다윈에 의한 혁명(인간은 생명의 중심이 아니라 다른 생명체들처럼 진화와 적응의 산물이라는 인식), 프로이트나 포스트모더니즘에 의한 혁명(인간을 이성적이고 합리적인 것으로만 규정짓기 어렵다는 인식), 그리고 디지털 혁명(자연적인 것과 인공적인 것, 인간과 외적 관계를 둘러싼 급격한 변화)으로 구분해 접근한다.

그에 의하면, 네 번째 혁명인 인터넷 또는 디지털 혁명에서는 정보통신기술의 발달로 정보가 단순히 도구나 자원의 차원이 아니라 우리가 살아가는 환경, 즉 인간의 행위를 가능하게도 하지만, 행위를 제약하게 하는 조건 그 자체로 작용한다. 즉 이 단계에서 인간은 정보 환경 그 자체를 자기 존재의 존립 조건으로 삼게 된다. 네 번째 혁명을 통해 인간은 바이오스피어(생물권, biosphere), 즉 자연과 물리적 환경을 자신의 존재 조건으로 삼아 살아가는 것처럼, 이제 인포스피어(infosphere), 즉 모든 정보적 행위자들이 서로 상호작용하며 정보적 환경 그 자체를 자기 삶의 조건으로 삼으며 살아간다. 그의 인포스피어는 오프라인과 온라인을 모두 포괄하는 공간이면서 또한 정보를 주고받으며 상호작용하는 모든 존재들이 공존하는 공간이다.

이로써 인간은 생명체(유기체)들을 중심으로 설명해왔던 기존의 생태학적 환경 개념을 넘어 인공지능, 로봇, 사물인터넷 등 기술적 존재들까지 포괄하는 보다 넓은 상위의 존재론적 개념으로까지 윤리 영역을 확장할 수 있게 되는 단계에 이르고 있다. 이것은 우리가 전통적인 인간 중심주의적 윤리와 존재론을 넘어 인간과 비인간이 정보적으로 상호작용하면서 세계를 공(共)-구성해가는 정보권 시대로 진입했음을 보여준다. 이에 따라 가상의 인공적 존재들이 인간과 소통하면서 상호작용하는 새로운 행위 주체로 출현하는 변화를 반영한 새로운 윤리의 필요성을 요청받는다.

지금 디지털 기술은 인간의 목적 실현을 위한 도구나 수단의 의미를 벗어나 인간의 삶을 본질적으로 규정짓는 조건으로 작용하고 있다. 이제 기계들은 인간의 직접 개입 없이도 상호 협력과 조정을 통해 정보 환경의 구성에 영향을 미치는 단계에 들어와 있다. 또 기계가 인간 고유의 지능과 관련된 기능까지 묘사해 스스로 의사결정을 하는 자율적 기술시스템이 등장하고 있다. 물론, 이러한 기계, 즉 인공지능이나 로봇을 칸트적인 의미에서 진정한 자율적 행위자로 규정하기란 어려울 것이다. 하지만 자율적 기계가 생활 속에 등장하고 있다는 사실을 부정할 수도 없다. 이 때문에 자율성 개념을 발생학적 기원에 근거해 인간 중심적으로 규정지을 필요가 없다는 주장도 제기되고 있다. 즉 인공지능과 로봇이 지닌 자율성을 인간이 지닌 자율성에 근거해 판단해야 하는지에 대한 근본적 물음이다.

전통적으로 인간 중심의 자율성 개념은 인간의 마음이나 의식처럼 인간이 지닌 고유한 속성을 전제로 하지만, 지금 등장하고 있는 인공지능적 기계는 그와 같은 것을 전제로 하지 않으면서도 자율성 개념이 성립할 수 있을 가능성을 열어주고 있다. 즉 외부로부터의 자극이나 간섭이 없더라도 시스템 스스로 자신의 내적 상태를 바꿀 수 있거나 내적 상태가 바뀌는 동적이고 유기적 존재의 능력이나 기능으로 새롭게 정의할 수

현대사회와 윤리 주제탐구

있다는 것이다. 이렇게 되면 플로리디의 주장처럼, "도덕적이라고 평가할 수 있는 행위의 조건을 상호작용적(제1조건)이며, 자율적인(제2조건), 적응적 시스템(제3조건)"으로 도덕적 행위자의 조건을 정의할 수 있게 된다. 즉 "인공적 행위자의 도덕성"에 대해 말할 수 있게 되는 것이다. 이것이 가능하다면, 자율성 개념이 반드시 인간과 같은 수준이나 성질의 실체 여부를 전제할 필요가 없게 되고, 인공지능이나 로봇을 자율적 행위자로 볼 수 있게 된다.

한편, 인공지능 윤리와 관련해 정보통신부는 인공지능 시대에 요구되는 바람직한 인공지능 개발 및 활용 방향을 "국가 인공지능 윤리기준안"(2020)의 이름으로 제시했다. 이 윤리기준안은 3대 기본 원칙과 10개의 핵심 요건을 포함하고 있으며, '인간성(humanity)'을 윤리기준이 지향하는 최고 가치로 제시하고 있다. 그리고 인간성을 구현하기 위한 세 가지 기본 원칙으로 (1) 인간 존엄성의 원칙, (2) 사회 공공선의 원칙, (3) 기술의 합목적성의 원칙을 제시했고, 이에 기초해 개발 및 활용될 인공지능은 열 가지 핵심 요건들을 충족해야 하는데, 구체적으로 ① 인권보장, ② 프라이버시 보호, ③ 다양성 존중, ④ 침해 금지, ⑤ 공공성, ⑥ 연대성, ⑦ 데이터 관리, ⑧ 책임성, ⑨ 안전성, ⑩ 투명성이다.

이들 내용은 2017년 미국 캘리포니아의 아실로마에서 채택된 '아실로마 AI 준칙'과 많은 부분에서 비슷하다. 아실로마 AI 준칙 1조는 인공지능 연구 목적을 "(사람으로부터) 지시받지 않는 지능이 아니라 (사람에게) 혜택을 주는 지능을 창조해야 한다."로 명시하고 있다. 또 준칙 2조는 "AI 연구자들은 상호 협력과 신뢰, 투명성의 원칙을 준수해야 한다."라고 규정하고 있다. 이외에도 AI의 잠재적 위험성을 경계하여 "자기 복제 및 지속적 개량이 가능한 AI 시스템도 인간의 통제 아래에 있어야 한다." 라는 점을 분명히 하고 있다. 전체 내용을 요약하면, AI 시스템은 "인간의 존엄성, 권리, 자유, 문화 다양성의 이상과 양립할 수 있도록 설계되고 운영되어야 한다."라는 것이다.

현대사회와 윤리 주제탐구

동물과 자연에게도
도덕적 배려를
해야 할까?

1. 근대 서양의 인간중심주의

 지금 여기의 윤리 문제

제27차 유엔기후변화협약 당사국총회(2022)의 주요 쟁점은 '손실과 피해(loss and damage)'이다. 이것은 선진국에 의한 개발도상국의 기후 재난 피해를 보상하는 문제와 관련된다. 여기에는 해수면 상승, 홍수, 가뭄, 폭염은 물론, 사망과 부상, 이재민 발생, 시설 파괴와 농작물 피해, 생물종다양성 감소까지 포함된다. 이와 관련한 보고서에 따르면, 지난 20년 동안 기후와 관련해 발생한 총손실액은 약 750조 원 정도로 추산하고 있다. 특히 파키스탄은 2022년 여름 홍수로 1,700명이 숨졌고, 국토의 3분의 1이 잠기는 등 세계은행 추산에 따르면, 약 42조 원의 피해를 입은 것으로 보고되었다. 하지만 기후 변화와 관련해 '손실과 피해'의 규모를 객관적으로 측정하기 어렵다는 반론도 제기되고 있다. 즉 무엇을, 어느 정도를 인위적 기후 변화에 의한 손실과 피해로 간주해야 하는가에 대한 국가들 사이의 합의가 쉽지 않다는 것이다.

지구 온난화와 해수면 상승으로 생존의 위협을 받고 있는 태평양의 섬나라들(피지와 키리바시 등 14개국)은 온실가스 배출량은 전 세계 1%에도 미치지 못하지만 가장 빨리, 가장 큰 기후 재난의 피해를 입고 있다. 피지의 한 마을의 공동묘지는 이미 바닷물에 잠겨버렸는가 하면, 이 마을은 한 달에 보름 정도가 물에 잠겨 있을 정도이다. 그런가 하면 키리바시의 한 마을 주민들은 바닷물이 한 밤 중에 잠자는 방 안으로까지 들어와 마을의 가장 높은 곳으로 황급히 피신하는 경우가 종종 일어나고 있다.

일반적으로 동양이 아닌 서양의 근대에서 인간이 자연을 바라보아 왔던 지배적인 입장을 '인간중심주의'라고 부른다. 이후 1960년대 들어 인간중심주의에 대한 비판과 반성이 일어났고, 그 결과 탈인간중심주의(또는 비인간중심주의)가 힘을 얻고 있는 분위기이다. 한편, 탈인간중심주의는 보다 구체적으로 개체중심주의와 전체론적 입장으로 나뉘며, 개체중심주의는 다시 동물중심주의와 생명중심주의로 구분한다. 그리고 이와 같은 순차적인 분류는 인간이 자연(동물, 생물, 생태 그 자체)을 도덕적으로 배려하고 고려하는 영역이 동물 → 생물 → 생태계 순으로 확장되고 있는 과정이라고 할 수 있다.

프랑케나 또한 환경 윤리를 인간중심적, 감각중심적, 생물중심적, 그리고 전체론적 관점으로 구분한다. 이렇게 볼 때, 환경 윤리는 도덕적으

로 배려(고려)해야 할 범위를 어디에 설정하느냐에 따라 그 입장이 구체
적으로 드러난다.

	인간 탈인간(비인간)중심주의 →			
입장	(강한) 인간중심주의	동물중심주의 (감각중심주의)	생명중심주의	생태중심주의 (전일론:전체론)
범위	인간	인간, 동물	인간, 동물, 식물	인간, 동물, 생물, 종(種), 강, 생태계
개념	이성, 인간의 편익	쾌고 감각 능력	생명의지	생명공동체의 선
인물	베이컨, 데카르트, 칸트	싱어, 레건	폴 테일러, 슈바이처, 간디	레오폴드, 네스, 러브룩

도덕적 배려의 범위

인간 중심주의는 인간과 자연과의 관계에서 인간을 가장 가치 있는
존재로 여기고 인간의 이익이나 행복을 우선한다. 이 때문에 인간 중심
주의는 인간의 이해관계(이익 관심)를 독점적이고 우월하며, 절대적 가
치를 지닌 것으로 평가하는 반면, 인간 이외의 동식물 등의 이해관계는
도덕적 고려와 지위의 대상에서 배제한다. 이것은 인간을 우주와 세계
의 중심으로 자리매김하려 하기 때문에 인간 이외의 자연의 모든 존재에
대해서는 '인간에게 유용한가?'라는 도구적 가치 기준에 따라서만 평가
한다.

이성, 의식 또는 정신 능력, 자율성, 도덕적 행위 주체와 같은 인간
에게만 주어진 고유한 특성에 기초하고 있는 인간중심주의에는 이미 인

         현대사회와 윤리 주제탐구

간과 자연 사이에 이분법적 사고와 대립적 구도가 내재되어 있음을 알 수 있다. 이것은 인간과 자연의 관계를 주체와 대상, 목적과 수단, 선과 악, 미와 추, 우월과 열등이라는 이분법적 대결 구도를 낳는 배경이 된다. 이로써 인간은 오직 인간에 대해서만 직접적인 도덕적 의무를 지닐 뿐, 자연에 대해서는 직접적인 의무를 지닐 필요가 없다는 주장이 정당화된다.

자연에 대한 인간중심주의적인 사고는 세계와 자연을 태엽으로 움직이는 거대한 시계 또는 기계로 이해하게 하고, 이 속에 내재한 법칙성을 발견함으로써 인간이 추구하는 유용성의 원리에 따르도록 하려고 했던 베이컨이나 뉴턴, 데카르트의 사고에 가장 적극적으로 표현되어 있다. 우리는 근대 문명 과정의 전형적인 특징을 이루는 이들의 사고를 '기계론적 세계관' 또는 '기계론적 자연관'이라고 하는데, 이러한 세계관의 중심에는 바로 인간의 정신 능력이 깊게 뿌리내리고 있다.

서양에서의 이분법적인 사고와 인간중심주의는 매우 깊은 역사적 기원을 갖고 있다. 예를 들어 기독교 정신은 '신-인간-자연'이라는 수직적 위계질서에 기초하여 인간의 자연에 대한 지배와 도덕적 우월성을 주장해 왔다. 그런가 하면, 아리스토텔레스는 "식물은 동물을 위해, 동물은 인간을 위해" 존재한다는 목적론적 해석을 통해 인간을 존재론적으로 가장 높은 지위에 올려놓았다.

또 중세 시대 토마스 아퀴나스는 "자연의 과정에서 동물은 신의 섭리에 의해 인간이 사용하도록 결정되어 있다."는 주장을 했다. 이처럼 인간중심주의 전통은 서양에서 일관되게 유지되었으며, 근대 베이컨과 데카르트에 이르러 기계적·도구적 자연관으로 정착된다.

베이컨의 자연 지배

가설과 실험, 그리고 관찰을 진리의 기준으로 삼는 경험주의자 베이컨(F. Bacon)은 자연에 숨어 있는 법칙의 발견을 통해 자연이 인간을 위해 유용하게 쓰이도록 해야 한다고 주장한다. 자연에 대한 인간의 힘을 증대시키려는 그의 이와 같은 주장은 '지식이 힘'이라는 문장으로 더 잘 알려진 『신기관』(1620)에서 학문하는 새로운 방법론인 참된 귀납법으로 제시된 다음, 과학 기술자가 인간 사회를 지배하고 관리하는 이상적인 사회, 즉 『새로운 아틀란티스』로 구체화된다. 특히 이 책에는 오늘날 과학 기술의 발달을 예측이라도 한 것 같은 내용들이 다수 등장한다.

예를 들면, 인간은 동물을 자신들의 즐거움을 위해서는 물론, 인간 육체의 비밀을 밝히기 위한 도구로 활용하기 위해 해부하고 실험을 하며, 나아가 서로 다른 동물들 간에 이종 교배를 통해 새로운 동물종을 만들어 내기 위한 실험을 한다는 것 등이다. 물론, 이 모든 실험 활동의 목적은 그에 의하면, 인류의 삶을 향상시킬 수 있는 효용성을 발견하기 위해서이다.

우리가 베이컨의 이와 같은 입장에 서게 되면, 비인간인 자연이나 동물은 도덕적 지위를 지니지 못하게 되며, 따라서 도덕적 주제 또는 영역에도 포함될 수 없다. 오히려 동물에 대한 복제나 조작은 인간의 삶을 풍요롭게 하기 위한 목적을 성취하는데 도움이 되는 한, 도덕적으로 정당화될 수 있다.

데카르트의 기계적 자연관

16~17세기를 거치면서 결실을 거두는 근대의 과학 혁명은 데카르트와 뉴턴에 의해 기계적 자연관으로 정착된다. 데카르트는 자신의 『방법서설』에서 자연과 동물에 대해서 다음과 같이 규정한다.

"오히려 동물은 정신을 전혀 가지고 있지 않으며, 각 기관의 배치에 따라서 작동하는데, 이것이 바로 자연이다. 이것은 마치 시계가 톱니바퀴와 태엽만으로 만들어지지만 우리가 가지고 있는 능력보다 더 뛰어나게 시간을 정확하게 가리키고 있는 것과 같다."

동물을 태엽과 톱니바퀴만으로 움직이는 시계, 즉 자동 기계와 동일한 것으로 다루고 있는 그의 결론은 동물과 자연이 정신을 지니지 않은 대상으로 인정되고 있음을 보여 준다. 이것은 데카르트가 정신을 지닌 인간을 제외한 모든 자연물을 실체 이원론과 기계론적 세계관에 기대어 기계적인 필연성의 운동 원리를 따르는 것으로 이해하고 있었음을 의미한다.

그의 이러한 자연관은 앞의 베이컨처럼, 인간이 자연이라는 물체의 힘과 작용을 알고, 이를 통해 장인처럼 적절하게 이용하여 "자연의 주인이자 소유자가 되는 것"을 목표로 삼고 있다.

칸트의 동물관

인간중심주의와 기계론적 자연관은 근대에 학문하는 하나의 전형이었으며, 그 영향력은 절대적이었다. 이 점은 근대의 대표적인 도덕 철학자인 칸트도 예외가 아니었다. 칸트는 전통적인 인간중심주의적 관점을 자신의 동물 및 환경관에 일관되게 적용했다. 칸트에게 인간이란 이성적 존재로서 존엄한 인격체이며, 오직 이러한 특성 때문에 인간은 목적 그 자체이다. 칸트는 이 점을 다음과 같이 주장한다.

"인간, 일반적으로 모든 이성적인 존재는 목적 그 자체로 존재하며, 모든 행위는 수단으로서는 물론, 자기 자신에 대해서 그리고 다른 이성적인 존재들에 대해서 항상 동시에 목적으로 간주되어야 한다. 만약에 어떤 존재가 이성이 없는 존재라면, 그 존재는 수단으로서 상대적인 가치만을 지닐 뿐이며, 따라서 사물이라고 부른다. 반면에 이성적인 존재란 인격이라고 불리는데, 그 이유는 이성적인 존재의 성질은 이미 앞에서 목적 그 자체라고 밝혔기 때문이다."

이 때문에 비인간인 자연과 동물은 인간의 도덕적 고려와 자격의 대상에서 배제되고, 인간의 행위를 직접적으로 제한할 수 있는 자격을 지니지 못하게 된다. 비록 이들과 관련해 인간의 행위를 제약하는 상황이 발생하더라도, 그것은 전적으로 인격체로서 인간 자신의 '인간성'과 관련된 문제이지 '자연이나 동물 그 자체'와 관련된 문제는 아니다. 따라서 우리가 동물에 대해서 인간에 대한 의무와 비슷한 의무를 수행한다면, 그것은 곧 인간의 '자신에 대한 의무의 이행'이라는 관점에서 이해되어야 한다.

지금까지 우리가 자연에 대해 검토해 왔던 근대적인 관점에는 세계와 자연은 하나의 거대한 기계로, 인과적 필연성의 지배를 받고 있다는 것이다. 그리고 인간은 이와 같은 자연이 인간의 유익함을 위해 봉사하도록 자연계에 대해 지배적 힘을 키워야 하며, 이러한 힘의 증대는 인간의 고유한 특성인 이성과 정신 능력을 통해서 가능하다는 것이다. 그뿐만 아니라 정신과 의식 능력을 지니지 않은 존재들은 인간의 도덕적 의무의 대상에서도 체계적으로 제거된다. 다시 말해, 도덕의 범주를 정신 능력과 자율적 판단 능력, 그리고 자유 의지의 행사 능력에 두는데, 이 모든 것은 이성적 존재로서의 인간만을 전제로 하고 있다.

근대 서양의 이와 같은 사고방식은 자연과 비인간인 동물을 인간으로부터 체계적으로 그리고 도덕적 고려의 대상으로부터도 배제시킴으로써 자연과 동물은 인간을 위한 실용적·도구적 가치만을 지닐 뿐, 내재적이며 본래적인 가치는 지니지 않는다는 신념을 형성했다. 인간의 욕구와 물질적 풍요, 번영과 건강을 제일가치로 삼은 인간중심주의적 환경관은 인간의 무절제와 대량 소비를 부추겨 오늘날 환경 문제의 근본 원인을 제공하게 되었다는 비판을 받고 있다.

2. 동물중심주의

 지금 여기의 윤리 문제

■ 사례1

2013년 집을 잃은 고양이를 때려죽인 70대 노인이 50만 원의 벌금을 선고받은 이후, 자신의 동물을 학대하고 이를 말리던 시민을 폭행한 50대 남성이 법원으로부터 동물보호법 위반으로 200만 원의 벌금형을 선고받았다. 이 남성은 태어난 지 겨우 1개월밖에 안 된 강아지의 머리를 손바닥으로 때리고, 바닥에 집어던지고, 목을 짓눌러 다리가 부러지는 등 강아지를 학대했다. 또 이 남성은 자신의 이런 행동을 말리는 노인에게 '내 개를 내가 때리는데 당신이 무슨 상관이냐'며 노인의 얼굴을 때려 상해죄로 기소됐다. 한편, 동물보호법은 동물을 학대하는 사람에게 1천만 원 이하의 벌금이나 1년 이하의 징역형을 명시하고 있다.

현대사회와 윤리 주제탐구

■ 사례2

2013년 3월, 서울시는 아시아 최초로 불법 포획된 남방큰돌고래인 '제돌이'의 쇼를 중단하고 방사하기로 결정했다. 서울 대공원측은 그동안 환경단체(동물자유연대)들로부터 돌고래쇼가 불법으로 포획된 돌고래에 대한 학대라는 비판을 받아 왔다. 제돌이는 2009년 제주도 앞바다에서 포획되어 상업적 목적으로 이용되어 왔다. 적응 기간을 거쳐 방사된 제돌이는 현재 더 살찌고 건강한 모습으로 다른 돌고래 무리들과 함께 잘 적응하고 있는 것으로 관찰되고 있다.

■ 사례3

붉은 립스틱과 짙은 마스카라, 헤어스프레이처럼 화장품을 만드는 과정에서 화장품 원료가 인체에 미치는 영향을 시험하기 위해 토끼나 기니피그 등을 이용한 동물 실험이 많은 화장품 회사에서 꾸준히 진행되고 있다. 예를 들어 토끼의 눈꺼풀을 고정시켜 놓고 안구에 화장품 원료를 넣은 다음 부작용을 실험한다거나, 토끼를 우리에 가두고 헤어스프레이를 뿌린 다음 원료의 자극성을 실험하기도 한다. 하지만 동물에게 이러한 고통을 주는 실험 결과가 실제 우리에게 적용되는 비율은 20% 정도에 그치는 것으로 알려져, 동물에 대한 지나친 학대와 실험이라는 비판을 받고 있다. 우리나라의 경우, 한 해 약 150만 마리에 이르는 동물들이 약품과 화장품을 위한 실험으로 희생되는 것으로 알려져 있다.

싱어의 동물 해방

칸트에게 동물 학대가 도덕적으로 그릇된 이유는 그것이 동물의 복지나 권리 때문이 아니다. 단지 동물에 대한 학대가 곧 인간 자신의 인간성(또는 인격)을 손상시키는 행위와 관련되기 때문이다. 쾌락주의자 벤담은 인간과 같은 외모나 인종, 대화 또는 의사소통 및 추론 능력이 아니라 쾌락과 고통을 느낄 수(감각할 수) 있는 능력이 있는지가 어떤 존재를 도덕적으로 배려(고려)할 만한 기준이 되는 그런 날이 올지도 모른다고 예언한 바 있다.

> 언젠가 그런 날이 올지도 모른다. 동물들이 권리를 획득할 수 있는 그런 날이 언젠가는 올지도 모른다. 중요한 것은 동물들이 추론 능력을 가지고 있는가 아니면 대화 능력을 가지고 있는가가 아니라 고통을 경험할 수 있는가이다(J. Bentham).

동물 해방을 주장하는 싱어(Peter Singer)는 자신의 저서, 『동물 해방』(1975)의 철학적 배경을 벤담에 두고, 감각할 수 있는 능력, 쾌락과 고통 중에서도 특히 고통의 최소화, 이해관계(또는 이익관심) 개념에 기초하여 동물들에 대한 도덕적 고려를 주장한다. 그는 이 책의 목적이 "어떤 존재가 우리 자신의 종의 구성원은 아닐지라도, 그 존재에 대해서 불필요한 고통을 초래하는 것은 그릇된 것이며, 그렇기 때문에 인간에 의해 가혹하게 학대와 착취를 당하는 동물의 상황이 바뀌도록 하는 것"이라고 주장한다. 그의 동물 해방 윤리는 '이해관계(이익)에 대한 평등한 고려의 원칙'을 기본적인 윤리 원리로 제시하면서 이를 동물에게까지 확장해 적용한다.

현대사회와 윤리 주제탐구

싱어는 자신의 윤리 원칙을 정당화하기 위해 '종차별주의'라는 용어를 사용한다. 종차별주의란 '다른 종을 이루는 구성원의 이해관계에 대해서는 반대하면서 자신의 종을 이루는 구성원의 이해관계에 대해서는 우선하는 태도나 편견'을 말한다. 그는 만약에 우리가 인종이나 성(Sex)을 기초로 다른 사람을 차별적으로 대우하는 것을 도덕적으로 정당화할 수 없다면, 마찬가지 이유로 우리가 동물에 대해서도 차별적으로 대우하는 것 또한 정당화할 수 없다고 주장한다. 따라서 자신의 목적을 위해서 다른 인간을 착취할 수 있는 권한이 없듯이, 마찬가지로 우리에게 비인간인 존재들을 착취할 수 있는 권한 또한 존재하지 않는다고 주장한다.

또 인간 집단들(예를 들면, 인종이나 성별 또는 지적인 수준 등) 사이에 고통을 경험할 수 있는 능력에 차이가 없는 것처럼 일부 동물들 또한 우리 인간과 동등하게 고도로 복잡한 신경 체계를 가지고 있다는 점에서 차이가 존재하지 않는다고 주장한다. 결론적으로 성차별주의와 인종차별주의가 도덕적으로 그릇된 것처럼, 종(種)차별주의 또한 그릇된 것이라 할 수 있다.

싱어는 이와 같은 종차별주의를 극복하기 위한 도덕적 기준으로 '이해관계에 대한 평등한 고려의 원칙'을 제안한다. 동물은 인간과 동등한 이해관계를 가지고 있는데, 그것은 무엇보다 정신과 육체를 통해 쾌락과 고통을 경험(쾌고 감수능력)할 수 있다는 사실이다. 따라서 쾌락과 고통의 계산은 인간이든 동물이든 관계없이 동등한 것으로 고려되어야 한다. 왜냐하면 도덕성은 좋은 경험을 증진시키고, 나쁜 경험을 좌절시키든지, 아니면 쾌락을 증대하거나 고통을 억제하는 것을 목표로 하기 때문이다.

벤담의 제안에 따라 싱어 또한 "중요한 것은 동물들이 추론 능력을 가지고 있는가 아니면 대화 능력을 가지고 있는가가 아니라 고통을 경험할 수 있는" 능력임을 강조하여, 인간과 동물 사이에 존재하는 공통점을 발견하고, 이를 통해 비인간인 동물 또한 도덕적인 고려를 받을 자격이 있다는 주장을 하고 있다.

> 쾌락과 고통을 감각할 수 있는 능력은 이해관계를 갖고 있는지를 판단하는 전제 조건이 된다. (우리의 식생활, 동물 사육 방식, 동물 실험, 동물원에 대한) 우리의 태도가 바뀐다면, 동물이 겪는 고통의 양은 현저하게 줄어들 것이다.

지금까지 검토한 싱어의 동물 해방 윤리를 다음과 같이 재구성해 볼 수 있다.

(1) 이해관계(이익관심)에 대한 평등한 고려가 기본적인 도덕 원리이다.

(2) 고통과 쾌락을 감각할 수 있는 능력은 모든 존재들이 이해관계를 갖기 위한 필수적인 전제조건이다.

(3) 이러한 능력은 우리에게 이해관계의 평등한 고려에 대한 권리를 부여하도록 요구한다.

(4) 이러한 능력을 지닌 모든 존재는 그와 같은 권리를 가지며, 따라서 이에 상응한 대우를 받아야 한다.

(5) 일부 동물은 이와 같은 능력을 갖고 있다.

(6) 그러므로 일부 동물은 우리가 그들을 어떻게 대우할 것인지를 결정할 때, 이해관계의 평등한 고려에 대한 권리를 가진다(즉, 우리의 행위가 그들에게 고통이나 쾌락이라는 결과를 가져올 가능성이 있는 경우).

현대사회와 윤리 주제탐구

이처럼 싱어는 이해관계를 갖는 전제 조건으로서 쾌락과 고통을 경험할 수 있는 능력을 제안하고, 이러한 감각 능력을 평등한 도덕적 고려의 기준으로 삼는다. 그리고 이러한 능력이 인간은 물론 일부 동물들에게서도 발견된다는 점을 지적하면서 이들 동물의 이해관계에 대한 평등한 고려를 주장한다.

전체적으로 그의 동물 해방 윤리는 평등성의 윤리를 인간종을 넘어서 일부 동물에게로 한층 확장하고 있다. 이에 따라 그는 오늘날과 같은 기업형 가축 농장이나 부당하게 고통을 초래하는 동물 실험에 반대하면서, 다른 종에 대해 우리가 가졌던 태도, 즉 종차별주의적 편견으로부터 벗어날 것을 강하게 주장한다. 이 모든 주장을 통해 싱어는 우리의 태도와 실천을 전환하여 좀 더 규모가 큰 존재 집단, 즉 인간종이 아닌 다른 동물 종의 구성원에 대해서도 관심을 갖도록 촉구한다.

레건의 동물 권리

레건은 동물의 권리를 주장하기 위해 먼저 지금까지의 '동물 학대 반대론'을 비판한다. 동물 학대란 인간이 자신의 즐거움(또는 쾌락)을 위해 동물에게 의도적인 고통을 주는 것인데, 이것이 그릇된 이유는 그와 같은 행동을 다른 사람에 대해서도 그렇게 하도록 부추기기 때문이라는 것이다. 이에 근거해 이들은 불필요한 고통을 가하거나 정당화될 수 없는 고통을 가하는 대신 좀 더 '인도주의적인 방식', 예를 들면 강철로 만든 족쇄나 상업적 목적을 지닌 덫을 설치하라고 제안한다. 그렇지만 레건은 이것 또한 여전히 동물에게 고통을 야기할 뿐이라고 비판한다.

또 인간은 물론 동물의 이해관계도 평등하게 해석해야 한다고 주장하는 싱어의 '이익의 평등한 고려' 원칙에 대해서도 중대한 결함이 있다고 비판한다. 예를 들어 노예를 해방하지 않은 상태에서 단지 노예의 이해관계를 고려한다는 것은 동시에 노예의 주인이 갖고 있는 이해관계 또한 동등하게 고려해야 한다는 것을 전제로 한다. 레건은 이와 같은 심각한 모순에서 벗어나기 위해서 먼저 노예 제도에 대한 전통과 관습이라는 부정의에 저항해야 하고, 이를 통해 노예가 완전히 해방되어야 하는 것처럼, 동물에 대해서도 먼저 동물이 자유롭게(해방) 되는 것을 전제해야 한다고 주장한다.

이 점에서 그는 진정한 동물 해방은 '동물 권리'의 철학이 되어야 한다고 주장한다. 즉 "동물의 권리가 단지 사람들의 목적을 위한 수단으로 이용되어서는 안 된다"는 것이다. 이러한 신념에 따라 그는 (1) 과학에서 동물을 이용하는 것에 대한 전면적 폐지, (2) 상업적 목적을 지닌 동물 영농의 전면적 해체, (3) 상업적이며 스포츠 형식을 빌린 사냥과 덫 설치를 하는 행위의 전면적 금지를 주장한다.

- 동물 권리의 철학은 화장품 검사와 제품 검사를 목적으로 하는 동물 이용의 종식을 요구한다.
- 동물 권리의 철학은 군사적 목적의 연구, 흡연의 유해성을 주제로 한 연구, 모성애 연구, 약물 반응 등과 같은 모든 동물에 대한 억압적 이용의 종식을 요구한다.
- 동물 권리의 철학은 '운동과 오락'을 목적으로 하는 사냥 관습과 야생의 생명들에 대한 덫 설치의 종식을 요구한다.
- 동물 권리의 철학은 인간의 허영심과 사치를 목적으로, 다른 동물의 가

죽을 상업적으로 이용하는 것에 대한 종식을 요구한다.

■ 동물 권리의 철학은 오락과 기분전환을 목적으로 하는 야생 동물의 포획과 훈련에 대한 종식을 요구한다.

레건의 '동물 권리론'은 '개체들의 도덕적 권리에 관한 주장'이라고 요약할 수 있다. 따라서 종들은 개체가 아니기 때문에 권리에 대한 관점은 생존을 포함하여 이들 어떤 종들(Species)에 대해서도 도덕 권리를 인정하지 않는다. 어떤 동물 개체가 그 종의 마지막 구성원으로 남아서 존재하고 있다는 사실이 그 동물 개체에 대해서 좀 더 많은 권리를 부여하도록 하지는 않는다. 그리고 그 동물 개체의 권리가 해를 입지 않아야 한다는 것은 이러한 권리를 가지고 있는 다른 나머지 동물들의 권리와 그 동물의 권리가 반드시 평등하게 중요하다는 것이다.

따라서 어떤 긴급한 상황에서 우리가 최후로 남은 두 구성원들을 구할 것인지, 아니면 어떤 종을 이루는 풍부한 구성원들이지만 당장 죽을지도 모를 다른 개체를 구해야 할 것인지를 선택해야 한다면, 우리는 동물의 권리에 근거하여 후자를 선택해야 한다. 왜냐하면 권리 관점에서 볼 때, 중요한 기준은 개체수가 아니라 개체의 권리이기 때문이다. 결론적으로 그가 권리 관점에 기초하여 권고하는 야생 동물에 대한 정책은 인간의 간섭과 개입에 대해 제재 규정을 마련하는 것이며, 궁극적으로는 '그대로 두어라!'이다.

"그것(동물 권리론)은 일부 동물들의 개체수가 적기 때문에 지지하는 것이 아니다. 일차적으로 그것은 그 개체들이 내재적 가치를 지닌 모두에 대해서 가치에 있어 평등하다는 것 때문에 그들을 지지하는 것이다.

즉, 그들은 우리들 자신을 포함하여, 존중받고 대우받을 기본적인 권리를 우리와 더불어 공유하고 있다는 것이다. 그들은 단순히 우리의 이용을 위해 놓여 있는 재생 가능한 자원 또는 저장소가 아니기 때문에, 개체들인 그들에 대해 위해를 가하는 것은 정당화될 수 없다."

한편, 동물의 권리와 관련하여 레건은 가치의 근거를 칸트처럼 '자율적 행위 능력(또는 도덕 행위자, Moral agent)'에만 국한시키지 않는다. 그는 칸트의 도덕 범주에서 배제된 동물을 포함하기 위해서 '자율적 행위 무능력자(또는 도덕 무능력자, Moral patient)'라는 용어를 도입한다. 그는 칸트주의적인 '도덕 행위자'와는 다른 개념을 채택하면서도, 그 내용과 의도에 있어서는 칸트적 속성을 실현하고 있는 것이다. 도덕 행위자가 도덕적 판단과 결정을 내릴 수 있는 인지 능력과 자율성을 지녀 도덕적 책임 능력이 있는 자라면, 도덕 무능력자는 자신의 행위를 자율적으로 제어할 수 있는 능력을 결여하고 있는 자를 의미한다.

"도덕 행위자는 정교한(세련된) 다양한 능력을 지닌 개체를 의미한다. 그리고 이러한 능력이란 공정한 도덕 원리를 개체가 적용할 수 있는 능력을 의미한다. 따라서 이것은 도덕적으로 무엇을 해야 할 것인지, 도덕적 결정을 내릴 수 있는 능력, 도덕성에 따라서 자유롭게 선택할 수 있는 능력 또는 무능력, 행위자의 도덕성에 대한 인지 능력 등을 모두 포함한다."

"반대로 도덕 무능력자는 자신이 하고 있는 것에 대해서 도덕적으로 책임질 수 있는가의 견지에서 볼 때, 자신의 행위를 통제할 수 있는 필수적인 능력을 결여하고 있다. 도덕 무능력자는 체계적이고 명료하게 설명할 수 있는 능력을 결여하고 있을 뿐만 아니라 가능한 다양한 행위

현대사회와 윤리 주제탐구

들에 대해서 바람직하거나 적절한 도덕 원리를 심사숙고하여 적용하고 수행할 수 있는 능력 또한 결여하고 있다."

이러한 구분에 따라, 도덕적 행위 능력을 지닌 사람만이 도덕적 지위를 갖는다는 일반적인 주장을 받아들이게 되면, 아직 어린아이나 정신 지체인, 혼수상태의 인간은 도덕적 지위를 부여받지 못하게 된다. 그렇기 때문에 이들에 대해 도덕적 책임이나 의무를 부과할 수 없게 된다.

이에 대해 레건은 그렇다고 해서 우리가 그들을 마음대로 대우해도 된다는 것을 의미하는 것은 아니라고 주장한다. 즉 도덕 무능력자는 옳은 어떤 행동도 할 수 없지만, 그릇된 어떤 행동도 할 수 없기 때문에 우리가 그들을 도덕적 지위나 도덕적인 배려, 도덕적 권리를 무시해도 좋다는 것은 아니다. 비록 도덕적인 무능력자라 하더라도 우리는 그들을 도덕적으로 인정할 수 있을 뿐만 아니라 나아가 도덕 무능력자의 범위를 개체인 동물에게까지도 확장할 수 있다는 것이다. 즉 그들은 자기 '삶의 주체'라는 것이다.

레건은 '삶의 주체'를 주관적 경험 능력을 지닌 존재, 즉 신념과 욕구, 미래에 대한 의식, 정서적 특성, 개체로서 복지, 지각과 기억 능력을 지닌 개체로 정의한다. 레건은 계속해서 이와 같은 특성들은 건강한 성인은 물론, 도덕 무능력자인 1년 이상 된 포유 동물에서도 공통적으로 발견되는 특성들이기 때문에 이들 또한 내재적 가치를 지닌다고 주장한다. 그리고 내재적 가치를 지닌 이런 존재들을 '존중의 원칙'에 따라 평등하게 대우하는 것은 '정의'의 원리에도 부합한다고 강조한다.

삶의 주체(Subject-of-a-life). 즉, 이것은 단순히 '살아있는 존재(Alive

living)'라는 그 이상을 의미하며, 단순히 '의식적인(Conscious)'이라는 그 이상을 의미한다. 만약에 개체들이 신념과 욕구를 지니고 있다면, 개체들은 삶의 주체이다. 즉 인지, 기억, 그리고 자신의 미래를 포함하여 미래에 대한 의식, 즐거움과 고통을 함께 느낄 수 있는 정서적 삶, 선호와 복지에 관한 이해관계, 자신의 욕구와 목표를 위해서 행위 할 수 있는 능력, 시간을 넘어선 심리학적 정체성, 그리고 그들 자신들이 잘 되어 가는지 아니면 잘못 되어 가는지를 자신의 경험적 삶에 비추어 나타나는 개체의 복지, 타자에 대해서 갖는 자신의 유용성이 그것과는 논리적으로 독립적으로 구별된다는 것, 다른 누군가의 이해관계에 비추어 볼 때 그들의 존재가 논리적으로 독립적으로 구별된다는 것 등, 개체의 복지는 이러한 요소들을 포함한다. 따라서 삶의 주체로서의 이러한 기준을 만족시키는 개체들은 그들 스스로가 뚜렷한 차이를 드러내는 가치, 즉 내재적 가치(Inherent Value) 유형을 가지며, 이러한 가치는 단순히 어떤 것에 담겨 있는 저장된 것으로 바라보거나 취급될 수 없는 것이다.

결론적으로 레건의 동물 권리론은 다음과 같이 요약할 수 있다. 삶의 주체가 되는 모든 개체는 평등한 내재적 가치를 지니며, 일부 동물 개체는 삶의 주체이다. 따라서 그 일부 동물 개체는 평등한 내재적 가치 속성을 지닌다고 할 수 있다. 그러므로 이들 모든 개체는 존중의 원리 적용을 받으며, 도덕 행위자는 물론 일부 도덕 무능력자 또한 내재적 가치를 지니므로 이들에게도 마찬가지로 존중의 원리가 적용된다. 한편, 리건은 레오폴드와 같은 전체론적 관점에 대해서는 자신의 개체주의적 입장에 충실해 '생태 파시즘'일 뿐이라고 비판한다.

3. 테일러의 생명중심주의

 지금 여기의 윤리 문제

사진작가인 ○○씨는 2011년 여름부터 2013년 봄까지 세 차례에
걸쳐 우리나라의 대표적인 금강송 군락지인 경북 울진의 산림보호
구역에 들어가 220년 된 수령의 금강송(11그루)과 활엽수(14그루)
를 무단 벌채했다. ○○씨는 금강송을 무단 벌채한 이유에 대해 "작
품 사진을 찍는 데 방해가 되어서"라고 말했다. 또 활엽수를 벌채한
이유에 대해서는 "소나무는 양지식물인데 참나무가 햇빛을 가리
면 금강송이 죽기 때문"이라고 말했다. 산림보호구역에 들어가려
면 미리 허가를 받아야 했지만 ○○씨는 허가를 받지 않은 채 여섯
차례에 걸쳐 무단으로 들어가 금강송을 찍는 불법을 저질렀다. ○
○씨는 금강송과 활엽수 벌채를 위해 지역 주민들에게 일당을 지급
하고 고용했으며, 이렇게 찍은 사진으로 서울, 대구, 프랑스 등에서

전시회를 갖고, 사진 한 장에 400만 원에서 500만 원씩 받은 것으로 알려졌다. 그런데 ○○씨는 금강송을 무단 벌목한 혐의로 법원으로부터 겨우 벌금 500만 원을 선고받아 더욱 큰 분노를 샀다.

대표적인 현대 생명중심의 윤리는 슈바이처(Albert Schweitzer)의 '생명에 대한 경외'로부터 시작한다고 보는 것이 바람직할 것 같다. 그는 인간 의식의 가장 근본적인 사실을 "나는 살려고 애쓰는 생명의 중심이며, 또 나는 살려고 애쓰는 생명의 한 가운데에 있는" 것이라고 강조한다. 따라서 우리가 이 같은 사실을 충만하게 깨닫고, 이러한 깨달음 속에 있게 될 때 윤리는 시작한다고 주장한다.

그에 의하면, "생각하는 존재인 인간은 그가 그 자신에게 부여하고 있는 생명에 대한 경외를 똑같이 모든 살려고 애쓰는 존재들에 대해서도 부여하려고 하는 충동을 강하게 깨닫는다. 그는 다른 생명을 자기 안에서 경험하는 것이다. 그는 성장 가능성이 있는 생명을 보존하고, 생명을 촉진시키며, 생명을 가장 고귀한 가치로 고양시키는 것을 선으로 받아들인다. 반면, 성장 가능성이 있는 생명을 파괴하는 것, 생명에 해로움을 주는 것, 생명을 억압하는 것을 악으로 받아들인다. 바로 이것이 도덕에 관한 절대적이고 근본적인 원리인 것이다." 그렇기 때문에 "매일 나의 책임 아래에서 하나의 생명을 구하기 위해 다른 생명을 희생해야 하는 일은 괴로운 일이다."

이처럼 슈바이처는 생명이 있는 모든 존재가 고유한 가치를 지니며, 이러한 가치는 우리에게 놀라움과 두려움, 감탄을 불러일으킨다고 주장

현대사회와 윤리 주제탐구

하고 있다. 따라서 생명은 우주에서 일어나고 있는 가치중립적인 사실이 아니라 그 자체로서 선이며, 따라서 우리에게 생명을 존경하게 할 만한 영감을 일으키고, 존경할 만한 자격을 받을 만한 것이다.

생명에 대한 도덕적 태도와 성품을 강조하는 그의 가르침은 테일러(P. Taylor)에 의해 더욱 정교한 체계를 갖추게 된다. 테일러는 싱어의 고통과 쾌락의 감각 능력에 기초한 동등한 이해관계 개념, 레건의 삶의 주체로서 권리 개념처럼 동물에 머무르지 않고, '생명 공동체의 구성원'과 '생명은 목적론적 삶의 중심(Teleological center of life)'이라는 개념을 도입한다. 이에 따르면 각각의 모든 생명들은 저마다 나름의 고유한 목적을 지향하는 활동을 하며, 이를 통해 개체의 번식과 번영이라는 유기체 고유의 선을 지향한다는 것이다.

즉, "생명이 목적론적인 삶의 중심이라고 말하는 것은 생명의 외적인 활동은 물론 내적인 기능 수행이 모두 어떤 목적을 지향하고 있으며 (Goal-oriented), 동시에 유기체의 존재를 시간적 차원에서 지속적으로 유지하려는 경향성을 갖는다는 것을 의미한다. 자신의 종을 재생산하는 것과 같은 생물학적 작동 원리를 충실하게 수행하여 각각의 유기체가 지닌 기능에서의 이와 같은 통일성과 일관성에서 드러나는 유기체의 선의 실현을 지향하는 모든 방향성은 생명 활동에서 하나의 목적론적 중심을 형성하는 것이다. 하나의 전체로서 유기체는 자신이 속해 있는 환경에 대해 반응하는 단위이며, 이를 통해 유기체는 자신의 생명 활동이 갖는 지속성이라는 목적을 실현하는 것이다."

그는 "자연에 대한 존중의 윤리"라는 논문에서 자연에 대한 존중의 태도는 이성적 행위자에게 요구되는 도덕적 성품이나 태도라고 주장한다.

즉 이성적 행위자는 각각의 생명을 목적론적 중심으로 받아들이며, 이에 기초하여 각각의 생명체가 지닌 고유한 선을 존중하는 태도를 지녀야한다. 이와 관련하여 이성적 행위자의 성품(성향)은 첫째, 공평무사하게목적을 실현할 수 있도록 도와주는 마음가짐(성품)이며, 둘째, 생명체고유의 선을 조건부 의무로서 받아들이고, 이를 도와주려는 마음가짐이며, 셋째, 종을 이루는 개체들 또는 생명공동체의 선이 무엇인지를 경험하려는 마음가짐이다. 이처럼 이성적이고 자율적인 행위자들은 생명체의 고유한 가치와 선을 실현하려는 신념 체계와 도덕적 품성을 지녀야한다. 이것이 '자연에 대한 생명중심적 입장'이다.

이렇게 해서 형성된 생명중심적 성품은 네 가지로 설명할 수 있다. 첫째, 모든 비인간 존재인 구성원들이 지구 생명 공동체의 동등한 구성원이라는 생각으로, 인간 또한 지구 생명 공동체를 이루는 구성원이라는믿음이다. 둘째, 전체로서 지구의 자연 생태계는 상호의존적인 관계적요소들의 복잡한 그물(Web)로 이해할 수 있다는 믿음이다. 셋째, 각각의개별 유기체(또는 생명체)들은 고유한 방식으로 생명(또는 삶)의 목적론적 중심으로 이해된다는 믿음이다. 다시 말해 각각의 개별 유기체들은자신의 방식에 따라 자신의 선을 추구한다는 것이다. 넷째, 우리가 내재적 가치 개념에 관심을 갖든 아니면 장점(Merit, 빼어난 특성)을 지닌 기준들에 관심을 갖든, 인간이 다른 나머지 종들보다 우월하다고 주장하는 것은 위의 세 가지 믿음에 비추어 볼 때, 근거 없는 주장이다. 이러한주장은 인간 자신의 입장에 치우쳐 있는 비이성적인 편견에 지나지 않는것으로 반드시 거부되어야 한다.

테일러는 이와 같은 생명중심적 입장에 따라 우리가 네 가지 생명 존

현대사회와 윤리 주제탐구

중의 규칙(의무)을 실천해야 한다고 주장한다. 첫째, 자연환경 속에서 자신의 고유한 선을 지닌 어떤 실재(개체), 즉 유기체, 종 개체군, 생물 군집에 대해 해악을 끼쳐서는 안 될 의무이다(해악 금지의 의무). 둘째, 인간에게 개별 유기체의 자유에 대한 제한(간섭)을 삼가고, 개별 유기체는 물론 전체 생태계와 생물 군집에 대해 '손을 뗄 것'을 요구하는 규칙이다(불간섭의 의무). 세 번째 이 규칙은 도덕 행위자에 의해 기만이나 속임을 당할 수 있는 야생 상태의 개별 동물들을 속이는 덫을 설치해서는 안 된다(신의 또는 충실의 의무). 네 번째 규칙은 도덕 행위자인 인간이 다른 개별 생명체에게 해악을 끼쳤을 경우 그 피해에 대해 보상을 해야 한다는 것이다(보상적 정의의 의무).

그렇지만 이와 같은 규칙들에도 불구하고, 충돌을 회피할 수 없는 곳에서 우리는 일반적으로 우선성의 원리를 적용할 수 있을 것이다. 예를 들어 인간의 기본적 이해와 야생 동·식물의 이해가 충돌할 때 '자기 방어 원칙'에 따라 인간의 이해관계를 우선할 수 있다. 또 새를 새장에 가두거나 덫을 놓아 야생 동물을 포획하는 인간의 부차적인 이해관계는 야생동물의 기본적인 이해관계와 충돌할 때, '비례와 균형의 원칙'에 따라 금지되어야 할 것이다. 이외에도 '최소악의 원칙', '분배적 정의 원칙' 등을 상황에 따라 적용할 수 있을 것이다.

각각의 개별 생명은 저마다 나름의 고유한 목적을 실현하기 위해 활동한다는 '생명의 목적론적 중심'이라는 개념에 기초하는 테일러의 생명 중심주의는 다음과 같은 논리 구조로 요약할 수 있다. 그리고 이러한 논리적 사고를 통해 그는 '자연에 대한 존중의 태도', 즉 우리에게 도덕적 성품과 책임감의 형성을 강조한다.

만약에 어떤 생명 존재가 생명의 목적론적 중심이면서, 내재적가치(와 자신의 선)를 갖는다면, 그 생명 존재는 도덕 행위자에 의해 도덕적 고려의 대상이 될 수 있는 자격을 지닌다.

모든 생명 존재는 생명의 목적론적 중심을 이루며, 고유한 가치를 갖고 있다. 그러므로 모든 생명 존재는 도덕 행위자에 의해서 도덕적 고려의 대상이 될 수 있는 자격을 지닌다.

현대사회와 윤리 주제탐구

4. 레오폴드의 대지 윤리

대지 윤리와 심층 생태론은 대표적인 전체론적(Holistic, 전일주의적) 환경윤리이다. 환경에 관한 전체론적 관점은 생태중심주의를 말하는데, 이것은 살아 있는 동·식물은 물론, 바위, 강, 광물들을 포함하는 무생물, 즉 지구 환경 전체가 그 자체로 내재적 가치를 갖는다고 주장한다. 인간의 자연에 대한 도덕적 배려(또는 고려)의 범위를 가장 포괄적으로 확장하고 있는 생태중심주의는 근대 서양의 이분법적인 관점처럼 인간을 자연과 엄격하게 분리·독립시키는 것이 아니라 오히려 인간을 자연의 일부로 파악하는 관점이다.

알도 레오폴드는 『모래 군의 열두 달』에서 대지(Land, 땅, 토지) 그 자체를 도덕의 영역에 포함시키는 새로운 윤리, 즉 대지 윤리를 주장한다. 그는 대지가 정복자인 인간을 위한 노예이자 하인이라는 사고가 하나의 몽상에 지나지 않으며, 인간이 토양과 물, 동식물 등과 함께 하나의 공동체 안에서 서로 의지하며, 평범한 시민으로서 역할을 다하게 될 때 '대지 윤리'가 비로소 실현된다고 주장한다. 그의 이러한 전체론은 다음과 같은 명제로 제시된다.

모든 윤리는 하나의 공통된 전제를 갖고 있다. 즉, 개인은 상호의존적인 부분들로 이루어진 공동체의 한 구성원이라는 것이다. 대지 윤리는 이와 같은 공동체의 범위를 단지 토양, 물, 식물과 동물을 포괄하는 대지까지 포함하도록 확장한 것이다. 대지 윤리는 인간의 역할을 대지 공동체의 지배자로부터 대지 공동체를 이루는 시민 또는 평범한 구성원으로 변화시키는 것이다. 따라서 대지 윤리는 인간으로 하여금 동료 구성원에 대한 존중과 공동체에 대한 존중을 요구한다. 생명공동체의 온전성과 안정성, 그리고 아름다움을 보전하는데 기여한다면, 그것은 옳고, 그렇지 않다면 그것은 그르다.

윤리를 진화의 관점에서 해석하는 다윈의 영향을 받은 레오폴드는 윤리가 인간의 영역을 넘어 대지 그 자체를 포함해야 한다고 보았다. 그는 개인 간의 관계를 다루었던 최초의 윤리는 최종적으로 대지와 그 위에서 살아가고 있는 모든 존재들 사이의 관계를 다루는 방향으로 진화할 것이라고 주장한다. 즉 윤리의 이와 같은 방향은 '진화론적 가능성이며 생태학적 필연성'이라는 것이다.

레오폴드는 윤리 또는 도덕적 고려의 대상과 범위와 관련해 최초의 윤리는 개인 간의 관계를 다루었고, 그다음은 개인과 사회의 관계로 확장되어왔다고 말한 다음, 하지만 아직 인간과 토지(대지) 및 그 위에서 살아가는 동식물과의 관계를 다루는 윤리는 없다고 문제를 제기한다. 즉 오디세우스의 여자 노예들처럼 여전히 대지는 아직 재산이지만, 이제 인류의 도덕은 그 범위를 환경으로 확장해야 할 시점에 왔으며, 이것은 생태학적, 그리고 진화론적 관점에서 볼 때도 당연히 그렇게 되어야 한다고 주장한다.

레오폴드에 의하면, 대지는 단순한 흙이 아니다. 대지는 토양, 식물, 동물이라는 회로를 통해 흐르는 에너지가 솟아나는 근원이다. 먹이사슬은 에너지를 전달하는 살아 있는 통로이다. 그렇다고 대지 윤리가 이들 자원(식물, 동물, 토양, 물 등)의 변경과 관리 및 사용을 막을 수는 없을 것이라고 그는 말한다. 하지만 대지 윤리는 그들도 존속할 권리가 있음을, 그리고 좁은 구역이더라도 자연 상태로 존속할 권리가 있음을 드러내 보여준다고 그는 강조한다.

> 아직 우리에게 대지 윤리는 없다. 하지만 적어도 경제적 이익과 상관없이 새들이 생명에 대해 권리를 갖는다는 수준까지는 이르렀다. 대지 윤리는 인류에게 동료 구성원에 대한 존중, 그리고 공동체 자체에 대한 존중을 필연적으로 수반한다.

이처럼 레오폴드에게 '공동체'란 지역성에 기초한 배타적인 인간 집단을 의미하는 것이 아니며, 그렇다고 같은 가치와 규범을 지닌 문화 양식을 공유하고 있는 인간 집단을 의미하지도 않는다. 그에게 '(생명)공동체'란 곧 '대지'이며, 인간은 이 '대지 공동체'를 이루고 있는 '평범한 구성원'으로서 지위를 가질 뿐이다. 이 점이 바로 그의 윤리를 인간과 인간의 관계를 규정하는 전통적인 '인간의 윤리'를 넘어 생태계 그 자체를 도덕적 배려의 대상으로 이해하는 생태중심주의적 윤리가 되게 한다.

5. 네스의 심층 생태론

 지금 여기의 윤리 문제

'저스트 스톱 오일', 영국 환경 단체는 런던의 한 미술관에 전시된 고흐의 그림 '해바라기'에 토마토수프를 끼얹는 시위를 벌였는가 하면, 그 이전에는 다빈치의 '최후의 만찬' 복제본 그림에 접착제로 손바닥을 붙이는 시위를 벌이기도 했고, 네덜란드 헤이그에서는 '해바라기', '진주 귀걸이를 한 소녀'에 음식을 뿌리고 접착제로 손을 붙이기도 했다. 그런가 하면, 영국의 환경 단체 '멸종 저항'은 호주의 미술관에 전시된 피카소의 작품 '한국에서의 학살'에 순간접착제를 자신들의 손에 바르고 붙이는 과격 행위를 하기도 했다.

한편, '라스트 제너레이션', 독일 기후단체 활동가들은 독일의 한 미술관에 전시된 클로드 모네의 작품 '건초더미'(1890년 작품, 2019년 약 1,600억 원에 낙찰)에 으깬 감자를 뿌리는 과격 시위를 했다. 화석 연료 사용을 반대하는 이 단체는 작품에 음식을 끼얹은 후 그림 아래에 쪼그리고 앉아 벽에 접착제를 바른 손을 붙이는 행위를 연출했다. 이런 행위를 하면서 그들이 외친 말은 "기후가 위기를 맞고 있으며, 우리가 걱정해야 할 것은 그림이 아니다."이다. 이 단체의 활동가들은 고흐, 다빈치, 피카소 등의 작품들을 공격한 바 있다.

급기야 환경 단체들의 극단적 행동은 로마에서 출근길을 막는 도로 점거(2022년 11월 2일) 시위로 나타났다. 환경 단체인 '울트라 제네레이션'은 로마 교외의 한 도로를 점거하여 차량 행렬을 가로막았다. 분노가 폭발한 일부 운전자들은 환경운동가들이 쥐고 있던 플래카드를 빼앗아 내던지고 그들을 아스팔트 바깥으로 끌어내기도 했다.

이들은 명화에 관심을 갖는 절반만이라도 기후에 관심을 가져달라고 호소했다고 한다. 이들의 행동에 이해하는 측면도 있지만, 다른 한편에서는 이러한 극단적인 방법이 오히려 반감을 살 수 있다는 비판도 제기되고 있다.

피상적 생태 운동	심층적 생태 운동
오염은 기술과 법적 규제, 후진국 이전으로 해결 가능함	오염은 모든 종과 생태계 전반의 생존 조건에 영향을 미치기 때문에 근본 대책이 필요함
인구 과잉은 후진국의 문제임	산업 국가의 인구 감축에 우선 순위를 두어야 함

피상적 생태 운동 대 심층적 생태 운동

심층 생태론(또는 근본 생태론)은 대지 윤리처럼 자연이란 인간의 이해관계와는 무관하게 그 자체로서 가치를 지닌다('내재적 가치')는 입장이다. 특히 자연을 바라보는 인간의 세계관에 대해 근본적, 즉 심층적인 변화를 촉구하는 심층 생태론은 서구 선진국 중심의 환경 운동이 '피상적'인 것에 불과한 것이라고 비판하면서 좀 더 적극적인 실천 운동을 지향한다. 대표적인 심층 생태론자인 아르네 네스(Arne Naess)는 "피상 생태 운동과 심층적이고 멀리 바라보는 생태 운동"이라는 글에서 자연에 대한 우리의 인식과 가치, 생활양식을 근본부터 바꾸는 패러다임의 전환을 해야 한다고 주장한다.

수준1: 근본적 전제 및 생태지혜

수준2: 심층생태학의 「8조 강령」

수준3: 일반적인 규범적 결론과 사실적 가설

수준4: 구체적인 상황에서의 행동규칙 및 의사결정

B P C

문제 제기 방향

논리 추론 방향

심층생태학 강령

근복적 전제의 예:
P=철학
C=기독교
B=불교

현대사회와 윤리 주제탐구

네스의 심층 생태론에 영향을 미친 주요 사상에는 첫째, 동양의 정신적 전통, 특히 선불교 사상, 둘째 미국 인디언들의 고유한 문화, 셋째 서구의 사상적 전통에서 발견되는 '소수파의 전통', 예를 들어 성 프란체스코, 스피노자, 루소, 소로, 카슨, 린 화이트, 그리고 마지막으로 생태학의 발전을 들 수 있다.

한편, 네스와 세션스는 미국의 데스밸리의 캠핑장에서 심층 생태론의 근본 강령 8가지에 합의한다.

(1) 인간과 함께 지구상에 존재하는 모든 생명체의 번성은 내재적(Intrinsic) 가치를 지닌다. 생명체의 가치는 인간의 유용성과는 무관하다.

(2) 생명의 풍요와 다양성은 그 자체로서 가치를 지닌다.

(3) 인간은 필수적인 필요를 충족하는데 필요한 것을 충족시키는 경우를 제외하고 생명의 풍요로움과 다양성을 해칠 어떤 권리도 지니지 않는다.

(4) 인류의 번영을 위해, 그리고 자연계의 번영을 위해서도 인구의 감소가 필요하다.

(5) 인류의 자연계와 동식물에 대한 간섭은 지나치며 상황은 급속하게 악화되고 있다.

(6) 더 나은 삶의 조건을 위해 정치적 변화가 필요하며, 이는 경제 · 기술 · 이데올로기의 근본적인 변화에 영향을 미칠 것이다.

(7) 이데올로기(이념)의 변화는 생활수준 향상이 아니라 삶의 질이 될 것이며, 이는 '거대함'과 '위대함'의 차이를 깊이 깨닫게 할 것이다.

(8) 이에 동의하는 사람들은 변화를 위해 각자에게 필요한 행동을 할 의무가 있다.

이와 같은 근본 강령의 실천을 통해 네스가 이르고자 했던 궁극적인 지향점은 '생태 지혜'였다. 그는 이것을 앞치마 모양을 한 심층 생태론의 체계표로 제시한다. 일반적으로 서양 사상에서 자아실현이란 개인적이며 개별적인 분리된 '작은 자아(self)'를 의미했지만, 네스에게 자아실현이란 '큰 자아(Self)'를 의미한다. 네스의 '큰 자아'는 자아가 자신을 큰 자아로 인식해 가는 과정이면서, 동시에 자기 이익을 큰 자아의 관점에서 깨달아 가는 과정이다. 즉 우주라는 '생명의 그물' 속에 그들 각각의 자아를 모두 담아내는 자아로 '자연과의 일체화를 추구'하는 자아이다.

이렇게 볼 때, 심층 생태론은 '큰 자아실현'과 함께 전일적 관점에 기초한 '생명 중심적 평등'을 지향한다고 할 수 있다. 즉, "많은 종교적 전통은 큰 자아실현이라는 심층 생태론의 규범과 통하며, 고립된 자아로 정의되는 근대 서구적 자아를 넘어선다. 우리 자신을 고립된 경쟁적인 자아로 보지 않고, 우리가 가족과 친구, 궁극적으로 모든 인간과 하나가 될 때, 우리는 정신적으로 성장한다. 그러나 심층 생태론에서는 자아의 더 큰 성숙을 위해 인간을 넘어 모든 자연과의 일체화를 추구한다." 또 "생명계에 존재하는 모든 생명은 생명으로서 번성할 권리를 가지며, 자기 나름의 생명을 전개하고, 큰 자아의 맥락 안에서 자아를 실현할 권리를 갖고 있다. 모든 유기체와 생태권 안에 존재하는 모든 실재는 상호 긴밀한 전체의 한 부분으로 본질적으로 가치에서 평등하다."

■ 급진적인 생태 운동을 전개하기 위한 7가지 원리

(1) '자연 안의 인간(Man-in-environment, 즉 환경에 대립적으로 존재하는 자아로서 인간)'이란 이념을 버리고 '유기적인 전체-장(Relational total-field)'의 이념을 받아들일 것.

(2) 범생물권 평등주의(즉, 생태중심주의[1]) 를 지향할 것.

(3) 다양성과 공생의 원칙을 존중할 것.

(4) 사회 계급을 타파할 것.

(5) 오염과 고갈에 맞서 싸울 것.

(6) 복합성(Complexity)을 존중할 것.

(7) 지방자치와 분권화를 지향할 것.

심층 생태론에 대한 가장 일반적인 비판은 전일적 관점에 기초한 '생명 중심적 평등', 즉 생명 공동체의 선을 우선하기 때문에 환경 파시즘 또는 인간 혐오주의로 비춰진다는 것이다. 또 인도의 한 생태학자는 심층 생태론을 후진국의 빈민과 농부들에게 적용할 경우 끔직한 결과를 초래할 것이라 비판한다. 예를 들어, 생명 중심적 평등에 기초하여 야생 자연 지역을 보전하기 위한 정책을 도입하게 되면 인도의 가난한 사람들은 그 지역에서 쫓겨나게 될 것이다. 이 점에서 심층 생태론은 서구 제국주의 논리라는 비판에 부딪친다.

---

1 심층생태론은 인간중심주의를 부정하고 생태계의 모든 구성 요소, 즉 개별 유기체에 국한되지 않고 종, 생물집단, 서식지 등을 모두 포함하기 때문에 좀 더 적절하게 '생태중심적(Ecocentric)' 로 해석하는 것이 바람직하다.

사랑에도
'기술'이
필요할까?

1. 자유주의, 보수주의, 중도주의 성

 지금 여기의 윤리 문제

미국의 캘리포니아 주에서는 2008년 8월 동성결혼을 합법화하는 대법원의 판결이 내려졌지만, 같은 해 11월 주민투표를 실시한 결과 52%의 찬성으로 동성결혼을 금지하고 있는 8조를 유지하고 있었다. 그런데 2013년 6월 미국의 순회항소법원은 동성결혼을 금지하고 있는 캘리포니아 주의 헌법에 대해 이를 해제하고 동성애 커플에게 혼인 증명서를 발급할 것을 명령했다. 이로써 캘리포니아 주는 워싱턴, 뉴욕을 포함해 동성결혼을 합법화하게 된 13번째 주가 되었다. 이 소식이 전해지자 100여 쌍이 동성결혼을 신청했다고 한다.

한편, 이에 반대해 침례교회의 목사들은 '결혼의 정의를 되찾고자 하는 모임'을 결성해 "결혼을 재정의 하자며 덤벼드는 종교자유주의자의 침공으로부터 교회를 어떻게 보호할 것인가"에 대해 토론하고, 이 법을 무효화하는 투쟁을 벌이겠다고 했다.

우리나라의 경우, 동성 결혼과 관련한 가장 최근의 일은 2013년 9월 김○○ · 김○○ 커플이 동성 결혼식을 올린 일이다. 결혼식 후 이들은 구청에 혼인신고서를 제출했지만, 구청은 "혼인과 가족생활은 개인의 존엄성과 양성 평등을 기초로 성립되고 유지되어야 하며, 국가는 이를 보장한다(헌법 36조1항)"는 규정을 근거로 동성혼을 인정할 수 없다고 통보했다.

이와 같은 시대적 흐름을 반영해 '결혼'에 대한 사전적 정의도 달라지고 있다. 콜린스 사전은 '남성과 여성이 남편과 아내로서 살기로 하고 맺은 결합이나 계약'이라는 지금까지의 정의에서 '두 사람이 함께 살기로 맺은 결합이나 계약'으로 수정했고, 맥밀런 사전은 '남편이나 아내라는 두 사람 사이의 관계'에 새롭게 '또는 동성 간의 유사한 관계'라는 문구를 추가했다. 옥스퍼드 사전도 '남편이나 아내가 되는 조건'에서 '서로 혼인한 사람들 사이의 관계'를 새롭게 넣었다.

보이는 그대로의 인간의 모습으로부터 인간의 본성을 파악하고자 했던 중국 전국시대의 고자는 도덕을 인간의 본성이라고 주장하던 맹자와 달리, "식색성야(食色性也)", 즉 식욕과 성욕이 인간의 본성이라고 주장한다. 그런가 하면 20세기 프로이트는 인간의 본성을 말하면서 '리비도(Libido)', 즉 역동적 에너지, 충동 또는 성적 욕구라고 주장한다. 우연의

현대사회와 윤리 주제탐구

일치지만 고자와 프로이트는 공통적으로 도덕(윤리)·정의·규범·의무와 같은 가치 개념은 본성을 억압하면서 형성된 문화적 산물로 보았다.

이로써 자연 상태를 벗어난 성이 문화와 결합하여 윤리적 문제가 되었다. 그리고 이렇게 등장한 성 윤리는 욕망으로서 성(Sexuality)과 인간의 성적 행위를 둘러싸고 일어나는 모든 문제를 윤리적 관점에서 다룬다. 따라서 성 윤리는 인간 상호간의 관계에서 성을 둘러싸고 일어나는 문제를 개인적·사회적(공동체적) 규범의 틀로 끌어들인다. 예를 들어 성 행위와 동의 문제, 결혼 전·후 정절과 성관계, 성적 지향과 성적 취향, 사회·문화적 성(Gender)과 사회 제도 사이의 권력 관계, 개인의 성적 행위와 공공 보건 문제는 모두 성 윤리의 대상이 된다.

생물학적 관점에서 유기체의 자연적 본성은 개체로서 자기 보존이며, 이것은 생식을 통해 실현되고, 나아가 종족을 보존하는 것이라면, 이러한 본성은 현실적으로 성(性)을 통해서만 가능하다. 이와 같은 성의 생물학적·자연적 성격을 섹스(Sex)라고 한다. 그런데 성에는 '다소곳한 여성'과 '활동적인 남성', '부드러운 여성'과 '강인한 남성'처럼 한 사회의 역사적 경험과 문화 전통 속에서 형성된 성도 있다. 이렇게 여성과 남성의 사회적 성역할을 '여성다움(여성성)'과 '남성다움(남성성)'으로 사회와 권력이 구성하고 고착화시켜 이를 제도적으로 활용하고 강요하는 것을 사회·문화·심리적 성(Gender)이라고 한다. 특히 보부아르 같은 실존주의적 여성주의자는 여기에 주목하여 여성을 '제2의 성'이라고 주장했다.

한편, 성 윤리를 일반적으로 'Sexual morality(또는 Sex Ethics)'라고 하는데, 이는 성 윤리가 욕망으로서 인간의 성 전체를 다루기 때문이다. 즉 성적 관심과 성적 활동(행위), 성적 쾌락처럼 주로 관능적이고 성적인 욕망과 관련된 모든 내용을 포함한다. 성에 관한 이 세 가지 개념을 순차적으로 섹스, 젠더, 섹슈얼리티라고 구분해서 사용한다.

성이 자연적이며 생물학적인 성격의 것이면서 동시에 인간에게 고유한 문화·윤리적 성격도 지닌다는 판단을 통해 성의 가치와 의미를 추론해 보는 일도 가능할 것 같다. 즉 성의 자연적이며 생물학적 성격에서 종족 보존의 가치를, 그리고 문화·윤리적 성격에서 쾌락주의적 측면과 도덕적인 측면을 고려해 볼 수 있다.

먼저, 성은 종의 보존을 위해 생식을 필요로 하며, 생식은 성 행위에 따른 임신과 출산을 통해 실현된다. 이 점에서 출산을 전제로 하는 책임 있는 성 행위는 생물학적 측면에서 가치를 지닌다고 할 수 있다.

다음으로 성은 쾌락적 가치를 지닌다. 서양의 고대 쾌락주의는 인간에게 고통은 악이며, 쾌락은 선이라고 주장했는데, 그들에게 쾌락은 그 자체로 가치를 지니는 것이었다. 성 행위에 따르는 쾌락은 애정을 함께 나누고, 이를 통해 상호 간의 친밀과 유대를 강화해 주는 도구로서의 가치를 지닌다. 그렇지만 쾌락주의자 에피쿠로스의 가르침처럼 쾌락의 역설로 말미암아 불쾌와 고통에 이르지 않도록 하는 절제는 더욱 중요하다.

마지막으로 성은 도덕적·인격적 가치를 지닌다. 성 행위는 신체적·정서적·정신적으로 다른 사람의 인격과 하나가 될 수 있도록 도와주고, 이를 통해 자아와 인격을 더욱 성숙하게 해준다. 또 상대의 인격을 완성해 주기 위해 더욱 책임 있는 모습을 보여 주고, 자신을 희생하고 헌신하게 해준다. 그리고 이를 통해 성은 도덕적으로 더욱 큰 가치를 지니게 되고, 성숙한 사랑에 기여하게 된다.

한편, 성과 관련해 일어나는 윤리적인 문제를 바라보는 입장을 크게

현대사회와 윤리 주제탐구

네 가지로 나눌 수 있다. 하나는 보수주의 입장, 다른 하나는 자유주의 입장, 그리고 보수주의와 자유주의의 중간에 위치한 중도주의 입장, 마지막으로 급진주의 입장이 있다.

보수주의는 전통적으로 가톨릭과 그리스도교, 유교의 입장이 여기에 해당한다. 이들은 성을 가족 관계의 존속이나 사회의 안정적 질서 유지와 관련해서 이해한다. 따라서 가계(혈통)의 존속을 위한 생식 목적의 성 행위는 허용되며(강경 보수), 결혼 후 부부 관계에서의 성 행위도 허용된다(온건 보수). 가족의 형성과 가족에 대한 책임성을 강조하는 보수주의 입장에서 볼 때, 혼전 성, 성매매, 사랑이 없는 성, 동성애, 자위행위는 도덕적으로 옳지 못한 것으로 받아들여진다.

일반적으로 보수주의 성은 "결혼을 책임 있는 성의 안전한 보루"라고 이해한다. 보수주의 성이 결혼을 강조하는 이유는 성의 안정성, 즉 성은 사적인 것이면서 동시에 사회적 질서와 긴밀하게 연결된 공적 성격을 띠기 때문이다. 물론, 보수주의 성 또한 '사랑'을 부차적 조건으로 제시한다. 결혼 생활의 안정성은 부부 사이에 사랑이 있을 때 더 지속가능하기 때문이다. 따라서 보수주의 성에서 도덕적으로 정당화될 수 있는 성은 "사랑하는 남녀가 결혼이라는 사회적 승인을 거쳐 출산과 관련해 행하는 성적 활동('최대한의 성적 책임과 최소한의 성적 자유')"이다. 하지만 보수주의 성은 성의 쾌락 하지만 보수주의는 성의 쾌락 가치와 순기능을 지나치게 소홀히 하며, 피임과 관련한 성 의학의 발전을 적절히 반영하지 못하고, 성을 오직 생식의 도구로 환원해 판단한다는 비판을 받고 있다.

반면, 자유주의는 성의 고유한 쾌락적 가치에 주목해 자유로운 성적 쾌락의 추구를 제재하는 것은 옳지 못하다고 주장한다. 이들은 서로 동의한 성인들 사이에서, 그리고 타인에게 해악을 끼치지 않는 한계 내에서 성적 자유를 보장해야 한다고 강조한다. 이렇게 볼 때, 자유주의는 성적 활동이 타인에게 해를 주어서는 안 된다는 '해악 금지의 원리'와 성 관계에서 상대방의 자율성을 존중해야 한다는 '자율성의 원칙'에 기초한다고 할 수 있다. 하지만 자유주의 성 ('최소한의 성적 책임과 최대한의 성적 자유') 윤리는 성 관계를 계약 관계와 자율적 판단 문제로 파악함으로써 지나치게 허용적인 도덕 기준을 적용할 수 있다는 비판을 받기도 한다. 예를 들어, 자발적으로 동의하는 성인 간의 혼외정사나 자발적인 성매매처럼 도덕적 왜곡을 초래할 수 있다는 것이다.

다음으로 중도주의는 성을 결혼과 연계하지는 않지만, 사랑의 서약처럼 '사랑이 있는 성'을 전제로 혼전 성적 관계를 허용한다. 이들은 사랑이 있는 성은 육체적·정서적 교감을 통해 서로의 관계를 더욱 긴밀하게 해주기 때문에 문제가 되지 않는다고 생각한다. 사랑 중심의 성 윤리는 "성적 자유를 긍정하면서도, 그것이 사랑 있는 성적 자유일 경우에만 허용될 수 있다고 제한함으로써 성적 자유에 대한 사랑의 책임을 요구한다." 사랑 중심의 성 윤리는 성행위의 결과에 대한 책임보다 성 관계에서 상대방에 대한 배려, 즉 사랑을 강조함으로써 성적 활동에서 인간관계의 질적 측면을 강조하는 특성이 있다. 이에 기초해 사랑 있는 성은 '사랑이 없는 성'은 그것이 결혼이든 출산을 목적으로 하든 올바르지 않다고 바라본다.

끝으로 급진주의는 성의 목표가 쾌락이라는 자유주의 입장에 동의하지만, 여기서 한층 더 나아가 성의 진정한 해방과 절대적 쾌락을 위해서는 성과 관련된 모든 기술과 방법, 모험을 허용해야 한다고 주장한다.

　　　　　　　　　　　　　현대사회와 윤리 주제탐구

2. 프롬과 『사랑의 기술』

　'성숙한 사랑'에 대한 하나의 모범 답안을 제시한 사상가는 『사랑의 기술』(1956)을 쓴 에리히 프롬(Erich Fromm, 1900-1980)이다. 그는 사랑을 인간의 실존 문제로 인식하고, 사랑을 한 순간에 빠지는 행운이나 황홀(Falling in love)이 아니라 생산적이고 창조적인 행위로 파악했으며, 이러한 사랑은 의지와 노력 없이는 성취할 수 없기 때문에 인내하고 익히는 '기술(Art)'이 필요하다고 주장한다.

　프롬은 원래 인간은 자연과의 합일과 조화 상태에 있었지만, 신학적 측면에서 볼 때 원죄로 말미암아 자연과 분리되었고, 인류학적 측면에서 볼 때 문화와 문명을 통해 자연과 분리되었다고 주장한다. 그는 특히 문명의 발달과 자본주의의 발전은 인간에게 개체화와 원자화를 부추겨 분리에 따른 불안감을 더욱 키웠다고 주장한다. 이제 인간에게 가장 절실한 과제는 이와 같은 불안과 무력감이라는 감옥에서 벗어나는 것인데, 이에 대해 프롬은 '사랑'이라고 답한다.

　프롬은 사랑의 형태를 '공생적 합일(Symbiotic Union, 공서적 합일로 옮기기도 함)'과 '성숙한 사랑'으로 구분한다. 그런데 공생적 '사랑'이 아니라 '합일'로 표현한 이유는 이것이 진정한 의미의 사랑이 아니기 때문이다. 프롬은 공생적 합일의 유형으로 생물학적 유형(산모와 태아 사이의 합일), 수동적 합일(피학대 음란증, Masochism), 능동적 합일(가학성 음란증, Sadism) 같은 '미성숙한 형태의 사랑'을 든다. 그에게 진정한 의미의 성숙한 사랑이란 "'자신의 통합성', 즉 개성을 '유지하는 상태에서의 합일'이다."

> 사랑은 인간에게 능동적인 힘이다. 인간을 동료에게서 분리하는 벽을 허무는 힘, 인간을 타인과 결합하는 힘이다. 사랑은 인간으로 하여금 고립감과 분리감을 극복하게 하면서 각자에게 각자의 특성을 허용하고 자신의 통합성을 유지시킨다. 사랑에서는 두 존재가 하나로 되면서도 둘로 남아 있다는 역설이 성립한다.

프롬에게 사랑은 감정의 노예가 되는 수동적 활동이 아니라 감정의 주인이 되는 능동적 활동이다. 우리의 감정이 수동적으로 될 때 우리는 쫓기고 움직여지는 대상으로 전락하지만, 능동적으로 활동할 때 자유롭고 주인이 된다. 따라서 사람의 감정은 '빠지는 것'이 아니라 '참여하는 활동'이다. 또 사랑은 받는 것보다는 주는 것이다. '준다'는 것은 시장에서의 교환과 달리 자신의 잠재적인 능력을 최고로 표현하는 것이다. 즉 고양된 생명력과 잠재력을 경험하는 데에서 오는 '환희'이다. 따라서 우리의 성격이, 우리의 사랑이 지배나 자아도취가 아니라 주는 행위로 생산적 활동이 될 때 성숙한 사랑이 된다. 그리고 이러한 사랑은 돌봄(보살핌, Care), 책임(Responsibility), 존경(Respect), 지식(Knowledge)이라는 네

현대사회와 윤리 주제탐구

가지 요소를 포함한다.

사랑에 돌봄이 포함된다는 점은 자식에 대한 엄마의 보살핌(모성애)에서 가
장 잘 드러난다. "사랑은 사랑하고 있는 자의 생명과 성장에 대한 우리의
적극적인 관심이다." 적극적인 관심이 없다면 사랑도 없다.

돌봄은 책임을 포함한다. 진정한 의미의 책임이란 외부에서 부과된 것이
아니라 전적으로 자발적인 행동이다. 책임은 다른 인간 존재의 요구에 대
해 내가 반응하는 것이다. 책임을 진다는 것은 응답할 준비가 되어 있다는
뜻이다.

존경이 없다면, 책임이 지배로 타락할 수 있다. 존경의 어원이 '바라보다'
에 있는 것처럼, 어떤 사람을 있는 그대로 보고 그의 독특한 개성을 아는
능력이다. 존경은 다른 사람이 그 나름대로 성장하고 발달하기를 바라는
관심이다. 있는 그대로의 그와 일체가 되는 것이다.

어떤 사람을 존경하기 위해서는 그를 아는 것이 필수적이다. 지식이 없다
면, 돌봄과 책임도 불가능하다. 지식은 주변에 머물지 않고 근본으로 파고
드는 지식이다. 즉 지식은 나의 관점을 초월해 그를 그의 관점에서 볼 수
있을 때 가능하다. 분리라는 감옥으로부터 벗어나기 위한 인간의 기본 욕
구는 다른 사람과 하나가 되려는 기본 욕구, 곧 인간의 비밀을 알려는 욕
망과 밀접한 관련이 있다. (결론적으로) 인간을 객관적으로 알게 될 때, 비
로소 사랑의 행위를 통해 인간의 궁극적 본질을 알 수 있다.

프롬에게 성숙한 인간의 성숙한 사랑이란 돌봄과 책임, 존경과 지식
을 매개로 오직 순수하게 자신의 힘을 생산적으로 발휘할 때만 가능하
다. 그리고 이러한 사랑을 실천하기 위해서는 건축이나 의술처럼, 훈련
과 정신집중, 인내와 최고의 관심이 필요하다.

훈련이란 규격화되고 획일적인 현대 자본주의 시장에서 요구하는 기
술의 습득을 말하는 것이 아니라 이성적 존재인 스스로에게 부과하는
'자기 훈련'이다. 이러한 자기 훈련이 없으면 삶은 피폐해지고 중심을 잃

게 된다. 또 현대 사회가 우리에게 '입을 크게 벌린 소비자'로서의 지위를 요구하지만, 오히려 우리는 스스로 홀로 있기 위한 정신 집중을 하지 않으면 안 된다. 홀로 있을 수 있다는 것은 자립할 수 있다는 뜻이고, 이것은 다른 사람에게 의존(매달림)하거나 집착하지 않아도 된다는 뜻이다. 따라서 홀로 있을 수 있는 능력은 사랑할 수 있는 능력이 있다는 의미가 된다. 마치 명상을 하듯이 평온한 자세로 앉아서 눈을 감고 마음속에 떠오르는 잡념을 제거하면서 자연스럽게 호흡을 따라가는 훈련은 하나의 방법이 될 수 있다.

인내란 신속하고 빠른 결과만을 요구하는 현대 사회에 어울리지 않는 것이다. 하지만 인내가 없이는 어떤 기술도 제대로 익힐 수 없다. 마지막으로 자신의 기술을 최고의 가치로 여기는 명장처럼 사랑의 기술에 대해서도 최고의 관심이 필요하다.

"동양에서는 예로부터 인간(의 심신)에게 좋은 것은, 비록 처음에는 약간의 저항을 극복해야 하더라도, 역시 즐거운 것이 아닐 수 없다는 것을 깨닫고 있었다."

예를 들어 활쏘기를 잘하기 위해서는 먼저 호흡하는 방법을 알고, 익혀야 하며, 시위를 당길 때는 정신을 집중하고 호흡을 가다듬어야 하고, 화살이 시위를 떠나는 순간까지 최고의 관심과 안정된 호흡을 잃어서는 절대 안 된다고 가르친다. 마찬가지로 훈련과 정신 집중, 인내, 최고의 관심이 상호 어우러져 '네 이웃을 네 몸처럼 사랑하는' 형제애와 같은 성숙한 사랑을 성취할 수 있다.

형제애는 사랑의 모든 형태의 바탕에 놓여 있는 가장 기본적인 사랑이다.

현대사회와 윤리 주제탐구

나는 형제애라는 말로 돌봄, 책임, 존경, 다른 사람에 대한 지식, 다른 사람의 생명을 촉진하려는 소망 등을 나타내려 한다. 이것은 성서의 '네 몸처럼 이웃을 사랑하라'와 같은 종류의 사랑이다. 형제애는 인간에 대한 사랑이다. 그것은 배타성이 없으며, 사람들과의 결합과 인간적 유대, 인간적 일치를 경험하게 해준다. 형제애는 우리 모두가 하나라는 경험에 바탕을 두고 있다.

3. 성적 지향과 동성애

사람들이 자신의 성과 반대되는 성이나 같은 성, 또는 양쪽 모든 성에 대해 성적인 측면에서 지속적으로 이끌리거나 매력을 느끼는 개인적인 특성을 '성적 지향(Sexual orientation)'이라고 한다. 따라서 성적인 매력은 이성애(Heterosexuality), 동성애(Homosexuality), 양성애(Bisexuality)를 포함하는 것으로 이해할 수 있으며, 제4의 범주로 무성애(Asexuality, 자신과 다른 성에 대해 로맨틱함이나 성적인 매력을 결여함)를 생각해 볼 수도 있다.

한편, 성적 지향은 '성적 취향(Sexual preference)'과 서로 겹치는 개념처럼 보이지만, 성적 취향은 다른(또는 같은) 성을 성적으로 선호한다는 의미와 함께 어느 정도 자발적인 선택을 포함하고 있어 과학적 · 생물학적 합의점에 이르고 있다. 이와 달리 성적 지향은 왜 개인이 특정한 성적 지향을 발전시켜왔는지에 대해 아직 과학적 · 생물학적 합의에 이르지 못하고 있다.

성적 지향에 관한 연구에 따르면, 생물학적 · 유전적인 요인과 사회

현대사회와 윤리 주제탐구

환경적인 요인이 함께 작용하고 있을 것으로 추측하고 있다. 만약에 동성애[1]가 생물학적·유전학적 요인에 의해 개인의 의사와는 관계없이 결정되는 것이라면, 이에 기초하여 동성애자의 성적 지향을 차별해서는 안 된다는 논리 근거를 마련할 수 있을 것이다. 왜냐하면 생물학적인 남성·여성의 경우처럼, 자신의 의지와 상관없이 출생과 더불어 갖게 된 조건에 의해서 차별받는 것은 정의의 원칙에 어긋나기 때문이다.

그렇지만 이것으로 문제가 해결되는 것은 아니다. 왜냐하면 우리의 언어 사용 습관에 생물학적으로 '자연스럽다'는 의미를 '정상적인'과 같은 의미로 해석하는 경향이 지배적이기 때문이다. 나아가 '정상적인'은 가치 판단 개념으로 발전하여 '좋은' 또는 '선'의 의미를 함축하는 것으로 확장해 사용하는 경향이 있다. 그런데 생물학적으로 결정되어 있으면 모든 경우에 '자연스럽다'고 할 수 있는가라는 문제가 발생한다. 다시 말해 사람들은 '정상적인'과 '자연스런'의 의미를 절대 다수의 편에 서서 적용하는 경향이 강하기 때문에 자연적일지라도 통계적으로 소수에 해당하는 쪽은 '비정상적인', '부자연스런' 현상이 된다. 그런 다음, '정상적인' 사람들은 동성애 같은 성적 지향은 '자연스럽지 못한' 것이라는 논리를 생물학적·과학적인 방식이 아니라 비경험적이고 규범적인 접근을 통해 만들어 낸다.

---

[1] 대개 동성애자는 성 정체성 발달 단계에서 다음과 같은 순차적 과정을 거친다고 한다. 즉 ① 자신의 성 정체성에 대해 혼란을 겪는 경험 단계, ② 정체성 비교를 통한 고립과 소외 단계, ③ 다른 동성애자를 찾는 정체성 용인 단계, ④ 이성애자에게 자신의 정체성을 공개하는 정체성 수용 단계, ⑤ 동성애를 적극적으로 드러내는 커밍아웃 단계, ⑥ 이성애자와도 잘 어울리는 정체성 통합 단계이다.

예를 들어 동성애는 신의 섭리와 자연의 이치에 비추어볼 때, "대다수에게 혐오감을 주는 비정상적 행위"라는 것이다. 이와 같은 논리에 따르면, "『창세기』에 신이 남자와 여자를 창조하시고 땅에 충만하고 번성하라고 하셨"는데, 동성애는 신의 이와 같은 섭리에 어긋난다는 것이다. 그렇지만 여전히 '자연스럽다'는 경계선이 어느 지점이어야 하는지에 대한 이성적인 합의점은 없다. '왼손과 왼발잡이는 부자연스러운 것인가?' 뿐만 아니라 이런 논리는 경험적 사실로부터 시작해 곧바로 가치의 문제로 비약과 전환을 하는 '자연주의적 오류'의 문제도 지닌다는 비판을 받기도 한다.

과거에 이루어져 왔던 동성애에 관한 연구는 동성애를 혐오하거나 질병으로 단정 지었던 사회·정치적 분위기 속에서 수행되어 왔기 때문에 자주 동성애자들의 인권을 제약하고 억압하는 것을 정당화하는 도구로 활용되어 왔다. 1890년까지 영국은 비역(남성끼리의 성행위)을 행한 자를 처형했고, 나치는 동성애가 독일 인종의 건강성을 위협하는 것으로 인식해 죽였으며, 1950년대 미국에서는 매카시즘에 의해 마녀사냥의 희생양이 되기도 했다. 그런가 하면, 싱가포르 형법은 동성애적 행위에 대해 최소 2년에서 최대 종신형에 이르는 형벌을 규정하고 있다. 한편, 동성애자를 혐오하고 차별하는 '호모포비아(Homophobia)'는 동성애를 '정신질환', '비정상적인 뇌 발달' 때문인 것으로 진단하고, 이들을 사회로부터 격리시키거나, 치료를 한다는 이유로 전기 충격과 같은 반인권적 치료술을 동원하게 하는 원인이 되기도 했다.

현대사회와 윤리 주제탐구

LGBT[2](Lesbian, gay, bisexual, and transgender)는 동성애자와 같은 '성적 소수자'를 가리키는 용어이다. 이 용어는 1990년대 이후 성적 소수자를 의미하는 공식 용어로 사용되고 있으며, 일반적으로 성 다양성(A diversity of sexuality and gender)을 강조해서 표현할 때 사용한다. 1996년 이후에는 LGBT에 'Q(Queer)'를 붙여 자신들의 성 정체성을 표현하는 기호로 활용하고 있다.

성적 소수자에 대한 입장은 인공임신중절 문제와 더불어 서로 합의점을 찾지 못하고 엇갈리고 있는 사회 윤리적 쟁점 중의 하나이다. 성적 소수자에 대해 부정적인 사람들은 이들이 현재 안정적으로 기능하고 있는 확립된 가족 제도를 위태롭게 하며, 이성애자들에게 성 정체성의 혼란을 초래하게 하고, 이들이 성적 쾌락에 탐닉하면서 종족의 번식이라는 성 고유의 생식 기능을 무너뜨릴 것이라고 주장한다.

반면, 성적 소수자에 대해 긍정적인 사람들은 이들이 다른 사람들이나 사회에 대해 직접적인 해악을 주지 않으며, 책임 있는 성적 활동을 하고, 이들의 성 정체성이 자신의 의지와 무관하게 타고난 것이기 때문에 이들의 성적 '차이'와 '다양성'을 인정해 주는 것이 바람직하다는 의견을 제시한다. 따라서 이들을 사회 구성원으로서, 그리고 동등한 인격체로서 대우하고, 이들의 인권을 존중해 주어야 한다고 주장한다.

---

2 트랜스젠더(Transgender)는 생물학적 성과 성 정체성 사이의 불일치 때문에 자신의 생물학적인 성을 버리고 정신적인 성으로 살아가는 사람을 말한다.

4. 성의 자기 결정권과 성 상품화

 지금 여기의 윤리 문제

성교육과 관련해 우리나라 고등학생들은 피임을 가장 궁금해 하는 것으로 나타났다. 2003년 전국의 고교생 1만 명을 대상으로 한 성교육 관련 조사에서 고등학생들은 피임, 성관계, 이성교제 방법, 성폭력 예방법, 임신과 출산 관련 지식 순으로 궁금해 했다. 한편, 2013년 조사에서 성경험이 있는 청소년들 중 남성은 43%, 여성은 41%가 피임을 하는 것으로 나타났고, 임신 경험이 있는 청소년 중 82%는 인공임신중절하는 것으로 조사됐다.

2012년 ○○사관학교는 4학년 생도가 자신의 여자 친구와 주말에 영외에서 성관계를 가졌다는 사실을 확인하고, "동침 및 성관계 금지"라는 생도 생활 규정에 따라 퇴학을 결정했다. 하지만 법원은 결혼을 전제로 서로가 동의했으며, 내밀한 자유의 영역에 속하는 일로 사회 풍속을 해친다고 볼 수 없기 때문에 징계(퇴학) 사유에 해당하지 않는다고 판결했다. 또 "내밀한 성생활의 영역을 제재의 대상으로 삼아 국가가 간섭하는 것은, 사생활의 비밀과 자유를 침해하고, 일반적 행동자유권과 성적 자기결정권을 지나치게 제한하는 것"이라고 판결했다.

성을 자신들의 콘셉트로 내세우는 '걸 그룹'들 간의 노출 경쟁이 더욱 격렬해지고 있는 가운데, 마침내 방송통신심의위원회가 '걸 그룹' 선정성에 대해 제재를 가하기에 이르렀다. 제재의 촉매제가 되었던 것은 걸 그룹 스텔라가 컴백 무대에서 보여준 의상과 일부 안무이다. 이들은 "가슴골을 훤히 드러내거나 속살이 비치는 의상을 입고 바닥에 눕거나 무릎을 꿇고 유사 성행위를 연상케 하는 춤을" 추었다. 이에 대해 ㅇㅇ일보는 "검은색 속바지를 입긴 했지만 보디라인과 엉덩이 일부가 드러나는 의상은 방송에 적절치 않다"고 비평했다. 파격적인 의상과 섹시 댄스에 대해 일부 네티즌들도 "진짜 민망하다", "왜들 저러나!", "섹시하긴 하네요", "청소년들이 보는 프로그램에서 저게 뭔가요!", "역겹다"라는 등의 반응을 보였다. 하지만 이런 논란을 내심 반기는 쪽도 있다. 스텔라 소속사는 노이즈마케팅을 통해 스텔라의 컴백과 존재 가치를 높이려 하고 있기 때문이다. 하지만 ㅇㅇ일보는 "가창 실력이 아니라 섹시한 율동과 이미지만 남기기 때문에 장기적으로는 손해"라고 비판한다. 또 "여학생의 모방 심리를 부추기고, 남성에게는 성적 충동을 자극한다는 점이

'자기 결정권'이란 용어를 '성(性)'과 결합하여 '성의 자기 결정권'이라고 표현한다. 그런데 자기 결정권이란 용어에는 '자율'과 '권리'라는 두 용어가 결합되어 있기 때문에 자기 결정권을 제대로 이해하기 위해서는 먼저 이 두 용어에 대한 이해가 필요하다.

자율이란 용어는 칸트의 윤리에서 가장 잘 드러난다. 칸트는 인간이 자연의 일부이기 때문에 욕구와 자연적 경향성을 따르려는 의지가 있기는 하지만, 오직 인간이기 때문에 갖고 있는 이성을 통해 옳은 것을 행하려는 의지, 즉 선의지 또한 지닌다고 강조한다. 그리고 이 이성의 명령에 따라 선을 실천하려는 의지에 근거하여 칸트는 인간이 '의지의 자유', 즉 자율성을 지닌다고 주장한다. 그는 이 이성과 자율성에 기초하여 자신의 주관적인 의지(준칙)가 언제 어디에서나 누구에게나 보편적으로 예외 없이 타당하게 적용될 수 있는 도덕 법칙(정언 명령)과 일치하도록 행동해야 한다는 도덕 행위 원칙을 만들어 낸다.

비록 칸트가 '자율성'을 '도덕적인' 영역의 한계 내에서 사용하고 있기는 하지만, 지금 우리가 말하려는 자율성과 매우 가까운 개념이라고 할 수 있다. 즉 우리가 지금 말하려는 '자기 결정'으로서의 자율성이란 인간 존엄성의 근거이며, 이성적 존재인 인간이 자신의 지성을 자유롭게 행사하는 것이다. 또 자율성은 외부의 간섭을 받지 않고 스스로 선택하고 결정하며, 행동할 수 있는 능력으로 자신의 삶 전반을 자신의 책임 아래

현대사회와 윤리 주제탐구

두는 것을 전제로 한다.

위에서 말했듯이, 한 개인의 자율성이 존중받는다는 것은 곧 다른 모든 개인들의 자율성 또한 존중받는다는 것을 전제로 할 때 비로소 '누구에게나 보편적으로 예외 없이 타당한' 것이 될 수 있다. 따라서 자율성은 하나의 '권리'로 인정받게 될 때 실질적인 의미를 지니게 된다. 이 때문에 오늘날 '자기 결정권'은 기본적인 인권의 하나로 인정받고 있다.

우리나라는 '자기 결정권'을 보호할 법적 근거로 "인간으로서 존엄과 가치 실현, 행복을 추구할 권리(헌법 제10조)", "사생활의 비밀과 자유를 침해받지 않을 권리(제17조)", "인간다운 생활을 할 권리(제34조)"를 적용하고 있다. 결론적으로 한 사회에서 '자기 결정권'이 존중받고 보호받기 위해서는 다양한 신념과 가치를 용인하는 관용의 원리, 차별을 부정하는 인간의 존엄성과 평등의 정신, 권력 집단에 치우치지 않으려는 정치 중립적인 태도, 그리고 자유주의의 주요 원칙인 '해악의 원칙'이 그 사회의 보편적 가치가 되어야 할 것이다. 한편, 해악의 원칙은 자기 결정권을 보호하는 원리이면서 동시에 제한하는 원리로 적용될 수도 있다.

자기 결정권은 안락사, 자살, 인공임신중절, 그리고 성(性)처럼 생명 윤리 분야에서 중심을 차지하는 개념 중 하나이다. 성의 자기 결정권은 다른 사람이나 사회적 강요 없이 자신의 의지와 판단에 따라 성적인 행위를 결정할 권리이다. 따라서 자신이 원하지 않는 성적 행위나 상황(모욕감과 수치심을 느끼는 상황)에 대해 반대 의사를 명확하게 표현하는 것도 포함된다.

성의 자기 결정권은 상호 존중을 전제로 하기 때문에 자신은 물론 다른 사람의 인격과 생명을 훼손하지 않도록 책임성 있게 행사해야 한다.

자신의 성을 매매하거나 성을 상품화하는 것 또한 성적 자기 결정권에 해당하기 때문에 문제 되지 않는다는 주장도 있지만, 이는 자신과 타인의 인격·존엄성이 훼손되지 않는 한계 내에서 신중하게 행사되어야 한다. 그뿐만 아니라 성의 자기 결정권을 자유방임적 방종과 같은 의미로 이해해서도 안 된다.

성의 자기 결정권과 관련하여 성 상품화나 성매매 또한 중요한 윤리적 쟁점 중의 하나이다. 성 자체를 직접적으로 사고파는 행위와 성적 이미지를 활용해 경제적 이윤만을 추구하는 일을 가리켜 '성 상품화'라고 한다. 성 상품화에 대해서도 서로 상반되는 입장이 존재한다. 이를 긍정적으로 이해하는 사람들은 성의 자기 결정권에 근거해 자신의 성적인 이미지를 자유롭게 표현할 자유와 권리를 주장한다. 그리고 이러한 행위가 오늘날 자유주의적 시장 질서인 자본주의의 이윤 추구 원리와도 부합한다고 생각한다.

그렇지만 이를 부정적으로 이해하는 사람들은 섹스란 상호 간의 친밀함과 관심, 우애와 사랑의 느낌을 특징으로 하는 인간관계의 일부이지만, 상업적인 섹스나 성매매는 순간적이고 동물적인 일차원적인 쾌락 경험에 그칠 뿐이라고 반박한다. 즉 성을 대상화함으로써 성의 본래적 의미와 가치를 변질시킨다는 것이다.[1] 또 성적 자기 결정권을 상업적 이익 추구를 위한 도구로 전락시킴으로써 인간의 가치와 존엄성을 훼손하는 것은 물론, 외모에 집착하게 하는 부작용도 초래할 것이라고 경고한다.

---

1 성 상품화가 성을 파는 사람의 품위를 손상시킨다는 이러한 입장에 따르면, 섹스는 돈을 목적으로 하기 때문에 인격적인 관계가 될 수 없으며, 성을 사는 고객의 태도나 성을 파는 사람의 관점에서도, 그리고 성을 구매하는 당사자의 관점에서도 단지 도구적일 뿐이라는 것이다.

만약 누군가가 자기 이익을 위해 자기 자신을 타인의 성욕을 충족하기 위한 대상으로 삼는 데 동의한다면, 그래서 자신을 타인의 욕구의 대상으로 만든다면, 그는 마치 물건을 처분하듯이 자신을 함부로 처분하는 것과 같다. 타인이 원하는 것은 단지 성일 뿐, 그의 인간성이 아니기 때문이다. 그러므로 그는 자신의 인간성을 포기하고 있는 것이다.

위처럼 칸트는 자신의 '도덕 규칙'과 '정언 명령'의 형식을 성 윤리 문제로 확장해 적용한다. 즉 자기 자신은 물론, 다른 사람의 인격으로서 인간성을 언제나 동시에 단순한 수단으로서가 아니라 목적 그 자체로서 대우하라고 가르치기 때문에 성매매를 부정적으로 평가하고 있다. 그에게 성매매란 단지 성매매에 참여하는 당사자가 자신의 인격 가치를 성적 욕구의 도구로 떨어뜨리는 행위이면서, 동시에 상대의 인격을 또한 그렇게 떨어뜨리는 행위이기 때문이다.

한편, 성매매와 같은 성 상품화를 도덕적 논리(예를 들면 품위의 손상)나 권리에 기초한 추상적인 논리보다 사회·문화적 맥락에서 바라보아야 한다는 시각도 있다. 이들은 성매매를 여성의 불평등, 여성에 대한 착취와 억압의 징후라는 관점에서 바라본다. 즉 이에 따르면, 많은 성매매들이 사회적·경제적 상황과 긴밀하게 연결되어 있다는 것이다.

인간은
절대적 가치를
지니는가?

1. 인공임신중절과 윤리

　여성의 '인공임신중절 권리'에 관한 논쟁은 동성 결혼 합법화 논쟁과 함께 미국 대선에서도 언제나 중심을 차지하는 이슈 중 하나이다. 마침내 2012년 오바마 미국 대통령은 민주당 전당 대회에서 '동성결혼'과 여성의 '인공임신중절 권리'를 민주당 강령으로 발표해 공화당과 분명한 입장 차이를 드러내기도 했다.

　일반적으로 인공임신중절이란 자연 유산과 달리 태아의 생명 활동을 인위적인 수단을 동원해 강제로 박탈하거나 의도적으로 중단시키는 행위이다. 그런데 인공임신중절을 비인간인 생명이 아니라 인간인 여성의 몸 안에서 활동하고 있는 생명으로서 '태아'라는 특수한 지위 때문에 지금도 보편적 합의에 이르지 못하고 있는 대표적인 사회적 도덕 문제 중의 하나이다.

　벤담의 고전 공리주의적 입장을 계승하고 있는 현대 응용 윤리학자인 싱어는 인공임신중절을 보수주의와 자유주의의 입장으로 구분해 검토한다. 이에 따르면, 가톨릭을 비롯한 보수주의자들의 논리 구조는 다음과 같다.

일반적으로 보수주의적 입장은 태아와 '아이'를 다른 존재로 파악하지 않는다. 이들은 태아(수정란까지 포함하여)와 아이를 동일한 존재로 파악하기 때문에 이들은 모두 하나의 '인간'이며, 따라서 인간과 동일한 도덕적 지위를 부여해야 한다고 주장한다. 이런 입장은 수정란에서 태아와 아이에 이르는 모든 과정은 하나의 연속적인 과정이며, 동시에 점진적으로 인간이라는 완전성에 이르는 과정이라고 주장한다. 따라서 아이를 죽이는 것이 살인이듯이 태아를 죽인 것 또한 살인 행위라고 주장한다. 이들의 입장은 태아와 인간 사이에는 명확한 경계를 구분할 수 있는 선(시점)이란 존재할 수 없다는 것이다.

이에 대해 싱어는 인공임신중절을 비판하는 매우 그럴 듯한 보수주의의 논리 구조에서 먼저 해결되어야 할 중요한 문제가 있다고 비판한다. 그것은 그들이 강조하는 '인간'이라는 용어의 뜻이 '호모사피엔스라는 종족의 구성원'이라는 것인지, 아니면 '자의식을 지닌 자율적인 인격체'라는 것인지에 대한 명확한 입장이 전제되어야 한다는 것이다. 만약에 태아가 '호모사피엔스라는 종족의 구성원'이라는 뜻이면, 인공임신중절을 해서는 안 되는 이유가 단지 자신과 같은 종(種)에 속하는 구성원이기 때문이라는 것이 된다. 그렇게 되면 보수주의자들의 주장은 생물종에 따라서 차별적인 입장을 펼친다는 비판을 받게 될 것이다.

반면에 태아가 '합리성과 자의식을 지닌 인격체'를 의미하는 것이라면, 논증 자체가 논리적 모순에 빠지게 된다. 왜냐하면 태아가 합리성과 자의식과 같은 능력을 지닌 인격체라는 주장을 믿을 수 있는 사람은 없기 때문이다. 따라서 이렇게 되면 두 번째 전제, 즉 '태아는 무고한 인간(인격체)'이라는 주장은 거짓이 된다. 철학자 워렌(M. A. Warren)은 '인간'의 개념을 의식(특히 고통을 느낄 수 있는 능력), 고도로 발달된 추론 능력, 스스로 동기를 부여하는 활동, 의사소통 능력, 현존재를 인식하고 있는 자기개념이라고 정의한다.

보수주의자들과는 반대로 여성의 인공임신중절 권리를 주장하는 자유주의자들은 태아와 아이의 경계선을 찾아 여성의 자율적 선택권을 정당화하려고 노력한다. 이들은 여성은 자신의 몸에서 일어나고 있는 일에 대해 스스로 통제할 수 있는 권리를 갖는다고 주장한다. 태아의 도덕적 지위와 관련해 의미 있는 경계선을 주장하려 할 때 주로 태동, 체외 생존 가능성, 의식의 시작, 출생시점 등을 생각해 볼 수 있다.

태동이란 태아의 움직임을 말하는데, 산모가 태동을 느끼기 이전부터 태아는 이미 움직이고 있었기 때문에 태동이 낙태를 할 수 있는 구분 시점이어야 한다는 주장은 설득력이 없다. 체외 생존 가능성이란 태아가 산모의 자궁으로부터 분리되어 바깥에서 생존할 수 있는 가능성을 말한다. 그런데 이것 또한 의학기술의 발달로 최근에는 6개월도 안 된 태아도 생존할 수 있기 때문에 언제든지 바뀔 수 있는 한계가 있다. 수정 후 6~7주 정도가 지나면 고통·쾌락을 느낄 수 있는 감각 능력이 형성된다는 연구 결과(일반적으로 18~25주 사이에 의식과 관련된 신경 전달 체계가 형성되는 것으로 본다)에 기초할 때 의식이 시작되는 지점을 인공임신중절 경계 시점으로 삼기에는 어려움이 있다.

마지막으로 출생은 우리가 가장 직접적으로 느끼고 관찰할 수 있는 실질적인 인간의 모습이기 때문에 태아와 인간의 가장 명확한 구분 시점이 될 수 있다. 그렇지만 정상적인 출생 시점을 기준으로 인공임신중절 권리를 주장하는 것은 매우 위험해 보인다. 왜냐하면 태아가 자궁 안 또는 밖에 있는지를 기준으로 인공임신중절 권리를 주장하게 되면 6개월밖에 안 된 조산아는 죽이면 안 되지만, 8개월이 지난 태아는 죽여도 되는 모순이 발생하기 때문이다. 결국 보수주의의 논증을 비판하면서 인공임신중절 권리를 주장하기 위해 의미 있는 구분 시점을 찾으려는 자유주의자들의 노력 또한 실패하고 있는 것으로 보인다.

한편, 1973년 1월 미국의 연방대법원은 '로 대 웨이드(Jane Row vs. Wade) 사건'에 대해 태아가 산모의 몸 밖에서 생존할 수 있는 가능성을 기준으로 삼아 인공임신중절을 헌법이 보장하는 권리 중의 하나라고 판결했다. 즉 임신 상태로부터 벗어날 수 있는 여성의 권리(낙태 권리와 프라이버시권)를 인정하여, 인공임신중절을 범죄 행위로 간주해 온 이전까지의 법률이 헌법 정신에 위배된다고 판시한 것이다.

임신 초기에도 의학적으로 특별하고 직접적인 해로움이 있다는 진단이 나올 수 있다. 여성에게 엄마가 되는 것, 아기가 태어난다는 것이 경제적으로 궁핍한 생활과 미래를 강요할 수도 있다. 더욱 심각한 것은 정신적인 피해이다. 즉 아이 때문에 정신과 육체가 혹사당할 수도 있다. 또한 원하지 않는 아이라는 이유는 정신적 고통을 초래할 것이고, 원하지 않지만 키워야 하는 것도 어려운 문제이다. 그뿐만 아니라 미혼모라는 사실 때문에 따라붙은 어려움과 치욕이 계속 이어질 수도 있다. (그렇지만) 사생활의 권리는 인정하지만, (그것이) 절대적인 것이라고 할 수는 없다.

연방대법원의 판결 내용을 간략하게 요약하면 다음과 같다. 즉 국가는 임신 3개월까지 여성의 자기 결정권에 대해 간섭할 수 없으며, 6개월까지는 잠재적인 인간 생명을 보호한다는 이유로 인공임신중절을금지할 수 없으며, 여성의 건강을 보호하기 위해 제한적으로 임공임신중절을 통제(자격 있는 병원에서의 시술)할 수도 있다. 그렇지만 체외 생존이 가능한 6개월 이후에는 예외적인 경우를 제외하고 국가는 잠재적 인간 생명인 태아를 보호하기 위해 인공임신중절을 금지할 수 있다는 것이다.

그런가 하면, 톰슨(J. Thomson)은 "낙태의 옹호(1971)"란 논문에서 여성주의에 기초하여 인공임신중절 권리를 적극적으로 주장한다. 그녀는 자기의 의사와는 관계없이 납치된 사람이 깨어 보니 유명한 바이올리니스트 환자와 연결되어 자신의 혈액을 환자에게 9개월 동안 투석해야 하는 상황을 태아에 견주어 예시한다. 그녀는 이 경우, 납치된 사람이 9개월 동안 침대에 누워 투석을 허용한다면, 그것은 도덕적으로 영웅적인 행위일 수는 있을지 모르지만, 그렇다고 그 음악가를 도와야 할 도덕적 의무가 그에게 있는 것은 아니라고 주장한다. 그뿐만 아니라 그 음악가는 음악가 자신의 생명에 대한 권리는 가지고 있지만, 그렇다고 위와 같은 도움을 요청할 어떤 권리도 없다고 주장한다. 톰슨은 태아의 생명권 자체에 대해서도 회의적이지만, 이와 같은 비유에 기초하여 임신한 여성은 자신을 지켜내기(자기 방어) 위한 방편으로 인공임신중절을 할 권리(즉 연결된 관을 거부할 권리)를 갖는다고 주장한다.

지금까지의 이야기에 기초해 인공임신중절에 관한 입장을 정리해 보면, 인공임신중절 권리를 주장하는 '선택 옹호주의(Pro-choice)1'자들은 ⑴ '소유권' 논거(여성은 자신의 몸에 대해 소유권을 갖기 때문에 처분권도 갖는다. 여기에는 태아도 포함된다), ⑵ '생산' 논거(생산자인 여성은 생산물인 태아에 대해 결정권을 갖는다), ⑶ '자율성' 논거(자율적 삶에 관한 여성의 권리는 태아를 자유롭게 결정할 권리를 포함한다), ⑷ '평등권' 논거(여성과 남성은 평등하며 이는 인공임신중절 권리에도 적용된다), ⑸ '정당방위' 논거(여성은 자기방어 및 정당 방위권을 갖기 때문에 상황에 따라 태아를 결정할 권리도 갖는다)에 근거하여 인공임신중절 권리를 주장하고 있다.

이와는 반대로 인공임신중절을 부정하는 '생명 옹호주의(Pro-life)2'는

---

1 이들의 논거는 대부분 '여성의 권리' 관점에 기초하여 인공임신중절 권리를 주장하기 때문에 '낙태에 관한 여성 권리 옹호론'이라 부르는 것이 더 적절할 것 같다.

2 이들을 '생명 옹호주의'라고 부르지만 사실 이들이 말하는 생명의 한계가 인간의 '태아'에만 해당하기 때문에 일반적인 의미의 '생명' 옹호와는 구분되어야 할 것 같다. 오히려 '태아의 도덕적

현대사회와 윤리 주제탐구

⑴ '연속성' 논거('인간'이라고 정의할 시점을 규정할 수 없기 때문에 수정이 이뤄지는 순간부터 인간으로 보아야 한다), ⑵ '존엄성' 논거(태아를 인간으로 보고 인간의 존엄성을 보호해야 한다), ⑶ '살인 금지' 논거(태아는 죄가 없는 인간이기 때문에 죽이는 것은 살인에 해당한다), ⑷ '잠재성' 논거(태아는 수정이후부터 성인으로 성장할, 또는 의식 능력을 지닌 인격으로 발달할 잠재성을 지닌 인간이다), ⑸ '종의 구성원' 논거(태아는 인류라는 종의 구성원이다), ⑹ '정체성(또는 동일성)' 논거(태아는 태어나기 이전부터 이미 고유한 정체성을 지니고 있다)에 기초하여 태아의 도덕적 지위를 주장하고 있다.

마지막으로 인공임신중절 문제를 신학에 기초한 의무론에 적용한다면, 이들은 생명 자체의 존엄성과 '잠재성' 논거를 중심으로 낙태에 대해 부정적일 것이다. 반면, 결과주의자들은 관련된 모든 사람들의 이익을 고려하여 상황에 따라 허용하거나 허용하지 않을 것이다. 예를 들어 우리나라의 모자보건법 제14조는 본인이나 배우자가 우생학적 · 유전학적 정신장애가 있는 경우, 전염성 질환이 있는 경우, 강간 또는 준강간에 의한 임신인 경우, 법률상 혼인할 수 없는 혈족 또는 인척간의 임신인 경우, 보건 · 의학적 이유로 모체의 건강을 심각하게 해하는 경우에 한하여 제한적으로 낙태를 허용해 왔었다. 하지만 2019년 4월 헌법재판소가 낙태죄 헌법불합치 판결을 내렸고, 2021년 1월 1일부로 낙태죄 처벌 조항[형법(제269조 및 제270조)]은 폐기됐다. 하지만 이를 대체할 법안은 아직 마련되어 있지 않다.

지위 옹호론'이라 부르는 것이 더 나을 것 같다.

주제 다섯 ✖ 인간은 절대적 가치를 지니는가?   125

2. 뇌사 · 장기이식과 윤리

 지금 여기의 윤리 문제

1968년 5월 흑인 노동자 부르스 터커는 공사장에서 추락해 두개골 골절 등 머리에 심각한 중상을 입고 병원으로 옮겨진 다음 수술을 받았다. 터커는 뇌수술 후 호흡 곤란을 막기 위해 관련 수술을 추가로 받았지만, 인공호흡기에 의존해야 겨우 생명을 유지할 수 있었다. 담당의사는 터커가 소생 가능성이 전혀 없으며, 죽음에 이르고 있다고 진단했다. 터커는 뇌파 검사 결과 뇌 기능을 완전히 상실한 '뇌사' 판정을 받았다. 그런데 당시 병원에는 심장이식 수술을 기다리고 있는 크렐이라는 환자가 있었다. 터커는 수술실로 옮겨졌고, 심장과 양쪽 콩팥을 제거하는 수술을 받았다. 인공호흡기를 제거한 5분 후 그에게 죽음이 선고되었고, 심장은 크렐에게 이식되었다. 뒤늦게 사실을 안 터커의 동생은 담당 의사를 상대로 소송을 냈이 사건은 뇌사와 장기 이식 문제에 대해 윤리적·사회적 관심과 논쟁을 불러일으켰다. 왜냐하면 전통적으로 죽음의 시점과 기준으로 삼아왔던 '심폐사' 대신 '뇌사'를 죽음의 판단 기준으로 적용하고, 신체의 일부인 장기를 환자인 당사자의 동의 없이 의사가 임의로 적출했기 때문이다. 사실 "죽음이란 죽어가는 과정 중의 어느 한 시점에서 일어난다." 이에 따라 '어느 한 시점'을 죽음의 기준으로 삼느냐에 따라 뇌사와 심폐사로 나누어 이야기하는데, 일반적으로 뇌사는 뇌(대뇌, 소뇌, 뇌간)1의 기능이 돌이킬 수 없이(불가역적으로) 완전히 정지된 상태를, 심폐사는 심장이나 폐의 기능이 불가역적으로 완전히 정지된 상태를 죽음의 기준으로 삼는다.

심폐사가 전통적인 죽음의 기준이었다면, 뇌사는 의학기술의 발달과 함께 새롭게 제시되고 있는 죽음의 기준이다. 특히 뇌사는 살아 있는 사람(신장, 골수)이나 시체(뼈, 혈관, 각막)의 경우와 달리 심장, 간, 폐, 췌장처럼 중요한 장기를 적출하여 필요로 하는 사람에게 이식할 수 있는

---

1 대뇌는 운동과 감각을 지배하는 중추신경이 있는 곳으로 기억, 사고, 의지, 정서, 언어와 같은 정신 활동이 이루어지는 기관이다. 소뇌는 운동조절 중추가 있는 곳으로 몸의 평형을 유지하고, 운동을 원활하게 해주는 기능을 담당한다. 뇌간은 몸의 모든 장기 기능을 통합 조절하는 신경중추와 반사의 중추가 있는 곳으로 의식을 유지하는 중심이 된다. 특히 생명 유지에 가장 중요한 호흡과 순환의 중추가 있는 곳도 뇌간이다.

유일한 방법이기 때문에 실용적 이익의 관점에서 적극적으로 주장되고 있다. 물론, 이런 논리를 정당화하는 배후에는 생명 연장을 위한 비용이 많이 들기 때문에 환자 가족의 경제적 부담을 줄이기 위한 현실적인 선택이라는 주장도 나온다. 또 뇌사를 주장하는 사람들은 신체의 각 기관과 장기들이 뇌, 즉 중앙으로부터 조정되지 못하여 더 이상 전체로서의 통합된 기능을 할 수 없기 때문에, 즉 인격체로서 인간은 이미 존재하지 않기 때문에 실질적인 죽음으로 봐야 한다고 주장한다. 다시 말해, 더 이상 자율성에 기초한 주체적인 판단과 체험, 반응 및 행동을 할 수 없으므로 인격체가 아니라는 것이다.

하지만 뇌사를 반대하는 사람들은 비록 뇌가 신체의 중요한 일부이기는 하지만, 생물학적인 의미의 개체, 즉 한 개인이란 각각의 요소들이 통합된 조직체로서 신체이기 때문에 신체의 일부분인 뇌만을 가지고 죽음의 기준으로 삼아서는 안 된다고 주장한다. 이들에 따르면 뇌사자는 이미 '죽은 사람'이 아니라 지금 '죽어가고 있는 사람'이다. 따라서 만약에 뇌사를 죽음의 기준으로 받아들이게 되면, 자율성이나 의식 능력은 없지만 아직 살아 있는 존재를 생명으로 인정하지 않는 모순된 결과를 받아들여야 한다.

또 위의 사례에서 보았던 것처럼, 뇌사와 관련된 논의가 죽음의 새로운 기준이라는 미명 아래 현실적으로 장기 이식을 염두에 둔 경우가 대부분이라는 점도 윤리적 문제를 안고 있다. 특히 뇌간사보다 대뇌사를 주장하는 경우는 더욱 그렇다. 왜냐하면 대뇌사는 인간과 인격체의 기준을 고등 정신과 이성 능력(자기 동일성 또는 자기 정체성)에만 두어, 호흡과 순환 기능을 담당하는 뇌간의 기능, 즉 일차적인 생명 유지 기능을

현대사회와 윤리 주제탐구

중요하게 고려하지 않기 때문이다. 이것은 마치 자연을 죽은 것 또는 기계와 동일시했던 근대의 기계적 자연관을 기계적 인간관으로 바꾸어 놓은 것으로 비추어진다.

이것은 근대 서구인들이 의식을 결핍한 자연에 대한 인간의 훼손과 지배를 도덕적으로 당연시했던 것처럼, 뇌사 또한 의식이 없는 인간 존재를 자연으로 해석하고, 이것으로부터 의식이 있는 현재 환자의 욕구와 권리를 충족하기 위해 뇌사한 당사자의 장기를 적출하려는 의도를 지닌 것으로 보인다. 산 자의 권리를 위해 생명이 있지만 죽어가는 자를 도구화하는 것이다. 이것은 '산 자 = 인간' 대 '죽어가는 자 = 자연'이라는 근대의 이분법적 구도가 의학 기술의 발달과 함께 인간에 대한 도구화로 비추어지고 있다. 이 점에서 뇌사자에 대해 장기 이식을 주장하는 것은 인간의 도덕적 타락이자 도덕적 의미에서의 인간다움의 상실로 이해할 수 있다.

한편, 생명·의료 윤리 영역에서 빼놓을 수 없는 검토 주제가 있는데, 그것은 '이중 결과의 원리(Principle of double effect, 이중 효과의 원리)'이다. 이것은 단지 결과만을 가지고 행위가 도덕적인지를 판단할 수 없다는 논리를 뒷받침한다. 즉 행위의 의도를 포함해서 행위가 이루어지는 조건들이 행위의 도덕성을 판단하는 데에도 적용되어야 한다는 주장이다.

자연법이란 실정법이 확립되기 이전에 보편적으로 존재하는 법규범을 말하는데, 이것의 원천이 되는 것은 신법(신의 법칙)이나 우주 질서, 인간의 본성 같은 것들이다. 따라서 어떤 행동에 대한 선·악의 판단은 자연법을 준수하는지의 여부에 달려 있다. 특히 중세 토마스 아퀴나스에 의하면, 인간은 이성을 통해 윤리 원칙들을 파악할 수 있는 존재이다. 즉 인간은 신의 영원한 법칙을 반영하는 자연법의 제1원리인 '선은 행하고, 악은 피하라.'를 '도덕적 직관'을 통해 파악할 수 있는 능력을 지닌 존재이다. 이 자연법적 명령으로부터 인간의 자연적 성향들, 예를 들어 '자신의 생명을 보존하고 건강을 유지하라(생명 및 자기보존)', '자손을 늘려라(종족번식)', '절도 있는 성행위를 하라(성적 행위)', '이성을 가지고 선을 추구하라(이성적 본성, 해악 금지)' 등이 도출된다.

그런데 악을 피하고 선을 추구하라는 자연법이 경우에 따라 선한 결과를 의도했음에도 불구하고, 좋은 결과와 나쁜 결과를 함께 일으키는 경우도 있다. 이 때문에 선한 의도에도 불구하고 악한 결과에 대한 염려 때문에 갈등(딜레마)을 겪게 된다.

이런 갈등 문제를 해결하기 위해 마련한 것이 '이중 결과의 원리'이다. 이 원리는 행위의 의도에 주목해 선한 의도만을 지닐 경우, 간접적으로 의도한 것은 아니지만 악한 결과(효과)가 발생하더라도 이러한 행위는 허용된다는 원칙이다. 이에 따른 다음과 같은 조건들을 충족할 때, 그 행위는 허용된다.

조건1. 행위 자체가 도덕적으로 선하거나 중립적이어야 한다.

조건2. 악한 결과는 선한 결과를 얻기 위한 수단이어서는 안 된다.

조건3. 행위의 동기는 선한 결과가 이루어지도록 하기 위한 것이어야만 한다.
나쁜 결과는 의도하지 않은 결과이다.

조건4. 선한 결과는 그 중요성이 최소한 악한 결과와 동등하거나 그 이상이어야 한다.

현대사회와 윤리 주제탐구

악을 피하고, 선을 추구하라는 자연법을 생명·의료 윤리에 적용한다면, 자살은 '생명 또는 자기 보존의 원칙'에 어긋나기 때문에 정당화할 수 없다. 즉 자살은 도덕적 정당화가 불가능하다. 신의 피조물인 생명은 신에 의해 절대적 가치를 지니기 때문에 인간이 결정해야 할 몫이 아니다. 마찬가지로 안락사 또한 원칙적으로 도덕적인 정당화가 불가능하다. 왜냐하면 생명을 인위적으로 단축하는 (적극적) 조치이기 때문이다. 그렇지만 회복이 불가능한 환자에게 무의미한 생명 연장 장치에 의존(비통상적 치료)[2] 하도록 하는 생명 유지는 '자연적인 죽음'이라는 '신의 섭리'에 반하는 것이기 때문에 정당화의 근거로 활용될 여지가 있다. 그렇더라도 더 이상 살 가치가 없다고 판단된 한 생명을 끝낼 목적으로 치료를 중단하는 것까지 허용하는 것은 아니다.

또 인공임신중절 자연법의 원리에 따라 도덕적으로 허용되지 않는 행위이다. 그렇지만 임신한 여성이 자궁암에 걸렸다면 상황은 다르다. 자궁 절제술을 통해 태아가 죽음에 이른다고 할지라도, 그녀에게 자궁 절제술을 할 수 있다. 왜냐하면 (1) 조건1에 따라 자궁을 제거하여 치료를 하는 행위 자체가 도덕적으로 선하며, (2) 조건2에 따라 태아의 죽음이 여성의 생명을 구하기 위한 수단이 아니라 자궁 절제술이 여성의 생명을 구하기 위한 수단이기 때문이다. 그리고 (3) 조건3에 따라 자궁 절제술에 따른 태아의 죽음은 의도하지 않은 결과이기 때문이고, (4) 조건4에 따라

---

2 통상적(Ordinary) 치료란 환자의 이익을 증가시킬 것이라고 합리적으로 기대되는 모든 종류의 치료를 의미하며, 비통상적(Extraordinary) 치료란 합리적으로 생각했을 때 환자에게 도움이 되지 않거나 환자 또는 타인에게 심각한 어려움을 야기하게 되는 무의미한 치료 수단을 말한다. 환자 가족은 이를 거부할 수 있고, 의사는 이를 권유하지 않을 책임이 있다.

산모의 생명을 구하는 행위는 태아를 구하는 것만큼 선한 행위이기 때문이다.

이처럼 이중 결과의 원리는 하나의 행위가 두 가지(좋은 또는 나쁜) 결과를 가져오는 도덕적 문제를 해결하기 위해 제시된 것이다. 결론적으로 좋은 결과를 낳기 위해 의도적으로 나쁜 행위를 하는 것은 옳지 않으며, 어떤 선한 행위가 나쁜 결과를 가져올 것을 알지만 그렇더라도 때로는 그 행위를 허용할 수 있다는 원리이다.

3. 안락사와 생명 · 의료윤리 원칙

 지금 여기의 윤리 문제

2009년, 위로 세 명의 오빠를 두고 있던 벨기에의 한 여성이 남성을 동경해 오던 중 호르몬 요법과 수술을 통해 남성의 신체를 갖게 되었다. 하지만 수술 결과 만족스럽지 못한 가슴과 조직 거부 반응을 보인 성기 문제로 고민과 고통 속에서 하루하루를 보내야 했다. 스스로 "나는 괴물이 됐다"고 괴로워하던 그녀는 의사를 찾아가 안락사를 요청했고, 의사는 그녀의 고통이 참기 힘들고 지속될 것이라고 판단해 안락사를 시행했다. 이 의사는 이전에도 청각장애를 앓고 있었던 40대의 쌍둥이가 시력까지 잃게 되자 서로를 볼 수 없다는 고통을 호소하면서 안락사를 요청하자 이를 받아들인 적이 있다. 벨기에에서는 이를 두고 '죽음을 도운 의사'의 결정과 행동이 적절했는지에 대한 도덕 논쟁이 격렬하게 벌어졌다.

한편, 영국의 한 대학의 연구에 따르면, 성전환자의 약 30%가 심각한 정신적 고통으로 자살 충동을 겪는다고 한다. 네덜란드(2001) 다음으로 2002년 안락사를 합법화한 벨기에는 2012년 한 해 동안 1,432명이 안락사로 삶을 마감했고, 매년 숫자가 빠르게 증가하고 있다.

2013년 현재 벨기에서는 12세 이상 18세 이하의 미성년자에게도 안락사를 허용할 것인지를 놓고 논쟁이 한창이다. 찬성하는 쪽에서는 죽음을 앞둔 미성년자일지라도 정확한 정보를 제공받으면 성숙한 결정을 내릴 수 있기 때문에 이들이 선택할 수 있는 마지막 가능성을 빼앗아서는 안 된다고 주장한다. 반면, 종교계(기독교, 유대교, 이슬람교)에서는 미성년자 같은 취약계층이 안락사의 조건에 포함되어서는 안 되며, 생명의 문제가 지나치게 가볍게 취급되고 있다며 반대하고 있다. 그럼에도 여론 조사에서는 '판단능력이 있는 미성년자'라는 전제를 하고는 있지만, 응답자의 75%가 찬성한 것으로 나타났다.

시간적으로 더 오래 살고자 해왔던 인간의 욕구는 의학 기술의 지속적인 발전을 이끌었고, 인간은 한동안 이것이 인간 존엄성의 가치를 실현해 줄 것이라는 희망을 갖고 있었다. 그렇지만 단지 더 오래 살아 있는 것보다 더욱 의미 있는 생활과 삶의 품위 있는 마감이라는 인간의 정신적·심리적 욕망은 삶의 질을 논의의 중심으로 끌어들여, '죽임(살인)'과 '죽도록 놓아둠'의 문제에 대해 윤리적 검토를 요청하는 단계에 이르

현대사회와 윤리 주제탐구

렀다. 우리가 검토하려는 안락사의 윤리적 문제가 바로 이것이다.

'안락사(Euthanasia)'는 '좋은(Good, 적절한)'과 '잘(Well)'을 의미하는 그리스어 '에우(Eu)'와 '죽음'을 의미하는 '타나토스(Thanatos)'를 결합한 용어로, '좋은 죽음' 정도를 의미한다. 그런데 죽음에 '좋은', '잘'을 붙인다는 것이 우리의 일반적인 정서와는 모순된 표현처럼 보인다. 더욱이 환자에게 최선의 의료 행위를 하는 것이 의사의 도덕적 의무임을 고려하면 더욱 그렇다.

하지만 달리 생각해 보면, 극심한 고통을 겪고 있는 환자의 입장에서 볼 때 환자의 요청에 따라 고통의 소멸, 즉 죽음에 이르도록 도와주는 '자비로운' 행위는 죽음에 '좋은', '잘'의 형용사가 붙는 이유를 이해하는데 도움을 준다. 이 때문에 안락사를 '자비로운 죽임'으로 사용하기도 한다. 지금까지의 내용을 종합해 안락사를 정의한다면, 회복 가능성이 없는 질병을 앓고 있는 환자에게 상대적으로 정신적·육체적 고통 없이 죽도록 도와주거나 죽음에 이르도록 놓아두는 행위 정도로 정리할 수 있다.

만약에 안락사가 허용된다면, 각각의 환자가 처한 특수한 상황들이 서로 다를 수 있기 때문에 안락사의 방식 또한 다르게 나타날 수 있다. 보다 구체적으로 환자의 의사를 기준으로 할 경우, 자발적(자의적) 안락사, 반자발적(반자의적) 안락사, 비자발적 안락사를 생각해볼 수 있고, 시술자의 참여를 기준으로 적극적인 안락사, 소극적(수동적) 안락사로 구분할 수 있다. 그리고 이 두 요소를 서로 결합해 자발적·적극적 안락사, 비자발적·소극적 안락사, 비자발적·적극적 안락사도 생각해볼 수 있다. 각각의 용어들을 보다 명확하게 구분하기 위해 다음과 같이 정리할 수 있다.

■ 환자의 의사를 기준으로 할 때

(1) 자발적 안락사 : 판단 능력이 있는 성인 환자의 사전 승낙(동의)을 전제로 생명을 지속하는 치료를 중단하거나 시작하지 않음.

(2) 반자발적 안락사 : 환자의 동의 없이, 또는 환자가 원하지 않음에도 안락사를 시킴. 이는 명백한 살인 행위임.

(3) 비자발적 안락사 : 무뇌아, 다운증후군 신생아처럼 어린이 환자, 그리고 지속적인 식물인간 또는 깊은 혼수상태의 환자, 중증 치매, 정신 장애자에 대해 환자 가족의 동의를 전제로 함. 환자가 자신의 삶과 죽음을 선택할 능력을 상실했을 경우에 한함. 동의 능력을 지니지 못함.

■ 시술자의 참여를 기준으로 할 때

(1) 적극적 안락사 : 죽음을 맞이하도록 도와주는 행위 또는 생명을 단축하기 위해 어떤 수단을 사용하는 행위. 작위적 안락사라고도 함.

(2) 소극적 안락사 : 죽음을 맞이하도록 그대로 놓아 둠. 죽음의 진행을 일시적으로 저지하거나 지연시킬 생명 연장 수단을 사용하지 않음.

   부작위적 안락사라고도 함.

■ 죽음을 초래한 수단의 성격

(1) 직접적 안락사 : 생명 단축을 위한 적극적 개입.

(2) 간접적 안락사 : 생명 단축의 위험을 인식하고 있지만, 환자의 고통을 경감시켜주기 위해 모르핀 같은 약물을 지속적으로 투입하여 그 부작용으로 생명 단축의 결과를 가져옴.

이러한 유형 외에 소극적 안락사와 연계되는 개념으로 최근 우리나라

현대사회와 윤리 주제탐구

에서 활발하게 논의되고 있는 '존엄사'가 있다. 이 용어를 이해하기 쉽게 표현한다면, '자발적·소극적 안락사'에 가까운 개념이기는 하지만 차이점은 있다. 왜냐하면 존엄사의 성격이 "말기 상태나 영구적인 무의식 상태에 있는 회복 불가능한 환자에게 죽음에 대한 자기 결정권을 인정함으로써 인간으로서 존엄성을 유지하면서, 삶을 마감할 수 있도록 기본적 권리를 보장하기" 때문이다. 즉 생명을 연장하는 연명 치료가 환자의 삶의 질과 품위를 향상하는데 아무런 기여도 못하기 때문에 이를 중단하는 것이다.

2009년 일명 '김 할머니 사건'에서 법원은 소극적 안락사와 존엄사를 구분해 김 할머니 사건을 존엄사로 인정하는 판결을 내렸다. 즉 소극적 안락사가 "생명유지에 필수적인 치료, 영양공급, 약물투여 등을 중단함으로써 환자의 생명을 단축시키는 행위"인 반면, 존엄사에 의한 죽음은 치료의 중단으로 생명이 단축되는 것이 아니라 치료가 불가능한 질병에 죽음이 수반되는 자연적인 결과이며, 따라서 인공호흡기만을 제거하고 영양은 공급한다는 점에서 소극적 안락사와 차이가 있다. 이런 차이 때문에 소극적 안락사가 환자의 '죽을 권리'에 초점을 맞춘다면, 존엄사는 환자의 '자기 결정권(인간으로서 존엄과 행복추구권)'에 초점을 맞춘다는 점에서 다르다고 말하기도 한다.

자발적+적극적+직접적(또는 간접적) 안락사는 환자 자신의 의사에 따른 죽음이므로 '자살'에 해당한다고 할 수 있다. 따라서 자살이 도덕적으로 허용되지 않는 한, 이것은 도덕적으로 정당화되기 어렵지만, 현실적으로 도덕적 비난만이 능사라고 하기엔 어려운 측면이 있다. 그리고 반자발적+적극적+직접적 안락사는 타살, 즉 명백한 살인 행위에 해당하기 때문에 도덕적·법적 책임을 피할 수 없다.

안락사 개념은 원리적인 측면에서 볼 때, 비자발적 안락사의 경우를 제외하면 환자 본인의 동의를 전제로 성립한다. 따라서 이를 근거로 만약에 우리가 자유주의자로서 '자율성 존중의 원칙'을 받아들인다면, 자발적+소극적+직접적(또는 간접적) 안락사를 허용하는 결정을 할 것이다. 왜냐하면 자유주의자들은 자율성을 중요한 가치로 삼는데, 자율성이란 외부의 간섭을 받지 않는 상태에서 자기 책임성을 전제로 자유롭게 결정할 권리이기 때문이다.

반면, 우리가 생명의 존엄성과 도덕성을 우선하는 전통적인 보수주의자라면, 이러한 방식의 안락사에 동의하지 않을 것이다. 또 자연법적 관점에서는 자연의 질서를 거슬러 생명을 인위적으로 단축하려는 조치에 반대할 것이다. 의무론적 입장 또한 인간의 존엄성과 인격 그 자체의 절대적 가치에 기초하여 안락사에 대해 부정적인 평가를 내릴 것이다.

한편, 공리주의적 관점에서 안락사를 이해한다면, 우리는 도덕적인 옳고 그름을 판단하기 위해 우리의 행위가 가져오는 최선의 결과(행동 공리주의)나 관행(또는 실천, 규칙 공리주의)에 초점을 맞추고자 할 것이다. 이렇게 볼 때, 자발적 의사는 단지 그것이 우리의 행복이나 복지에 영향을 미치는 정도에 따라서만 도덕적으로 의미를 가질 것이다.

또 결과주의적 입장에서는 최대 행복을 가져올 것으로 보이는 것, 그리고 이때 최대 행복이란 우리들 자신은 물론, 우리의 행위로부터 영향을 받는 모든 사람들까지 포함시켜서 우리가 어떤 결정을 해야 하는지를 근거로 판단할 것이다. 결과주의(또는 공리주의)는 이처럼 안락사와 관련된 도덕 판단을 내리고자 할 때 쾌락의 증진과 고통의 최소화라는 효용

현대사회와 윤리 주제탐구

과 유용성의 원칙에 따라 이를 계산하여 환자와 환자의 가족, 사회 전체의 쾌락을 증진하는 경향에 따라 결정할 것이다.

결과주의 입장과 달리 비결과주의에서는 안락사에 대해 개인의 자발성에 기초하여 도덕 기준을 마련하려고 한다. 이에 따르면, 자발성은 그 자체로서 선하고, 또한 도덕적 가치를 지니며, 최소한 적어도 이상적으로 생각할 때 우리는 자기 운명의 주인인 것처럼 생각된다. 칸트의 의무론은 인간(또는 인격)은 자유롭게 선택할 수 있는 유일한 존재이며, 따라서 인간은 마땅히 존중받아야 할 존재라고 주장한다(물론, 칸트는 인간의 존엄성과 인격 그 자체에 절대적 가치를 부여한다).

하지만 안락사와 관련지어 생각해 볼 때, 돌이킬 수 없는 질병으로 극심한 고통 속에 있는 개인의 정신력과 자율성은 어느 정도 합리성의 결여, 그리고 공포와의 타협 상태에 놓였을 가능성이 높다. 사실 질병은 우리가 그것에 굴복하도록 강제하는 힘이 매우 강력한 요소이다. 그렇다면 이런 상황, 즉 공포와 인식의 결핍 상황에서 이루어진 자발적 의사를 그대로 받아들여야 하는가에 대한 문제가 발생한다. 자율성이란 문자 그대로 '자기 규제 능력'을 의미하지만, 실제로 우리는 얼마나 자주 우리가 원하는 것이 무엇인지, 우리가 그것을 정말로 원하고 있는지에 대해 명쾌하게 말할 수 있을까?

'미끄러운 경사길' 논증은 인공임신중절을 포함해 생명 의료 윤리와 관련된 대부분의 영역에 적용할 수 있는 개념이다. 안락사의 경우에도 일단 안락사를 허용하게 되면 불가피하게 마치 '도미노 효과'보다 더 빠른 속도로 그 영역을 확장해 돌이킬 수 없는 상황으로 치닫게 될 것이라 비판한다. 매우 그럴 듯해 보이는 이 논증에 대해서도 비판은 있다. 이 논증이 타당하기 위해서는 무엇보다 경험적으로 증명되어야 하는데, 그렇지 못하고 단지 예측에 근거할 뿐이라는 반박이다. 예를 들어 에스키모 사회에서는 노인을 유기하는 관습이 있었지만, 그렇다고 이들이 모든 사람들에게 무분별한 확장을 결코 하지 않았다는 것이다.

한편, 생명 공학 및 의학 기술의 급속한 발달과 더불어 윤리적 논쟁의 최전선에 서 있는 주제들이 생명·의료 윤리적 문제들이다. 생명 공학, 생명과학, 의학, 정치학, 법과 제도 그리고 철학적 문제들이 서로 긴밀하게 연결되면서 복잡한 윤리적 문제들을 제기하기 때문에 생명·의료 윤리는 이러한 문제들을 도덕 철학적 관점에서 검토한다. 비첨(T.L. Beauchamp)과 칠드레스(J.F. Childress)는 『생명 의료 윤리학의 원칙』에서 생명·의료 윤리 문제에 적용할 수 있는 네 가지 도덕 원칙으로 (1) 자율성 존중의 원칙(Autonomy), (2) 선행과 악행 금지의 원칙(Beneficence and non-maleficence), (3) 정의의 원칙을 제시한다. 이들은 그렇다고 이 네 가지 각각의 원칙이 순차적으로 우선성을 갖는 것은 아니라고 이해한다.

자율성 존중의 원칙은 소극적 책무(의무)의 형태와 적극적 책무(의무)의 형태로 나누어 생각할 수 있다. 소극적 책무란 환자가 자율적으로 결정할 수 있기 위해서는 다른 사람의 강제나 속박으로부터 자유로운 상태에 있어야 한다는 것이다. 그리고 적극적 책무란 환자가 자율적 결정을 더 잘 내릴 수 있도록 도움이 되는 정보와 행위를 제공해야 한다는 것이다. 이것은 환자의 자율성과 자신의 판단에 대한 확신을 낳게 하며, 환자의 동의를 이끌어 적절한 의사결정을 하도록 촉진하는 역할을 한다. 그래서 이것을 '고지된 동의의 원칙'으로 해석하기도 한다. 자율성 존중의 원칙은 각 개인의 인격에 대한 존중에 기초하고 있으며, 각자는 자신의 삶을 발전시키고 선택할 권리가 있다는 것을 지지한다. 그렇다고 환자의 자율성만이 절대적인 것은 아니다. 의사 또한 환자와 마찬가지로 하나의 인격으로서 자율성을 존중받아야 하기 때문이다. 따라서 환자의 자율적 결정일지라도 의사는 자신의 직업윤리와 도덕 원칙에 따라 적절하게 그의 결정을 거절할 수 있는 것이다.

선행의 원칙은 환자에게 미칠 해악(악행)을 미리 예방해야 한다는 것이다. 이것은 달리 말하면, 환자의 선 또는 복지를 증진하고, 증진해야 한다는 원칙이다. 선행과 해악 금지의 원칙에서 선행의 원칙은 선을 행하고, 환자에게 무엇이 이익인지를 동등하게 고려하라는 것이고, 해악 금지의 원칙은 환자에게 미칠 해악을 피하라는 것으로 환자의 이익에 반대되는 행위를 해서는 안 된다는 것이다. 이 원칙은 환자의 이익을 무엇보다 중요하게 여긴다. 환자의 복지를 적극적으로 증진하려는 선행의 원칙은 '온정적 간섭주의'와 쉽게 결합한다. 이렇게 되면 환자에 대한 자율성의 존중 원칙과 충돌하기 때문에 적절한 조절과 조화가 필요하다. 왜냐하면 (선행의 원칙에 따라) 의사의 환자에 대한 충분한 정보 제공은 환자가 자율적 결정(자율성 존중 원칙)을 하는데 많은 도움을 주기 때문이다.

정의의 원칙은 의료와 관련된 재화와 서비스가 공정하게 배분되도록 해야 한다는 원칙이다. 이 원칙은 형식적으로 건강·의료 관련 분야에 종사하는 집단(의사와 변호사 포함)은 동등한 경우에 동등하게 처우해야 한다는 것을 요구한다. 예를 들어 같은 의학적 처분을 받아야 할 두 명의 환자가 있다면, 이들을 서로 다르게 처우하지 않아야 한다는 것이다.

한정된 의료 자원을 어떻게 분배할 것인가의 문제는 근본적으로 (사회)
정의와 관련된 물음이다. 이 원칙은 인간으로서 최소한의 의료 혜택을
받을 권리와도 결합하는 문제이다.

이 네 가지 원칙들은 생명의료 윤리 분야에서 원칙적으로 지켜져야
할 근본 원리에 관한 표현이다. 이 때문에 실질적인 의료 현장에서 이들
원칙은 서로 중첩되면서 충돌하는 경우가 쉽게 발생할 수 있다. 그렇더
라도 이 원칙들이 생명의료적 문제들에 대해 윤리적 판단 기준을 제시하
고 있다는 점에서 가치 있는 시도로 평가할 수 있다.

현대사회와 윤리 주제탐구

4. 의학연구와 윤리

 지금 여기의 윤리 문제

■ 사례1

인도에서 여성의 자궁경부암을 예방하기 위해 HPV(인유두종 바이러스) 백신의 임상시험이 시행되어 왔는데, 이 프로그램이 윤리적 원칙을 무시하고 진행되어 왔다는 의혹이 제기되고 있다. 영국의 네이처지는 HPV 프로그램이 윤리 기준과 관련 법규를 지키지 않았을 가능성이 있다고 폭로했다.

인도에서는 빌&멜린다 게이츠 기금의 지원을 받아 2009년부터 인도의 동남부에 위치한 한 주에서 여자 아이들(10~14세)을 대상으로 1만 3천 명에게 백신 가다실을 접종하고, 서부의 다른 한 주에서는 같은 연령대의 여자 아이 1만 명에게 백신 서바릭스를 접종했다. 그러나 접종받은 7명의 여자 아이가 사망하면서 인도 정부는 안정성과 임상시험의 윤리성 위반 문제를 들어 2010년 시험을 중단시켰다.

네이처지에 따르면, 이 프로그램이 임상시험의 적합한 절차를 따르지 않았으며, 다수의 문맹이 포함된 참가자들로부터 모두의 동의를 구하지 않았고, 임상시험 과정에 대해 충분한 모니터링을 하지 않았다고 비판했다.

이와 함께 이를 주관한 기관과 해당 지역 자치주(정부), 인도 의학 연구회의도 책임이 있다고 비판했다.

■ 사례2

2013년 서울 고등법원은 발기부전 환자인 A씨가 낸 임상 시험 부작용에 관한 소송에 대해 2천만 원을 지급하라고 판결했다. A씨는 2009년 병원에서 신약을 받아 복용하던 중 약 20일이 지나면서 두통과 발기부전 증상을 겪었다. A씨는 소송을 내지 않고 언론에 알리지도 않는다는 조건으로 병원 측과 1백 5만원에 합의했다.

하지만 A씨는 합의를 어기고 소송을 냈다. 병원 측은 이미 합의한 사항으로 A씨의 권익을 보호할 의무가 없고, A씨가 합의를 파기한 것이라고 주장했다. 하지만 재판부는 "병원 측이 A씨에게 발기부전 증상이 나아질 것"이라고 설명한 다음, 합의에 이르렀다는 점을 문제 삼았다. 발기부전 증상이 지속되리라는 사실을 예상했다면 합의하지 않았을 것이라는 판단이다.

인생은 짧고, 의술은 길며, 치료의 기회는 빨리 사라지고, 실험은 위험하며, 판단은 어렵다."고 말했던 2,500년 전 히포크라테스의 잠언에는 의학 연구에서의 실험과 윤리에 관한 가르침이 담겨 있다. 그렇지만 아직 인권 의식이 형성되지 못했던 고대에는 의학 지식과 치료 연구를 위해 주로 사형수를 대상으로 생체를 해부하는 실험이 있었다. 당시 생체 해부는 (1) 오직 사형수를 대상으로 하며, (2) 의학 지식의 획득에 필수적이며, (3) 소수 죄인의 희생으로 다수에게 이익을 줄 수 있다는 논리로 정당화되었다.

사회 전체의 이익을 위한 소수의 희생이라는 공리주의적 정당화는 이후에도 인류 역사 속에서 되풀이되어 왔다. 18~19세기 프랑스의 대형 병원에서는 삶의 마지막 순간을 보내기 위해 들어온 가난한 사람들을 대상으로 동의 없이 실험과 부검을 했는가 하면, 세균을 주입한 다음 경과를 관찰하기도 했다.

인체 실험의 이러한 문제들 때문에 1900년 미국에서는 고아원, 병원, 구빈원 등의 수용 시설에 있는 취약자들을 의학 실험으로부터 보호하기 위해 어린이, 임산부, 노인, 정신지체아 및 질환자에 대해 고통을 줄 수 있는 실험을 금지하는 법안을 마련하였지만, 의료계의 반발로 무산되기도 했다. 인체 실험에 대한 부정적인 분위기 속에서 같은 해에 의료연구자들과 군인들이 자발적으로 피실험자가 되어 모기에 의한 황열병의 전파 경로를 알기 위한 실험이 진행되었다. 이 실험은 의료연구자들이 자신들을 희생하여, 인류의 질병을 퇴치하는데 크게 기여했다. 실험이 끝난 뒤 1907년에 열린 청문회에서 오슬러 경은 실험에 참가한 사람들은 자발적으로 실험에 참가했으며, 분명하고 구체적인 설명과 상황에 대한 충분한 설명을 들은 후, 자발적으로 동의를 했기 때문에 도덕적으로 문제되지 않는다고 진술했다. 이를 계기로 의학 연구 실험에서 '자발적 동의의 원칙' 개념이 중요해지게 되었다.

그렇지만 2차 세계대전은 과학과 의학이 전쟁의 도구로 전락할 경우, 그리고 전쟁 수행을 위해 정부의 강력한 지원을 배경으로 이루어지는 의학 연구가 인류에게 얼마나 큰 재앙이 될 수 있는지를 보여주었다. 특히 독일과 일본은 전쟁 수행에 필요한 의학적 지식과 기술을 만들어 내기 위해 강제 수용소를 만들어 인체 실험을 자행했다. 이들은 우생학에서 시작해 인종말살정책에 이르는 반인륜적 범죄를 저질렀는데, 독일은 1단계로 정신병자와 알코올 중독자 등 40만 명에게 강제 불임 수술을 했고, 2단계로 '살 가치가 없는 사람들(정신병자, 행려자, 불구자)' 7만 명을 안락사 시켰으며, 3단계로 약 600만 명의 유대인종을 학살했다. 1947년 8월 20일 뉘른베르크 재판은 인체 실험에 참여했던 사람들에 대해 교수형(7명), 종신형(4명), 20년형(2명), 15년 형(1명), 10년 형(1명)을 선고했다. 교수형을 선고받은 칼 브란트는 죽는 순간까지 "나는 이 교수대에 서는 것이 전혀 부끄럽지 않다. 나는 우리 선조들이 그래왔듯이 나의 조국에 대해 봉사를 했을 뿐"이라고 진술했다.

뉘른베르크 재판이 진행되는 동안 피고인들은 인체 실험과 관련된 보편적 기준이란 없다고 주장했는데, 이들이 주장한 대표적인 논거들은 다음과 같다.

(1) 전쟁 및 국가비상 사태에서 연구는 필수적이다. 왜냐하면 민간인과 군인의 생존이 인체실험에서 도출된 과학적·의학적 지식에 의존하기 때문이다. 극단적인 상황은 극단적인 행동을 요구한다.

현대사회와 윤리 주제탐구

⑵ 범죄자들을 연구대상으로 삼는 것은 보편적 관례이다.

⑶ 인체 실험에 사용된 죄수들은 이미 사형 선고를 받은 죄수들이다.

⑷ 실험 대상자는 군 지도부가 선별하거나 죄수들 스스로가 선택하는 것이기 때문에 의사는 실험 대상 선발에 책임이 없다.

⑸ 사회의 모든 구성원은 전쟁 수행에 기여해야 하는데, 죄수라고 예외일 수 없다.

⑹ 독일 의사들은 인체 실험과 관련해 독일의 법을 따랐을 뿐이다.

⑺ 의학 연구에서 보편적인 윤리 기준은 존재하지 않는다.

⑻ 만약에 의사들이 연구에 참여하지 않았다면, 의사들은 위태롭거나 죽임을 당했을 것이다.

⑼ 인체 실험의 필요성은 국가가 결정했고, 의사는 단지 명령을 따랐을 뿐이다.

⑽ 소수를 죽임으로써 다수를 살릴 수 있다면, 덜 심각한 악을 감수하기 때문에 경우에 따라 필수적인 일이다.

⑾ 실험에 참여하지 않는다는 명백한 진술이 없었기 때문에 암묵적으로 동의한 것으로 보아야 한다.

⑿ 인체 실험 없이는 과학 및 의학이 발전할 수 있는 방법이 없다.

재판부는 이들의 논리를 변명에 불과한 부적합한 것으로 판결하고, 최종적인 판결문을 작성했는데, 이것이 10개 조항으로 이루어진 '뉘른베르크 강령(Nuremberg code)'이다. 이 강령은 서문에서 "사람을 대상으로 행하는 실험은 합리적으로 적절히 한정된 범위 안에서 실시할 때에만 의료 직업윤리에 부합한다는 점을 알아야 한다. 인체 실험을 옹호하는 사람들은 사회적 이익을 근거로 들지만, 도덕·윤리·법적 개념을 만족하기 위해서는 다음과 같은 기본 원칙을 지켜야 한다"고 밝히고 있다.

조항1. 인체 실험에서 대상자의 자발적 동의는 절대적이며 필수적이다. 실험 대상자는 동의할 수 있는 법적 능력을 지녀야 하며, 사기나 폭력, 강제가 없이 자유로운 선택권을 행할 수 있는 상황에서 충분한 지식과 주관적 요소들에 대한 이해를 제공받아야 한다. 이를 위해 실험의 성격, 기간, 목적, 방법, 수단, 예상되는 불편과 위험, 개인에게 미치는 건강과 영향을 고지 받아야 한다. 동의의 질(Quality)을 보장하는 책임과 의무는 실험에 참여하는 연구자 개개인에게 있다.

조항2. 실험은 다른 연구 방법·수단을 통해서는 얻을 수 없는 사회적 이익을 위해 유익한 결과를 가져올 수 있는 것이어야 하며, 무작위로 행해지거나 불필요한 것이어서는 안 된다.

조항3. 실험은 동물 실험 결과나 질병의 자연 경과 등 지식에 근거를 두고 계획해야 하며, 예상되는 실험 결과가 실험 수행을 정당화할 수 있어야 한다.

조항4. 실험에서는 모든 불필요한 신체적·정신적 고통과 상해를 피하도록 수행한다.

조항5. 사망이나 불구를 초래할 것이라고 예상할 만한 이유가 있는 실험을 수행해서는 안 되며, 단 의료진 자신이 피험자로 참여하는 경우는 제외한다.

조항6. 실험의 위험성이 인도주의적인 중요성을 넘어서서는 안 된다(피험자에게 심각한 고통을 주어서는 안 된다).

조항7. 상해, 불구, 사망과 같은 낮은 가능성에 대비해야 하며, 피험자를 보호하기 위한 적절한 준비와 시설을 갖추어야 한다.

조항8. 과학적 자격을 갖춘 자만이 실험을 해야 하며, 최고의 기술과 주의가 필요하다.

현대사회와 윤리 주제탐구

조항9. 실험 도중 피험자가 육체적 · 정신적 한계에 도달했기 때문에 더 이상 실험을 하지 못하겠다는 생각이 들면, 실험을 끝낼 자유가 있다.

조항10. 실험을 주관하는 과학자는 자신의 전문성과 성실에 비추어 판단할 때, 실험을 계속할 경우 피험자에게 손상, 불구, 사망을 초래할 수 있다고 믿을 만한 이유가 있으면 실험을 중단할 준비가 되어 있어야 한다.

강령은 인류의 역사에서 과학의 이름으로 자행된 '영혼이 없는' 가장 잔인한 과학 · 의학자들의 행위로부터의 교훈을 담고 있다. 또 과학은 그 자체로 민주적이거나 비정치적이지도 선하지도 않으며, 특히 과학과 이데올로기가 결합할 때 인류에게 얼마나 큰 재앙이 초래되는지를 일깨워 주었다. 뉘른베르크 강령은 '동의의 자격'을 두고 다소 논란은 있을지라도, 무엇보다 인체 실험에서 가장 중요한 것이 '충분한 정보의 제공에 의한 피실험자의 자발적인 동의(Informed consent)'의 원칙이라는 사실, 그리고 피험자의 인권과 복지, 인간 존엄성 가치의 중요성을 일깨워주었다. 그렇지만 조항2에서 "실험은 다른 연구 방법 · 수단을 통해서는 얻을 수 없는 사회적 이익을 위해 유익한 결과"를 산출할 수 있어야 한다는 내용은 여전히 공리주의의 위험한 원리를 따르고 있다는 비판을 받기도 한다. 즉 사회적 이익과 함께 개인의 이익은 더욱 신중하게 고려했어야 한다는 지적이다.

1954년에 뉘른베르크 강령에 나타난 정신과 히포크라테스 선서의 이념에 많은 영향을 받아 채택된 헬싱키 선언은 이후 2008년에 이르기까지 수차례 개정을 거듭해 왔으며, 현재는 총 35개 항으로 이루어져 있다.

조항3. 의사의 의무는 의학 연구와 관련된 사람을 포함해 환자의 건강을 증진시키고 지키는 것이다. 의사는 지식과 양심에 따라 이 의무를 다해야 한다.

조항6. 인간을 대상으로 하는 의학 연구에서 피험자 개인의 복지는 다른 모든 이익보다 우선한다.

조항9. 의학 연구는 모든 피험자를 존중하며, 그들의 건강과 권리를 보호하는 윤리 기준을 따라야 한다.

조항11. 의사는 피험자의 생명, 건강, 존엄성, 정직성, 자기결정권, 사생활, 개인정보의 비밀을 보호해야 한다.

조항12. 인간을 대상으로 하는 의학 연구는 공인된 과학적 원칙에 따라야 한다. 또한 풍부한 지식이 바탕이 되어야 하고, 가능한 경우 동물 실험 결과가 근거가 되어야 한다. 실험동물의 복지를 존중해야 한다(동물 복지 언급).

조항13. 환경에 해를 끼칠 수 있는 의학 연구를 수행할 때는 신중해야 한다(환경·생태 문제에 대한 관심).

조항14. 연구 계획서에 인간 대상 의학 연구의 설계와 수행 과정이 명백히 문서로 남아야 한다.

조항15. 연구계획서에는 심의, 조언, 지도, 승인 등을 위해 연구 시작에 앞서 연구윤리위원회에 제출해야 한다(연구윤리위원회 설치).

조항22. 의사결정능력이 있는 개인이 의학 연구에 참여할 때는 반드시 스스로 원해야 한다(자발적 동의가 필수적임).

조항24. 의사결정능력이 있는 피험자를 대상으로 하는 의학 연구에서는 목적, 방법, 자금 출처, 상충된 이해관계, 연구자의 소속 기관, 예측되는 이익과 위험, 연구로 초래되는 불편에 대해 알려주어야 한다.
피험자는 언제든지 불이익을 받지 않고 연구 참여를 거부하고 동의를 철회할 권리가 있음을 알려야 한다. …… 동의를 서면으로 받아 공식적인 문서로 만들어야 한다(자발적 동의의 증거를 근거로

현대사회와 윤리 주제탐구

남길 것).

조항26. 잠재적 피험자가 의사결정능력이 없다면, 법정 대리인으로부터
동의를 구해야 한다.

헬싱키 선언의 '조항12'와 '조항13'은 의학 연구에서 인간이 아닌 자연 환경과 동물에 대해서도 포괄적인 지침 역할을 할 수 있는 내용을 포함하고 있어 변화하고 있는 자연 및 동물관을 반영하고 있다. 도덕적으로 배려 받을 수 있는 자격에 대해 칸트는 이성적 존재를 전제로 성립하는 자율성과 입법 능력을 주장하지만, 공리주의자들은 쾌락과 고통을 느낄 수 있는 능력에 기초하여 주장한다. 특히 싱어는 쾌락과 고통을 느낄 수 있는 능력을 근거로 이익에 대한 동등한 고려를 주장한다. 즉 '같은 것은 같게, 다른 것은 다르게'라는 올바름(정의)의 기준을 싱어의 관점에서 해석한다면, 인간과 동물의 이해관계(이익과 손해)는 쾌락과 고통이라는 점에서 동일하다. 그렇기 때문에 동물 또한 의학 관련 연구 실험에서 도덕적 배려의 대상이 될 자격을 지닌다고 할 수 있다.

동물 실험에서 도덕적 배려를 고려하는 문제와 관련해서는 일반적으로 러셀(Rusell)과 브루흐(Burch)가 "인도주의적 실험 기술의 원칙(1959)" 논문에서 제안한 '3Rs'를 채택하고 있다.

■ 대체(Replacement)
같은 과학적 목적을 성취할 수 있다면, 가능한 한 동물을 이용하는 방법보다는 동물 이외의 방법(고등동물 → 하등동물 → 비동물)을 이용하는 것이 바람직하다.

- **감소(Reduction)**

연구자는 더 적은 수의 동물을 가지고 비슷한 결과를 획득할 수 있도록, 또는 같은 수의 동물을 가지고 더 많은 지식과 정보를 얻을 수 있도록 노력해야 한다.

- **개선(Refinement)**

잠재적 고통이나 스트레스를 완화하거나 최소화하며, 동물 실험을 할 때나 그 이후에도 이들의 복지를 증진해야 한다.

나치의 인종말살정책과 함께 가장 반윤리적이고 인종주의적이며 국가 공권력에 의해 저질러진 최악의 실험으로 '터스키기 매독 연구(Tuskegee Syphilis Study)'가 있다. 이것은 미국 보건복지부가 흑인 매독 환자들에게 약 40년(1932~1972) 동안이나 자행한 잔혹한 실험으로, 매독에 걸린 흑인 412명에 대해 단지 매독을 치료하지 않을 경우 신체에 어떤 결과가 초래되는지를 알아보기 위한 의학적 비치료 실험일 뿐이어서 더욱 충격적이었다. '터스키기 매독 연구'는 매독에 관한 의학적 지식에 거의 기여하지도 못했지만, 무엇보다 심각한 문제는 의사 집단과 국가처럼 지식과 정보, 그리고 권력을 지닌 집단이 도덕적으로 매우 쉽게 해이해질 수 있다는 사실을 보여 주었다는 점이다.

이 사건을 계기로 1973년 '인체실험 대상자의 보호를 위한 국가위원회'가 설립되었다. 위원회는 가장 쉽게 위험에 노출될 수 있는 사회적 약자들, 예를 들어 수감자, 정신지체자, 어린이와 보호시설 아동들을 인체 실험으로부터 보호할 것을 강조했다. 위원회에 보고된 '벨몬트 보고서(The Belmont Report, 1979)'는 의학 연구와 관련해 포괄적이지만 간명한 세 가지 기본 원칙을 제시했다.

■ 인간존중의 원칙

인간의 자율성을 지켜 주어야 하며, 인간을 존중하고 정중하게 대우해야
한다. 또 지식과 정보를 제공받은 상태에서 이루어지는 자발적 동의여야
하며, 이를 위해 연구자는 속임수가 없어야 할 뿐 아니라 진실해야 한다(또
한 자율성에서 제한을 받는 개인은 보호받아야 한다).

■ 선행의 원칙

'해악을 끼치지 말라'는 원칙으로 가능한 이익을 극대화하며, 가능한 위험
을 최소화해야 한다(피험자의 복지와 안녕을 강조하고 있다).

■ 정의의 원칙

공정(위험과 편익의 공정한 배분)하고 동등한 관리가 이루어질 수 있도록 합
리성(합당함)을 최대한 보증해야 하며, 어떤 착취가 있어서도 안 되고, 최
대한 심사숙고의 절차를 거쳐야 한다.

5. 의료 자원의 배분과 정의

 지금 여기의 윤리 문제

우리 사회는 가난이 대물림 되듯이 건강 또한 대물림되는 것으로
나타났다. "우리나라 건강형평성 보고서"(2013)에 따르면, 사망률
과 자살사망률, 암사망률 등 의료·건강분야에서 소득과 교육 수준
에 따라 불평등이 심각하며, 건강의 대물림 현상이 나타나고 있는
것으로 밝혀졌다. 사망 위험과 자살 사망 위험, 암환자 의료시설
이용 및 생존율을 보면 다음과 같다.

사망 위험	성	1995	2005	2010
중졸 이하 집단이 대졸 이상 집단에 비해 사망할 위험	여성	약 3.3배	약 7.3배	약 8.1배
	남성	–	–	약 8.7배

현대사회와 윤리 주제탐구

자살 사망 위험	연령, 성	2010
중졸 이하 집단이 대졸 이상 집단에 비해 자살 사망할 위험	34~44세, 여성	8.1배
	33~44세, 남성	7.1배

암환자 의료 기관 이용 및 생존율	의료이용 집중지수	남성 암환자 생존율(년)		
		1년	2년	3년
소득 1분위 (가장 낮은 소득)	0.95	47%	29%	24%
소득 5분위 (가장 높은 소득)	1.75	61%	43%	36%

이 외에도 아버지의 교육 수준에 따라 청소년의 주관적 불건강 인
지율에 격차가 있다는 점도 드러났다. 또 청소년 흡연율이 교육 수
준이 낮을수록 더 높게 나타나고 있다는 사실도 새롭게 밝혀졌다.
자녀와 청소년의 건강 수준이 부모의 사회·경제적 지위에 따라 대
물림되고 있음을 추론할 수 있는 부분이다.

'제대로 되어 있지 않은 것을 제대로 되게 올바로 잡는 것', 즉 정의의
문제는 정치 · 경제 분야만이 아니라 보건 · 의료 분야에도 마찬가지로
적용된다. 플라톤이 정의에 대해 사회 전체를 피라미드식으로 조화롭게
유지하면서 각자에게 각자의 몫을 돌려주고, 각자의 자리와 각자의 역
할을 지켜 주는 것이라고 했을 때, '각자에게 각자의 몫을 돌려주는' 문
제는 그 자원이 한정되어 있는 의료자원에도 적용할 수 있다.

우리는 앞서 생명 · 의료 윤리 원칙으로 자율성 존중의 원칙, 선행과 악행 금지의 원칙, 정의의 원칙에 대해 간략하게 살펴본 적이 있다. 그런데 환자의 이익을 우선해야 한다는 선행의 원칙은 또한 정의의 원칙에 의해 조정되지 않으면 안 된다. 왜냐하면 선행의 원칙에 따라 의료 자원을 일부 환자들만을 위해 독점적으로 사용할 경우, 의료 자원이 공정하게 분배되지 못하는 상황을 초래할 수 있기 때문이다.

이 경우, 어느 정도가 '각자에게 공정한 몫'인지에 대한 물음을 제기할 수 있다. 소수의 특정 환자들만이 아니라 다른 (미래의) 환자들의 필요와 기대, 권리까지도 고려해야 하는데, 이것은 곧 의료 자원의 공정한 배분이라는 정의의 문제와 관련된다. 특히 경제적으로 어렵고 사회적 지위가 낮은 사람들이 그렇지 않은 사람들에 비해 보건 · 건강 · 의료 자원의 혜택을 누릴 수 있는 기회가 훨씬 더 열악하고 어렵다는 현실은 의료 자원을 어떻게 배분할 것인가의 문제에 대해 더욱 예민한 검토를 요구하고 있다.

의료 자원을 어떻게 나누는 것이 공정한가의 문제를 고려할 때, 우선 떠올릴 수 있는 원리들로 '보편화 가능성의 원칙', 아리스토텔레스의 분배적 정의, 평등주의적 정의관, 자유주의적 정의관, 롤스의 최소 극대화(최소 수혜자의 원칙)원칙, 공리주의 정의관 등을 생각해 볼 수 있다.

먼저, 보편화 가능성의 원칙이란 의료 자원을 예외 없이 일관된 기준을 가지고 적용할 수 있는가이다. 칸트는 이것을 '준칙의 보편화' 논리로 주장한다. 예를 들어 두 명의 환자가 처해 있는 조건이 서로 비슷한 환자라고 가정하자. 이들은 성별, 연령, 보험, 미혼이라는 점에서 서로 비슷하지만, 의사가 두 명의 환자 중 자기와 친분이 있는 한 명의 환자에

현대사회와 윤리 주제탐구

게 우선적으로 자신의 의료 자원을 배분해 주었다면, 이와 같은 의료 자원의 분배 원칙을 비슷한 모든 경우에 똑같이 적용해도 옳은지를 생각해 볼 수 있다. 만약에 옳다면, 의사의 행위는 보편화 가능한 원칙이 되어 공정하다고 할 수 있을 것이다. 그러나 그렇지 않다면 의사의 행위는 공정하지 못하다고 할 수 있다.

다음으로 아리스토텔레스의 분배적 정의를 고려해 볼 수 있다. 아리스토텔레스는 정의 또는 부정의에 대해 이것은 "어떤 행위와 관련된 것으로 두 극단 사이의 중간에 존재하는 중용의 문제"라고 정의한다. 그가 주장하는 분배적 정의란 부나 명예를 공동체 각각의 구성원들이 지닌 가치와 공적에 따라 차등적으로 나누는 것을 말한다. 그들의 가치와 공적에 비례하여 공동체의 자산을 배분하는 것이다. 만약에 의사가 인종이나 성별을 기준으로 의료 자원을 환자에게 차등적으로 배분한다면, 이는 정의롭지 못하다. 왜냐하면 의사가 기준으로 삼은 요소들이 공동체 구성원 각자의 가치와 공적과는 관계없는 요소이기 때문이다. 아리스토텔레스는 각자의 가치와 공적을 전제로 '같은 경우에는 같게, 다른 경우에는 다르게' 대우할 것을 주장했는데, 이것은 오늘날 (편의상 '절대적 평등'과 대비되는 용어로 사용하기 위해) '상대적 평등' 또는 '실질적 평등'으로 이해되고 있다. 즉 그는 공적과 가치에서 서로 같지 않은 사람들이 똑같이 배분받아서는 안 되며, 서로 같은 공적과 가치를 지닌 사람들이 서로 다르게 배분받아서도 안 된다고 주장했다. 그는 이 모든 경우에 불평과 분쟁이 발생한다고 주장하는데, 그 이유는 '옳은 것'이란 '비례적인 것'을 의미하기 때문이다. 즉, 불균형은 정의라는 비례 관계를 깨뜨리는 행위이다. 부족한 의료 자원을 어떻게 배분할 것인지의 문제가 발생할 때, 아리스토텔레스의 분배적 정의의 원칙은 하나의 포괄적 기준으로 활용될 수도 있을 것이다.

평등주의적 입장은 극단적인 입장과 완화된 입장으로 나누어 생각할 수 있다. 극단적 입장이란 한 사회 안에서 생산되는 모든 재화를 구성원 모두에게 똑같이 분배해야 하며, 이것이 정의의 원리에 부합한다는 주장이다. 이 입장은 모든 인간은 오직 인간이라는 점에서 동등하며, 그렇기 때문에 동등하게 대우받아야 한다고 주장한다. 그렇지만 아리스토텔레스의 분배적 정의에서 보았던 것처럼 개인의 공적이나 가치와 무관하게 획일적인 평등한 분배가 이루진다면, 오히려 이것이 더욱 심각한 불평등과 불공정의 원인이 될 것이다. 따라서 합리성을 지닌 사람이라면, 이러한 주장에 결코 동의하지는 않을 것이다. 이것보다 완화된 평등주의적 입장은 공동체의 모든 재화를 구성원 각자에게 똑같이 나누어 주어야 한다는 극단적인 평등주의를 거부하고, 대신 최소한의 인간적인 삶에 필요한 필수적인 재화에 대해서는 동등하게 접근할 수 있도록 해주어야 한다고 주장한다. 우리에게 의무교육이 있는 것처럼, 의료 자원 또한 최소한의 인간다운 삶과 관련된 부분들에 대해서는 보편적으로 배분하는 것이 바람직하다는 것이다. 롤스의 최소 극대화 원칙, 즉 차등의 원리가 이러한 입장에 부합하는 정의관이라고 할 수 있다.

의료 자원의 배분과 관련해 공리주의 정의관은 사회 전체의 이익과 효용을 극대화할 수 있는 차원에서 기준을 제시하려고 한다. 따라서 공리주의는 로크와 같은 자유주의자들이 우선적으로 강조할 건강에 대한 개인의 권리보다는 상대적으로 건강이나 복지에 관한 사회 전체의 행복의 총량을 먼저 고려할 수 있다. 물론, 공리주의가 개인의 권리를 결코

현대사회와 윤리 주제탐구

무시하는 것은 아니다. 왜냐하면 개인의 쾌락과 행복을 극대화하는 행위가 자신의 행복은 물론 사회 전체의 행복의 총량을 산출하는데 기여한다면, 바람직한 것이기 때문이다. 그렇더라도 공리주의가 사회 전체의 효용과 행복을 중요하게 고려한다는 사실은 개인의 '자율성 존중'이라는 생명 · 의료 윤리 원칙과 충돌할 수 있는 문제점을 안고 있다.

　마지막으로 생각할 수 있는 정의관은 자유주의적 입장이다. 특히 노직의 자유지상주의적 입장은 평등주의적 입장과 정반대의 내용을 지니고 있으며, 국가에 의한 공중 보건 · 의료라는 이념을 부정하는 것으로 평가할 수 있다. 자유주의자들은 평등이 아니라 자유에 우선적인 관심을 두며, 다른 사람의 자유에 해를 끼치지 않는 한, 모든 자유를 보장하는 것이 정의의 원칙에 부합한다고 생각한다. 노직은 자신의 '최소 국가'와 '소유 권리론'에 따라 국가가 개인의 사유 재산권을 보호하는 기능을 수행해야 한다는 것에 대해서는 인정하지만, 국가에 의한 재분배 정책에 대해서는 반대한다. 그는 개인의 소유물에 대한 처분권은 오직 개인에게 있기 때문에 국가가 세금을 통해 의료 보건 같은 공공복지와 사회 보장 제도를 실시하는 것은 개인의 자유에 대한 심각한 침해 행위라고 주장한다. 또 어떤 사람은 건강을 위해 수시로 병원을 찾는 반면, 다른 어떤 사람들은 약간의 고통은 참아 내며 열심히 재산을 늘려가기도 하는데, 국가가 이들의 개인적 차이를 고려하지 않고 차등적 세금으로 동등한 의료 자원을 배분하는 것은 정의롭지 못하다는 것이 이들의 논리이다. 이처럼 노직은 각자는 자신이 선택한 인생관과 가치관에 따라 자신의 삶을 규제하고 이끌어갈 능력이 있는 목적적 존재이기 때문에 국가의 인위적 개입은 이런 능력과 권리에 대한 침해 행위라고 주장한다.

의료 자원을 어떻게 분배하는 것이 가장 정의로울 수 있는가에 대한 이러한 입장들에도 불구하고 만족스런 기준을 찾기란 여전히 어려운 과제이다. 이처럼 쉽게 해결하기 어려운 문제에 대한 하나의 실마리를 우리는 2,500년 전의 히포크라테스 선서와 『의료윤리』의 저자인 래난 길론이 자신의 여덟 살짜리 딸과 나눈 대화 속에서 찾을 수 있다. 우리는 이를 통해 의료 자원을 어떤 사람들에게는 더 많이 우선하여 베풀고, 또 어떤 사람들에게는 더 적게 순차적으로 배분하는 것이 정당한지에 대한 대안의 논거를 발견할 수 있다.

■ 히포크라테스의 선서

내 능력과 판단에 따라, 나는 환자에게 도움이 된다고 생각한 처방을 따를 뿐 환자에게 해를 끼칠 수 있는 처방은 절대로 따르지 않겠다. 나는 어떤 요청을 받더라도 치명적인 의약품을 아무에게도 투여하지 않을 뿐만 아니라, 그렇게 하도록 권고하지도 않겠다. 또한 마찬가지로 나는 어떤 여성에게도 낙태할 수 있는 질 좌약을 주지 않겠다. 나는 내 일생 동안 나의 의술을 순수하고 경건하게 펼쳐 나가겠다. …… 내가 어떤 집을 방문하든지 오로지 환자를 돕는 일에만 힘쓸 따름이고, 고의로 어떤 형태의 비행을 일삼거나 피해를 끼치는 일은 절대로 저지르지 않겠으며, 특히 노예든 자유민이든 신분을 가리지 않을 뿐만 아니라 남자든 여자든 성별을 구분하지 않고, 모든 환자의 신체를 능욕하는 일이 없도록 하겠다. 나는 내가 보거나 들은 사실이 절대로 세상에 알려져서는 안 되는 경우에, 나는 일체의 비밀을 결코 누설하지 않겠다.

■ 래난 길론과 딸의 대화

아빠 : 죽어가는 세 사람을 구할 수 있는 기계가 단 한 대밖에 없는데, 어떤 기준으로 한 사람을 구하는 게 가장 옳을까?

딸　 : 아빠는 가장 어린 사람에게 기계를 줄 수 있는데, 그 이유는 그가 가장 오래 살 것이기 때문이야(복지의 극대화). 또 가장 아픈 사람에게 줄 수 있는데, 그 이유는 그가 가장 필요한 사람이기 때문이야(의학적 필요). 또 가장 친절한 사람에게 줄 수 있는데, 그 이유는 그가 친절한 사람이기 때문이야(도덕적 공과). 하지만 아빠가 가장 좋아하는 사람에게 주어서는 안 돼. 왜냐하면 그것은 공정하지 못하기 때문이야. 추첨을 통해서 기계를 주어서도 안 돼. 왜냐하면 가장 필요로 하거나 가장 젊거나 가장 친절한 사람이 받지 못할 수도 있으니까.

아빠 : 그럼, 여왕과 가난한 사람이 있다면?

딸　: 여왕은 안 돼. 이미 많은 것을 갖고 있지만, 가난한 사람은 그렇지 않기 때문이야. 그래서 내가 가장 좋아하는 선택은 가장 아픈 사람에게 주어야 한다는 거야.

죽음은
항상 두렵고
나쁜 것일까?

×
×

1. 죽음과 윤리

> 우리 삶은 죽음으로 이어져 있고, 죽음은 새로운 삶의 시발이다. 그렇기 때문에 어느 쪽이 근원이고 시작인지 어떻게 알 수 있겠는가? 인간이 이 세상에 생겨나는 것은 기(氣)가 모인 것이다. 기가 모이면 생명을 얻게 되고, 기가 흩어져 사라지면 죽게 된다. 이처럼 인간의 삶과 죽음은 피할 수 없는 동반자적 관계이므로 우리가 이를 깨닫고 행하면 만물의 근원인 도(道)로 돌아가기는 어렵더라도 무엇을 걱정하겠는가? 모든 것은 그것이 대인이든 하찮은 존재이든 똑같은 일기(一氣)의 변화일 뿐이다. (장자)

'죽음' 자체가 한 개인(또는 사회)의 가치관과 세계관을 형성하는데 영향을 미치기도 하지만, 한 개인(또는 한 사회)의 가치관이나 세계관이 '죽음'을 어떻게 이해해야 하는지에 대해서 중요한 영향을 미치기도 한다. 따라서 생물학적인 의미로 '생명체의 모든 기능이 돌이킬 수 없는 상태에 놓임'을 의미하는 죽음은 사회·문화·종교적 배경과 신념에 따라 다르게 이해된다.

죽음의 이와 같은 성격 때문에 동서양, 그리고 각 종교와 사상가들은 죽음에 대해 서로 다른 해석을 내놓고 있다. 동양의 공자는 지금 여기에서의 삶을 잘 모르는데 어떻게 경험해 보지 않은 죽음에 대해서 말할 수 있겠느냐고 반문하면서 현세에서의 도덕적 삶의 실천을 강조한 반면, 장자는 삶(생명)과 마찬가지로 죽음을 우리의 의지와 무관하게 전개되는 자연이 존재하는 하나의 양식으로 받아들임으로써 삶과 죽음에 대해 초연하는 삶을 강조한다. 불교에서는 삶과 죽음을 연기와 공(空)에 기초하여 이해하고, 또한 고통과 욕망의 소멸이자 깨달음의 완성인 열반으로 받아들인다.

한편, 서양의 소크라테스는 죽음을 우리의 정신이 비로소 해방되고 치유되는 것으로 이해했고, 에피쿠로스는 죽음이란 우리가 더 이상 감각 능력을 유지할 수 없는 상태를 의미하기 때문에 죽음이라는 근거 없는 두려움에서 벗어나야 한다고 가르쳤다. 반면, 스토아 사상가들은 죽음 또한 신(神)적인 자연의 이법(법칙)이기 때문에 저항하지 말고 초연하게 받아들이라고 주장한다. 그런가 하면 생철학자인 쇼펜하우어는 '가장 큰 불안인 죽음의 불안'이 주는 고통으로부터 벗어나는 길은 자살이 아니며, 의지를 부정하는 종교적인 금욕적 삶을 통해 궁극적으로 고통으로부터 해방(열반)되는 삶을 살라고 가르친다. 실존주의자인 야스퍼스는 죽음을 뛰어넘을 수 없는 '한계 상황' 앞에서 난파할 수밖에 없는 인간의 한계로 설명한다. 그런가 하면 하이데거는 자신의 죽음에 대해 확신을 가지고 '염려'하는 현존재인 주체가 죽음이 자기에게 다가오기 전에 먼저 죽음에 다가가 죽음을 의식하고, 참된 실존으로서 주체적 결단에 기초한 삶을 살아가야 한다고 가르친다.

현대사회와 윤리 주제탐구

2. 소크라테스와 죽음

소크라테스의 죽음은 죽음을 맞이하는 후대 사람들에게 가장 품위 있고, 가장 온화하고 단호하며, 가장 이상적인 죽음의 전형으로 받아들여진다. 그의 삶은 내세를 위해 현세를 결코 가볍게 여기지 않았으며, 당시 소피스트나 일반인들처럼 현실의 세속적인 명예와 이익을 붙잡고, 그것을 지키기 위해 죽음으로부터 도망치려 하지도 않았다.

죽음에 대한 그의 태도는 그의 사상에서 중심을 차지하는 근본적인 가르침, 즉 '무지의 자각'과 '영혼의 수련'을 통해 해명된다. 그는 죽음을 두려워하는 이유가 "죽음에 대한 지혜를 갖고 있지 않으면서도 마치 죽음에 대한 지혜를 갖고 있는 것처럼 생각하기" 때문이라고 지적한다. 즉 죽음이 인간에게 좋은 것(축복)인지, 그렇지 않은 나쁜 것(최악)인지를 제대로 알지 못한 채, 마치 죽음을 가장 나쁜 것으로 생각하고 두려워한다는 것이다. 이 때문에 그는 (죽음에 대한) 무지를 가장 비판받아야 할 것으로 보았다.

이에 기초하여 소크라테스는 "내가 그들보다 지혜롭다고 할 수 있는 점이 있다면, 나는 죽음 이후의 세계에 대해 잘 모르기 때문에 모른다고 생각한다는 사실에 있다."라고 꼬집는다. 소크라테스는 자신이 죽음에 대해 무지하다는 사실을 알고 있기 때문에 죽음을 떳떳하게 맞이할 수 있었고, 죽음에 대한 공포를 극복할 수 있었던 것이다.

죽음과 무지에 대한 이런 생각은 그가 법정에서 사형을 선고받은 후, 죽음을 두 가지로 나누어 설명하는 가운데서도 잘 드러난다. 즉 죽음에 대해 말한다면, (1) "죽은 사람은 아무런 감각도 갖고 있지 않거나", (2) "전해오는 말처럼 영혼이 이곳에서 다른 곳으로 자리를 바꾸어 옮겨가는 것" 중의 하나이다. 그는 죽음이 전자라면 '고통을 느낄 수 없으니 좋은 것'이라 할 만하고, 후자라면 '무엇보다 가장 좋은 일'이라고 하면서 배심원들을 향해 "배심원 여러분, 이보다 더 좋은 일이 또 어디 있을까요?"라는 말로 죽음을 대하는 자신의 믿음을 표현한다. 그는 정의롭지 못한 법정의 판결을 깨어 있는 영혼으로 준엄하게 꾸짖고, 차분하고 평온한 마음으로 받아들이면서 마지막 변론을 한다.

> 이제 떠날 때가 되었습니다. 나는 죽기 위해서, 그리고 여러분은 살기 위해서. 그러나 우리들 중에서 누가 더 좋은 일을 만나게 될지는 오직 신만이 알 것입니다.

소크라테스는 '생명에 대한 집착' 없이 '저 세상으로의 여행이 행복한 일이 되도록 신에게 기도'를 한 다음, 독배를 마신다. 하반신이 마비되었을 때 소크라테스가 마지막으로 남긴 말은 "크리톤, 아스클레피오스(의술의 신)에게 닭 한 마리를 바치게. 이 약속을 이행해 주게. 잊지 말고."였다. 아테네의 잠들어 있는 영혼을 깨우기 위한 그의 가장 정의롭고, 지혜로우며, 덕 있는(훌륭한) 삶으로서 깨어 있는 영혼의 활동은 다이몬(Daimon)의 부름에 기꺼이 응하는 것으로 마감되었다.

한편, 플라톤은 죽음이란 "육체로부터 영혼이 해방되고 분리되는 것"이라는 이원론적 주장을 한다. 그에게 육체란 물질적이고 유한하며 소멸하는 것이지만, 영혼이란 영원히 존재하는 신적인 것이며, 생명의 원리이다. 하지만 현실 세계에서 영혼은 전생에서 저지른 잘못에 대한 벌로 육체에 갇힌 삶을 살아야 한다. 육체는 다양한 욕망들(성, 소유, 물질)로 영혼을 유혹하고 방해한다. 이 점에서 현실 세계에서 육체는 영혼의 감옥이라 할 수 있다. 플라톤은 육체의 죽음을 통해 영혼은 비로소 몸에서 해방될 수 있다고 보았는데, 그는 육체의 욕망을 씻어 내려는 철학적 노력, 즉 영혼의 '정화' 노력에 따라 다양한 형태로 윤회를 거듭하게 된다고 보았다.

3. 에피쿠로스와 죽음

근심 걱정이 없는 마음 상태(Ataraxia)와 고통이 없는 몸의 상태(Aponia)를 실질적이고 가장 바람직한 쾌락이라고 주장하는 쾌락주의자 에피쿠로스에게 죽음에 대한 일반 사람들의 염려는 극복해야 할 과제였다. 에피쿠로스는 우리의 감각과 경험이 앎(인식)의 시작이고 기준이라고 믿었던 원자론자였기 때문에 죽음의 문제 또한 원자론적(유물론적) 입장에서 이해하여 극복했다.

그는 죽음이란 아무것도 아니라는 믿음에 우리가 익숙해져야 한다고 가르친다. 왜냐하면 어떤 것이 좋은지, 나쁜지를 아는 것은 감각을 통해 가능한데, 우리에게 죽음이 왔을 때 우리는 어떤 감각도 할 수 없는 상태에 놓이기 때문이라는 것이다. 따라서 '죽음이란 아무것도 아니라는' 사실을 진정으로 깨달은 사람은 살면서 죽음 때문에 괴로워 할 필요도 없고, 남은 삶을 즐겁게 지낼 수 있게 된다.

죽음이 닥쳐왔을 때 고통스럽지 않은데도 죽을 것을 미리 예상해서 미리

현대사회와 윤리 주제탐구

> 고통스러워하는 것은 헛된 일이다. 죽음이 아무것도 아닌 이유는 우리가
> 존재하는 한 죽음은 우리와 함께 있지 않으며, 죽음이 오면 이미 우리는
> 존재하지 않기 때문이다.

어떤 사람들은 죽음이 가장 나쁜 것(악)이라 말하기도 하고, 다른 어떤 사람들은 죽음이 우리 삶에서 일어나는 가장 나쁜 것들을 멈추게 해준다고 생각해서 죽음을 열망하기도 한다. 그렇지만 에피쿠로스는 진정으로 지혜로운 사람은 삶에서 도피하려 하지도 않고, 삶을 멈추려 하지도 않는다는 점을 강조한다. 무엇보다 삶 자체는 우리에게 바람직한 것이며, 해로움을 주는 것이 아니기 때문에 우리는 우리의 삶이 가장 즐거운 삶이 되도록 가장 즐겁게 보내려고 노력하면 된다는 것이다.

> 우리가 여행길에 올랐다면, 우리는 시작보다 끝을 더 잘 만들도록 노력해
> 야 한다. 그렇지만 끝에 이르면, 우리는 만족하고 즐거워해야 한다.

에피쿠로스는 따뜻한 청동 욕조 안에서 "안녕, 나의 가르침들을 기억하라."는 마지막 말을 남기고, 술을 마신 다음, 마지막으로 하데스의 찬 공기를 마셨다고 전해진다.

4. 스토아학파와 죽음

　스토아학파가 죽음을 어떻게 이해했는지를 알려면, "(인간을 포함한) 모든 존재는 자연을 그 육체로 삼고, 신(神)을 그 영혼으로 삼는 하나의 거대한 전체를 이루는 부분들에 불과하다."는 문장을 이해하는 것이 도움이 된다. 이에 따르면, 인간이든, 동물이든, 일체의 자연이든 상관없이 우주에 존재하는 모든 것들 안에는 신적인 영혼이 존재하기 때문에 모든 것은 이 이치(섭리, 법칙, 질서), 즉 자연의 질서와 법칙을 따르면 되는 것이다.

　따라서 삶과 마찬가지로 죽음 또한 신적인 보편 이성(영혼)의 섭리에 의해 운명 지어져 있는 것이기 때문에 우리는 단지 이를 어떤 경우이든 동의하면서 순응하면 되는 것이다. 클레안테스는 이를 가리켜 "당신(신)은 자연의 위대한 왕이시며, …… 만물을 통해 흐르고 있으며, …… 만물을 올바르게 다스리십니다. (따라서) 우주의 법칙을 영원히 올바르게 따르고 숭배하는 것보다 더 높은 보상은 없습니다"라고 찬양한다.

　네로 황제의 명령에 따라 스스로 목숨을 끊었던 로마의 세네카는 삶과 죽음을 연회에 비유했는데, 연회에 초대받은 손님들은 너무 일찍 자리에서 떠나 주인을 언짢게 해서도 안 되지만, 너무 늦게까지 머무르면서 주인에게 폐를 끼쳐서도 안 되기 때문에 적절한 때를 선택해 작별을 고해야 한다고 주장한다. 이 비유는 생명을 마음대로 앞당겨 끊어서도 안 되지만, 집착해서도 안 되며, 운명과 자연의 섭리에 순응해야 한다는 것으로 해석할 수 있다.

또 에픽테토스는 죽음에 대한 우리의 관념이 죽음을 고통스런 것으로 생각하게 만들 뿐, 죽음 자체는 전혀 두려운 것이 아니라고 주장한다.

> 죽음 자체는 두려운 것이 아닙니다. 만약 죽음이 두려운 것이라면 소크라테스도 그것을 두려워했을 것입니다. 죽음은 두려운 것이라는 생각, 바로 그것 때문에 죽음이 무서운 것입니다. 그러므로 고통이나 슬픔을 당했을 때 절대 남을 탓하지 말고 자신의 관념을 탓해야 합니다. 그러나 완전히 깨우친 사람은 남도, 자신도 탓하지 않습니다.
> 오래 전에 그대(신)가 정하신 길로 나를 인도하소서. 기꺼이 따르겠습니다. 신이 하는 일을 알고, 신을 기쁘게 하는 일이라면 그렇게 하겠습니다.

그러므로 우리는 연극 속에 등장하는 배우들처럼 단지 주어진 배역에 충실해야 할 뿐, 스스로 배역을 선택하려는 어리석음을 보여서는 안 된다. 그것은 이성과 자연이 아니라 격정과 정념의 지배 아래 자신을 내맡김으로써 운명을 거슬리는 그릇된 행위에 지나지 않는다.

마르쿠스 아우렐리우스 또한 "죽음이란 자연의 이법에 불과하며, 인간은 이 자연의 이법 앞에 있는 어린아이에 불과한 것임을 알아야 한다."고 가르친다. 그에게 죽음이란 '자연을 돕고 이롭게 하는 것'이기 때문에 이를 인식함으로써 이미 정해진 운명에 순응하며, 죽음으로부터 초연한 삶을 살라고 가르친다.

5. 쇼펜하우어와 죽음

쇼펜하우어는 아직 불교를 몰랐던 십대 후반의 청소년기에 석가모니처럼 질병과 고통, 나이 들어감과 죽음을 통해 '삶이 고통'이라는 사실을 깨달았다고 한다. 그는 이 세계의 모습이란 단지 삶을 향한 맹목적인 의지가 만들어 내는 것일 뿐, 신적인 질서가 있는 아름다운 것이 아니라고 주장한다. 살려고 하는 욕망 또는 의지가 만들어 내는 맹목적인 노력의 결과일 뿐인 이 세계에서 인간 또한 예외가 아니다.

인간은 살려고 하는 무수히 많은 욕망의 덩어리일 뿐이며, 이 욕망은 목표도 없고, 영원한 만족도 없으며, 단지 잠깐 동안의 만족, 즉 일시적인 휴식만이 있을 뿐이다. 따라서 그에게 삶의 현장이란 욕망들이 투쟁하는 장소이며, 이 때문에 우리의 삶은 고통일 뿐이다. 설령 내가 죽는다 해도 욕망의 이와 같은 맹목적인 활동은 그치지 않으며, 종의 번식과 지속을 위한 형태로 계속 진행될 뿐이다. 이 점에서 개체의 죽음은 있겠지만, 욕망·의지의 죽음은 있을 수 없다. 결론적으로 이 세계란 '의지의 세계'이기 때문에 세계의 본질은 의지인 것이다.

죽음이 오면 그에 따라 (주체의) 의식 또한 없어진다. 그렇지만 의식을 가능하게 했고 보존했던 것이 상실되는 것은 아니다(즉 의지). 단지 (개체의) 생명이 소실되어 없어지는 것이지, 그 안에서 현현(본질적인 것이 외적인 것으로 정립되어 그 본래의 모습이 드러나는 것)되는 생명의 원리(즉 의지)가 죽음과 더불어 없어지는 것은 아니다.

따라서 삶을 향한 맹목적인 의지는 개인적으로는 자신을 보존하려는 욕구로 표현되지만, 이것은 넓게 보면 성욕처럼 인류라는 생물종을 유지하고 보존하려는 의지(욕망)의 한 측면일 뿐이다.

그렇다면 이러한 맹목적 의지가 초래하는 삶의 고통으로부터 벗어나는 방법은 없는 것일까? 만약에 그것이 불가능하다면 쇼펜하우어의 철학은 염세주의에서 벗어날 수 없을 것이다. 그렇지만 그의 철학은 삶의 고통으로부터 구제할 수 있는 구체적인 방법을 예술과 도덕, 특히 종교의 금욕적 삶에서 발견하여 삶을 구원하고 해탈의 길로 안내한다.

그는 먼저 자살에 대해 진정한 의미의 해탈이라는 삶의 궁극적인 목적에 도움이 되지 않는다는 이유를 들어 비판한다. 그는 자살이란 '삶에의 의지'를 부정하는 것이 아니라 '삶에 대한 불만' 때문에 자신의 육체를 제멋대로 스스로 포기하는 것이라고 주장한다. 즉 자살을 통해서는 삶의 고통으로부터 진정한 해방을 기대할 수는 없다는 것이다.

자살은 의지의 부정이 아니라 의지를 긍정하는 현상이다. 자살하는 사람은 삶을 원하고 있으며, 단지 그 사람이 놓인 삶의 조건에 불만을 가진 것뿐이다. 그러므로 그는 결코 삶에의 의지가 아니라 단지 삶을 파괴한 것뿐이다. 그러므로 자살은 어리석은 헛된 행위일 뿐이다.
윤리학의 최고 원리는 '누구도 해치지 마라. 할 수 있는 한 모든 이를 도와라'이다. 동정심이란 오직 타인의 고통을 저지하려는 것일 뿐 어떤 것도 고려하지 않는 것이다. 이것이 정의와 참된 인간애의 진정한 토대이다.

금욕은 그 자체가 목적이 되기도 한다. 금욕은 의식적으로 자기 욕망을 억제하는 것이다. 육체는 의지의 표현이요, 거울이기 때문에 그는 끊임없이 궁핍과 고통에 의해 의지를 점점 좌절시켜 사멸로 인도하기 위해 단식을 할 뿐만 아니라, 자기 자신을 괴롭히는 고행을 한다. 의지가 자신과 세계를 괴롭히는 원인임을 깨닫고 이를 혐오한다. 드디어 그 의지를 해소시키는 죽음이 찾아온다. 금욕자에게 죽음이란 오히려 바람직한 것이다.

삶의 의지를 부정하는 일에 투철한 사람은 겉으로 볼 때 가난하고 궁핍하고 즐거움이 없는 것처럼 보이지만, 내면적으로 희열과 티 없이 푸른 하늘과 같은 참된 평안으로 가득 차 있다.

6. 하이데거와 죽음

무비판적이고 평균적인 삶을 살아가는 '일상인'들은 '모든 사람은 언젠가 죽는다'는 사실을 알고 있지만, 이때 '죽는다', '죽음'이란 항상 '나의 죽음'이 아니라 피상적인 '누군가의 죽음'을 의미할 때가 대부분이다. 이것은 『이반 일리치의 죽음』에서 주인공 이반이 질병으로 인해 자신에게 죽음이 다가오고 있다는 것을 느끼면서 하는 말과 같은 의미이다.

"죽음, 오! 죽음. 그러나 남들은 죽음에 대해 아무것도 모르고 알려고 하지도 않는다. 그들은 나를 결코 동정하지 않으며, 그들의 삶을 즐기고 있을 뿐이다."

이반은 이제 죽음이 오직 자신에게 닥친 고유한 가능성임을 깨닫고 '불안이라는 근본 기분'을 체험한다.

퀴블러-로스의 『죽어가는 자와의 인터뷰』(1969)에 의하면, 죽음을 앞둔 사람들은 자신의 죽음에 대해 다섯 단계에 이르는 반응을 보인다고 한다. 죽음을 인정하지 않으려는 의지, 즉 '부정 → 분노 → 타협 → 우울 → 죽음의 수용'의 과정이다.

이반 또한 '자신의 죽음'을 인정하려 하지 않는 단계를 거쳐 마지막에는 자신의 삶을 참회하고 가족에게 용서를 구한다. 이후 그는 자신의 가족들이 오히려 가엽다고 생각하고, 가족의 고통을 덜어주려 노력하는데, 이렇게 되자 죽음에 대한 두려움도 사라지게 된다. 즉 그는 영혼의 목소리, '그래, 이제 (나에게) 죽음은 끝났다!'를 듣는다. 이로써 그에게는 새로운 삶의 가능성이 열린다. 이처럼 죽음에 대한 불안으로부터 도피하지 않고 용기 있게 그것을 대면할 경우 모든 존재자들을 새롭게 경험하게 되는 근원적인 세계가 열린다.

하이데거는 인간, 즉 자신의 존재를 문제 삼을 줄 아는 유일한 존재인 '현존재'는 이반처럼 '자신의 죽음'을 확실한 가능성으로 받아들이고, 나아가 자신의 죽음을 앞질러 달려가 평균적인 대중으로서의 삶이 아닌 참된 실존으로서 주체적 삶을 살아야 한다고 강조한다. 즉 자신을 무(無)화시키는 죽음에 대한 불안의 '기분'을 오직 자신의 것으로 받아들여 삶과 세계에 대한 근원적인 체험을 하고, 이를 통해 세속적이고 획일적인 삶에서 벗어나 자신의 본래적이고 고유한 존재 가능성을 회복하는 주체적 선택과 결단을 하라(양심의 소리에 귀 기울임)고 가르친다.

> 현존재가 자신의 죽음에 내맡겨져 있다는 사실과 이에 따라 죽음이 세계-내-존재에 속한다는 사실에 대해서 우리는 우선 대부분의 경우 어떤 명확하거나 이론적인 지식을 갖고 있는 것이 아니다. 죽음에 내던져져 있다는 사실은 현존재에게 불안이라는 정태성(감정 기분) 안에서 좀 더 근원적이고 철저하게 드러난다.
> (죽음은) 현존재의 '가장 고유하고, 가장 극단적이며, 다른 가능성들에 의해 능가될 수 없고, 가장 확실한 가능성'이다.

현대사회와 윤리 주제탐구

정의는
실현 가능한
목표일까?

1. 롤스와 정의

    2013년 한국대학신문 조사에 의하면, 우리나라 대학생(조사 대상 2,266명)들은 우리 사회의 가장 심각한 문제로 '빈부 격차(39%)'를 꼽았다. 그런가 하면 2018년 우리나라 소득 상위 10% 계층에 속하는 사람들의 종합소득세 비중은 86%, 상위 1% 계층의 사람들 비중은 50%, 상위 0.1% 계층의 사람들 비중은 22%로 나타났다. 또 2021년 우리나라 상위 10% 계층의 사람들이 우리나라 자산의 58%를 소유하며, 상위 1% 계층의 사람들이 25%를 차지하는 반면, 하위 50% 계층의 사람들은 겨우 5.6%만을 소유하는 것으로 나타나 심화된 불평등 현실을 보여주고 있다. 한편, 세계 상위 10% 계층이 자산의 75%를, 하위 50%는 2%를 소유하고 있는 것으로 나타났다. 물론, 빈부 격차의 원인에 대해서는 다양한 해석이 있을 수 있지만, 현실적으로 존재하는 빈부 격차를 통해 우리 사회가 불평등과 양극화를 해소하고, 부의 공정한 분배를 실현하는데 실패한 사회라는 점은 명확하게 알 수 있다.

    이러한 이유 때문인지 최근에는 '공동체의 미덕'을 정의의 기준으로

               현대사회와 윤리 주제탐구

삼아야 한다는 샌델의 '공동체주의적 정의관'이 우리 사회가 지향해야 할 모든 정의관인 것처럼 인식되기도 했다. 하지만 자본주의의 시장질서 원리가 뿌리내린 우리나라에서 재화와 부를 어떻게 분배하는 것이 올바른가(정의로운가)에 대해 사실상 일치된 합의를 기대할 수는 없다. 왜냐하면 각자는 현실 속에서 자신이 차지하고 있는 사회·경제·정치·문화적 지위 때문에 이해관계의 충돌을 피할 수 없기 때문이다.

그렇다면 정의로운 사회라는 염원은 포기할 수밖에 없는 주제인가? 이에 대해 우리는 롤스의 '절차적 정의관'으로부터 해결의 실마리를 발견할 수 있다. 롤스는 현실적인 이해관계의 충돌 문제를 정확하게 인식하고 있었기 때문에 구성원 각자가 자신의 사회·심리·경제·정치적 조건에 대해 무지한 상태에 놓여 있다고 가정해 볼 것을 제안한다. 이제 우리는 서로에 대해 마찬가지로 평등하고 자유롭지만, 이해관계의 충돌을 초래하는 자신의 지능, 경제·사회적 지위, 성과 인종, 신체적 특성, 심리적 성향 등에 대해서 알지 못한 상태에 놓여 있다. 롤스는 이것을 가리켜 '원초적 상황'에서 우리가 '무지의 베일' 상태에 놓여 있다고 순수하게 가정해 보자고 제안한다.

이제 우리들 각자는 이 무지의 베일 상태에서 합리적 이기심을 가지고 다른 사람에 대해서는 무관심하면서 오직 자기 이익만을 극대화하려 한다고 가정하자. 이러한 상황에서 이기적인 개인들은 서로가 동의할 만한 보편적 원칙, 즉 정의의 원칙에 합의할 수 있을까? 만약에 이것이 가능하다면, 그것은 정의에 관한 객관적이고 보편적인 기준이 되기 때문에 또한 모두가 따라야 할 공정한 원칙이 될 것이다.

롤스는 합리적 이기심을 지닌 각 개인들은 공통적으로 자기 이익을 극대화하기 위해서 무엇보다 '평등한 자유의 최대한 보장'이라는 조건에 합의할 것이라 주장한다. 그런 다음 합리적인 이기심을 지닌 개인들은 역설적이게도 자신이 최악의 상황에 처하게 된다면, 다른 합리적 이기심을 지닌 개인들이 자신을 구원해 주기를 기대할 것이다. 그런데 이런 이기적인 생각은 모든 개인들이 합리적 이기심을 가지고 있는 한, 같은 생각을 할 것이기 때문에 모두가 이런 조건에 동의하리라는 것이 롤스의 결론이다. 이로부터 롤스는 보편적 정의에 관한 두 가지 원칙을 이끌어 낸다.

■ 제1원칙
각 개인은 다른 모든 사람들의 자유와 양립할 수 있는 평등한 기본적 자유에 대해 동등한 권리를 갖는다(평등한 자유의 원칙).

■ 제2원칙
사회적·경제적 불평등은 모든 사람에게 이익이 되리라는 합당한 기대가 있을 때, 즉 (1) 최소 수혜자에게 최대 이익이 되는 경우에 한해 정당화되며(차등의 원칙 또는 최소 수혜자의 원칙), (2) 공정한 기회 균등 아래 모든 사람들에게 지위와 직책이 개방되도록 할 때에 한해 정당화된다(공정한 기회 균등의 원칙).

한편, 롤스는 이 두 원칙들 중에서 제1원칙이 제2원칙에 우선한다는 '우선성의 원칙'을 주장한다. 즉 사회 전체의 이익 때문에 제1원칙인 평등한 기본권이 훼손되어서는 안 된다는 원칙이다. 왜냐하면 권리·자유·소득과 재산·자존감 같은 사회의 기본적 가치들이 정의의 원칙을 이끌어 냈던 원초적 상황에서 이미 사회 전체의 이익에 우선한다는 데에 모두가 합의했기 때문이다(평등한 자유의 원칙). 또 롤스는 '공정한 기회

현대사회와 윤리 주제탐구

균등의 원칙'이 '차등의 원칙'에 우선한다고 주장한다. 롤스의 정의의 원칙에서는 사회 전체의 이익('최대 다수의 최대 행복')을 위해 소수의 권리가 침해되는 상황은 인정되지 않는다.

이 점에서 롤스는 공리주의 정의관이 편리하고 '좋은 것(Good)'일지는 모르지만 반드시 '옳은 것(Right)'은 아니라고 비판한다. 롤스에게 공리주의 정의관은 사회 전체의 이익을 극대화하기 위해 '좋은 것'을 '옳은 것'과 동일시하는 잘못을 저지르고 있는 것으로 인식되었다. 이렇게 롤스의 정의론은 '좋음'보다 '옳음'을 우선하며, 제2원칙보다 제1원칙을 우선한다는 '우선성의 원칙'이 정의롭다는 근거를 원초적 상황의 무지의 베일에서 찾고 있다. 즉 정의의 원칙을 이끌어 내는 절차가 옳다면, 그에 따른 결과의 불평등 또한 정당화된다는 '순수 절차적 정의관'을 주장하고 있다. 물론, 이러한 원칙에 따라 사회적 약자에 대한 우선적 배려라는 최소 수혜자의 원칙 또한 순차적으로 정당화된다. 롤스는 공정한 최초의 원초적 상황에서 각자가 선택하고 합의하는 원칙에 따라 규제되는 사회를 '질서 정연한 사회'라고 했는데, 이것이 곧 그가 주장하는 정의로운 사회이다.

하지만 자유 지상주의적 정의관을 주장하는 노직은 롤스의 정의관이 원초적 상황이라는 장치를 통해 일방적으로 최소 수혜자에게 이익이 돌아가도록 했기 때문에 공정하지 못하다고 비판한다. 그런가 하면, 공동체주의자인 샌델 또한 자유롭고 평등한 개인을 원초적 상황의 성립 조건으로 제시함으로써 독립된 개인이라는 전제 아래에서 정의에 관한 논의를 시작했다고 비판한다. 그에 의하면, 개인이란 독립적이고 자율적 선택 능력이 아니라 사회·문화적 배경 속에서 가치관과 세계관 형성에 영향을 받는다는 것이다.

2. 노직과 정의

노직은 롤스의 '차등의 원칙'은 최소 수혜자에게 일방적으로 유리한 원칙으로 소유물에 대한 정당한 소유권리를 지닌 개인들의 권리를 부당하게 침해한다고 비판한다. 노직이 자신의 소유 권리론에 기초해 롤스를 비판하는 이러한 주장은 『아나키에서 유토피아로』에서 구체적으로 제시되고 있다.

노직의 정의론은 '최소 국가'와 '소유 권리론'으로 요약할 수 있다. 먼저, 노직은 최소 국가에 대해 다음과 같이 서술한다.

> 국가에 대한 나의 결론은 첫째, 국가는 강압·절도·사기로부터의 보호, 계약의 집행과 같은 좁은 의미의 기능들로 제한된 최소 국가여야 하며, 둘째 그 이상의 포괄적 국가는 개인의 권리를 침해하는데, 그것은 국가가 개인에게 특정 행위를 하도록 강요해서는 안 된다는 것이다. 셋째 최소 국가는 우리의 영감을 고취하며 옳은 것이다. 정당화될 수 있는 국가는 최소 국가이며, 그것이 가장 포괄적인 국가이고, 이보다 포괄적인 국가는 개인의 권리를 침해한다.

현대사회와 윤리 주제탐구

노직은 개인의 자유와 소유 권리를 무엇보다 강조하는 '자유 지상주의자'며 그의 최소 국가는 그의 '소유에 관한 정의의 이론'과 긴밀하게 맞물려 있다. 이에 따르면, "첫째, 취득에서의 정의의 원리에 따라 소유물을 취득한 자는 그 소유물에 대해 소유권리를 갖는다. 둘째, 이전에서의 정의의 원리에 따라 어떤 소유물을, 그 소유물에 대한 소유권리가 있는 자로부터 취득한 자는 그 소유물에 대해 소유권리를 갖는다. 셋째, 어느 누구도 첫째, 둘째의 (반복적) 적용에 의하지 않고는 그 소유물에 대해 소유권리를 갖지 못한다."이다.

하지만 이처럼 '취득에서의 정의'와 '이전에서의 정의'라는 두 가지 원리에 의해서만 소유물에서의 정의가 결정되는 것은 아니다. 왜냐하면 어떤 사람들은 다른 사람의 물건을 훔치거나 속여서 빼앗거나(사취), 수탈하거나, 다른 사람을 노예화함으로써 다른 사람의 삶의 방식을 방해하거나 교환에서의 자유 경쟁을 방해할 수도 있기 때문이다. 이 경우 과거 행위에 의한 불의는 앞의 소유물에서의 정의의 원리에 따라 '소유물에서의 불의의 교정 원리'를 요청하게 된다. 결론적으로 소유물에서의 정의에 관한 이론은 취득에서의 정의의 원리, 이전에서의 정의의 원리, 그리고 이 두 원리를 위반을 교정하는 불의의 교정 원리에 의해 특정 소유물에 대한 권리를 부여받았다면, 그 소유물에 대한 소유권리는 정당한 것으로 인정된다는 것이 노직의 주장이다.

노직은 소유에서의 정의의 원리에 기초해 흔히 말하는 '분배적 정의'에 대해서도 이 용어는 중립적이지 않다고 지적한다. 왜냐하면 '분배'라고 할 때 대부분의 사람들은 어떤 기관(기구)이 주체(중심)가 되어 재화를 나누어주는 것을 생각하게 되는데, 여기에는 분배 주체가 되는 기관과 그것을 나누어주기 위한 '기준(원리)'이 전제되어 있기 때문이다. 노직은 이미 소유물에 대한 정의의 원리가 공정한 절차에 따라 구현되었음에도 불구하고, 다시 재분배를 말하는 것은 개인의 소유물에 대한 정당한 권리 침해를 일으키며, 중앙 기관을 가정한다는 것은 최소 국가라는 전제와도 상충한다고 비판한다.

이에 따라 그는 자신의 소유 권리론은 결과물에 대한 재분배를 전제하는 기존의 분배적 정의의 이론과는 다른 것이라고 주장한다. 그는 자신의 소유 권리론은 역사적이며, 비정형적이라고 주장한다. 예를 들어 행복의 총량 극대화를 주장하는 공리주의 재분배 이론은 자신의 소유 권리와 달리 '현재 시간 단면'에 기초해 결과로서 쾌락의 총량 극대화에 몰두함으로써 과거로부터 이행해온 정당한 소유의 역사적 과정을 무시하는 한편, 분배와 관련해 미리 전제하고 있는 정형적 기준(즉, 유용성의 원리)에 따른 재분배를 주장하기 때문에 개인의 소유권리를 침해하게 된다는 것이다. 뿐만 아니라 노직은 도덕적 공과나 도덕적 상점(장점, merit)을 분배의 기준으로 삼아야 한다는 주장에 대해서도 비판한다. 이 것 또한 정형적 기준에 따른 분배적 정의를 주장하기 때문이다.

이처럼 노직은 분배와 관련한 기존의 주장들은 대개 비역사적이며, 정형적이라고 지적한 다음, 자신의 주장은 소유 권리론에 기초하므로 '역사적이며, 비정형적'이라고 주장한다. 즉 과거의 상황이나 사람들의 과거 행위가 재화(소유물)에 대한 차별적 소유 권리 또는 합당한 자격을 만들어낸다는 점에서 '역사적'이고, 소유권리에 근거해 "그들이 선택하는 바에 따라 각자로부터, 그들이 선택된 바에 따라 각자에게"라는 점에서 '비정형적'이라고 주장한다. 그에 따르면, 분배에 관한 정형적 원리들

현대사회와 윤리 주제탐구

은 "누가 소유물을 받아야 하는가에 초점을 맞춤"으로써 소유권리를 지닌 개인의 "주는 행위를 완전히 무시한다."고 지적한다. 즉 정형적 원리들은 "재분배 행위를 필연적인 것"으로 주장하게 된다는 비판이다.

한편, 노직은 자신의 소유 권리론에 기초해 정부가 근로소득에 대한 과세를 의무로 규정하는 것에 대해서도 '강제 노동'에 빗대어 비판한다. 즉 "근로 소득에 대한 과세는 강제 노동과 동등한 것"이라는 지적이다. 예를 들어 어떤 노동자에게 n시간 분의 소득에 대해 과세하는 것은 그 노동자에게서 n시간을 빼앗는 것과 같은 것으로, 그것은 그가 다른 사람을 위해 n시간 만큼 강제로 노동하게 하는 것과 같다는 것이다.

노직은 롤스의 최소 수혜자의 원칙이나 해외 원조를 (도덕적) 의무로 보아야 한다는 주장들은 모두 이러한 맥락에서 이해되어야 하며, 따라서 이러한 주장들은 소유권리 이론의 관점에서 수용될 수 없는 것들이라고 비판한다.

3. 처벌 : 공리주의와 정의

 지금 여기의 윤리 문제

2022년 ○○○은 같은 회사의 동기이자 자신이 스토킹하던 여성을 한 지하철역 화장실에서 살해했다. 이에 대해 검찰은 재판부에 사형 선고를 요청했는데, "향후에도 ○○○은 타인에게 분노를 느끼는 일이 발생할 경우 자기합리화 또는 자기중심적 사고에 빠져 살해와 같은 극단적인 형태의 범행을 선택할 가능성이 매우 높다"는 것을 그 이유로 제시했다. 이와 함께 검찰은 "국민 총의(구성원 전체의 공통 의견)로 현행법이 사형을 채택하고 있기 때문에 모든 사정을 고려할 때 인간의 생명을 부정하는 범죄의 예방을 위해서는 가장 무거운 형을 선고하는 것이 불가피하다."고 주장했다. 뿐만 아니라 ○○○은 피해자의 생명을 박탈함으로써 유족에게 깊은 상처와 고통을 주었을 뿐만 아니라 사법 및 치안 시스템을 믿고 성실하게 살아가는 국민들에게도 범행의 피해자가 될 지도 모른다는 공포감을 주었다."고 강조했다. 한편, 검찰은 이러한 범행에도 불구하고, "참회(懺悔, 자기의 잘못에 대하여 깨닫고 깊이 뉘우침)하는 모습이 전혀 없어 교화의 여지도 없다고 판단된다."고 주장했다.

법의 목적은 행복을 증가시키는 것이다. 모든 법이 공통으로 갖거나 가져야 할 일반적 목적은 공동체의 행복을 증가시키는 것이다. 그러므로 (법은) 우선 그런 행복을 감소시키는 경향을 지닌 모든 것(행위)을 가능한 한 제거할 수 있어야 한다. 달리 말해, 법은 해악을 제거해야 한다. 하지만 모든 형벌은 해악이다. 모든 형벌은 그 자체로서는 악이다. 공리의 원리에 따라 형벌이 허용되어야 한다면, 오직 그것이 더 큰 해악을 제거하리라는 보장이 있는 한에서이다. (벤담)

형벌의 목적은 오직 범죄자가 시민들에게 새로운 해악을 입힐 가능성을 방지하기 위한 것이고, 일반인들이 유사한 행위를 할 가능성을 억제하기 위한 것이다. 따라서 형벌 및 그 집행 수단은 범죄와 형벌 사이에 비례관계를 유지하면서, 인간의 정신에 가장 효과적이고 지속적 인상을 만들어내는 동시에, 수형자의 신체에는 가장 적은 고통을 주어야 한다. (베카리아)

처벌(Punishment, 주로 사법적 처벌로서 형벌을 염두에 두고 사용하겠다)이란 국가 또는 공적인 강제력이 법률에 근거해 범죄 행위에 대해 제재를 가하는 것이다. 처벌이 의도하는 목적을 이루기 위해서는 범죄 행위보다 지나치게 가혹해서도 안 되지만, 지나치게 가벼워 예방 효과를 거둘 수 없어서도 안 된다.

이 때문에 처벌에서 '어느 정도'가 적절한가의 문제는 언제나 논란의 대상이 되며, 또한 처벌의 적절성 문제는 곧 정의의 실현 문제와 직결되기 때문에 더욱 중요한 의미를 지닌다. 정의의 여신 디케가 눈을 가린 채 왼손에 천평칭(저울의 하나로 한 쪽에는 달 물건을, 다른 쪽에는 추를 놓아 평평하게 하여 물건의 무게를 잼)을 들고 있는 것은 편향되지 않는 공정성을 유지하기 위해서이다.

먼저, 처벌에 관한 공리주의의 입장을 이해하려면, 공리주의의 근본 원리와 개념을 이해할 필요가 있다. 공리주의는 유용성(공리성, 효용, Utility)의 원리에 근거해 정의의 기준을 마련한다. "유용성이란 그것이 어떤 행위이든지 상관없이 관련된 사람들의 이익을 증진시키는 경향이 있는지, 아니면 감소시키는 경향이 있는지를 기준으로 그 행위를 승인(칭찬) 또는 부인(비난)하는 것이다." 따라서 만약에 어떤 행동이 행복(쾌락, 효용, 선)을 증대시키는 결과를 가져왔다면 그 행동은 바람직한 것이고, 그와 반대되는 경향이 있다면 그 행동은 그릇된 것이다.

이렇게 유용성을 무엇으로 판단할 수 있는가에 대해 공리주의는 행위가 낳은 결과와 그 결과로 주어지는 쾌락과 고통, 행복과 불행이라고 주장한다. 그리고 이 유용성(효용성)이 곧 옳음(정의)과 그름(부정의)을 가늠하는 기준이 된다. 또한 "여기서 말하는 행복이 만약에 특정 개인이라면 그 개인의 행복이 될 것이고, 공동체라면 그 공동체의 행복이 될 것이다." 따라서 개인이 쾌락과 고통을 계산하듯이 공동체가 쾌락과 고통의 양, 즉 효용의 총량을 계산하는 것은 당연하다고 추론할 수 있다.

공리주의의 이러한 원칙을 처벌에 적용하면, 처벌이란 그 자체로서는 당사자에게 고통을 초래하거나 고통을 증대시키기 때문에 나쁜 것이고 악이라 할 수 있다. 벤담에 의하면, "법의 일반적인 목적은 공동체 전체의 행복이다. 그렇기 때문에 법은 행복을 감소시키는 경향이 있는 것들을 없애고자 한다." "그렇지만 모든 처벌은 행복을 감소키기 때문에 그 자체로서는 악이다. 유용성의 원리에 따라, 만약에 처벌이 인정될 수 있다면, 그것은 더욱 큰 악을 없애는 것을 보장하는 경우로 제한된다." 이로써 처벌에 대한 공리주의(벤담)의 입장은 명확해졌다. 그것은 처벌은 그 자체로서 악이지만, 좀 더 큰 악을 없애거나 예방하는 차원에서, 즉 필요에 의해서(필요악) 정당성을 인정받는다.

하지만 벤담은 처벌이 일반적으로 말하는 단순한 처벌에 그치는 것이 아니라 개인적 차원(범죄를 저지른 당사자)에서든, 아니면 사회적 차원에서든 각자 또는 관련된 사람들에게 행복을 증진할 수 있도록 고안되어야 한다고 주장한다. 따라서 처벌(형벌)은 당사자에게는 '범죄 의지를 교정하며 도덕적 교화의 효과'를 거두고, 사회적으로는 공동체 전체의 행복의 총량을 증대시킬 수 있어야 한다. 이것이 공리주의의 쾌락과 고통, 즉 유용성의 원리에 잘 부합하기 때문이다. 벤담이 고안한 판옵티콘은 그의 유용성의 원리를 가장 잘 실현할 수 있는 원형감옥이다. 벤담에게 처벌의 정당성은 처벌의 결과로 나타나는 선(쾌락)이 처벌로 인해 나타나는 악(고통)보다 클 경우에 한한다.

이 유용한 아이디어(판옵티콘)는 지금까지 있었던 어떤 힘보다 강력한 감시 권력을 단 한 사람에게 줄 것이라 확신한다. 이것은 특히 감옥에 적합하다. 감옥이 죄수의 교화를 보장하고, 신체·정신적으로 오염된 건강과 청결, 질서, 근면성을 확고하게 하고, 비용을 줄이면서도 공공의 안전을 견고히 하는 것이라면, 이 간단한 건축 아이디어로 이 모든 것이 실현될 수 있다. 감옥은 자유를 남용한 사람의 자유를 박탈해 수감함으로써 그들이 또 다른 범죄로 빠져들지 않게 하는 본보기가 되어야 한다. 게다가 수감자들이 자유로워졌을 때, 사회를 위해서, 그리고 그들 자신을 위해서도 불행해지지 않도록 품성을 개선하는 교화시설이다.

벤담에게 감옥은 '정신의 병원'이자 '범죄의 진정한 의무실'로 인식되었다. 따라서 처벌의 목적은 교화와 노동을 통해 범죄자의 정신과 육체를 치료하고, 최종적으로 범죄 예방에 기여하고, 자기 자신과 사회의 쾌락(행복)을 증진하는 경향이 되도록 도와주는 데 있다. 이처럼 범죄자들을 사회의 유용한 구성원으로 교화하고자 했던 벤담의 처벌에 대한 인식은 공리주의의 유용성(효용성, 공리성)의 원리와도 정확히 일치한다.

한편, 벤담은 처벌과 감시의 원칙에 대해서도 언급했는데, 이것 또한 유용성의 세 가지 원리에 기초하고 있다. 첫째, 고통 완화의 원칙이다. 강제 노동을 선고받은 수감자의 처지가 생명에 위험을 초래할 만큼 치명적인 신체적 고통을 수반해서는 안 된다는 것이다. 둘째, 엄격함의 원칙이다. 수감자가 죄 없는 가난한 사람들보다 좋은 조건의 대우를 받아서는 안 된다는 것이다. 셋째, 경제성의 원칙이다. 공공 비용을 지출해서는 안 되며, 어떤 목적을 위해 가혹함이나 관대함을 이용해서도 안 된다는 것이다.

교화를 통한 공리성의 증대, 즉 사회적 쾌락의 극대화라는 벤담의 공리주의적 정의관은 처벌의 목적에 대해서도 명확한 입장을 드러낸다. 처벌의 직접적인 목적은 법을 어긴 사람의 행위를 통제하는 것이며, 따라서 처벌은 법을 어긴 사람의 '의지' 또는 '육체적 힘'을 공적인 힘으로 통제하는 것이다. 그리고 범죄자의 의지는 교정(Reformation)과 도덕적 교화를 통해서 이루어지고, 육체적 힘은 무력화(Disablement)의 방식을 통해 이루어진다. 그리고 이런 과정에서 언제나 처벌은 그 자체로서는 악이기 때문에 사회 전체의 고통을 최소화시키기 위한 도구라는 점을 잊어서는 안 된다. 이 때문에 그는 처벌에 대한 권력의 남용을 예방하기 위해 처벌과 위법 행위 사이의 균형을 잡으려는 노력도 함께 했다.

지금까지의 검토를 통해 처벌에 관한 공리주의적 입장을 다음과 같이 정리할 수 있을 것이다. 첫째, 처벌은 처벌받는 당사자에게 고통을 초래하기 때문에 그 자체로서는 악이지만, 사회 전체의 고통을 줄이고, 행복(효용)을 증대시킬 수 있는 예방적 조치라는 점에서 필요악이라고 할 수 있다. 또 개인은 처벌이라는 외적 제재(물리적, 정치적, 도덕적, 종교적 제재)가 초래하는 고통을 겪지 않기 위해 스스로 범죄를 저지르지 않으려 할 것(예방 효과)이다.

둘째, '이성과 법률의 손으로 잘 직조한' 처벌에 관한 기획의 결과로서 '판옵티콘'은 범죄자에게 '정신의 치료'와 교화를 통해 개인은 물론 사회 전체에 대해 효용과 행복을 극대화시키는데 기여할 것이다. 즉 범죄자는 감옥에서 심리치료와 직업 교육을 통해 자신과 사회 모두에 유용한 시민이 되어 돌아갈(복귀할) 수 있을 것이다.

한편, 형벌에 관한 벤담의 입장에 중요한 영향을 미친 베카리아는 공리주의와 사회 계약론적 입장에서 형벌을 주장한다. 그는 형벌의 기원과 관련해 각자는 자신의 자유 일부를 희생해서라도 나머지 자유를 평온하고 안전하게 누리고자 하며, 공공선을 위해 각자가 희생한 자유의 몫의 총합이 국가의 주권을 구성한다고 주장한다. 따라서 주권자는 자유의 정당한 수호자이고, 자유의 관리자라는 의미를 지닌다고 주장한다. 이처럼 계약론적 관점에서 형벌의 기원을 설명하는 그는 "사회 계약에 의해 개인은 사회에 속박되지만, 최대 다수에게 유익한 계약을 준수하는 이유는 그것이 모든 사람에게 이롭기 때문"이라는 공리주의적 형벌관을 제시한다.

그는 공리주의적 입장에 따라 잔혹한 형벌이 공공의 복리나 범죄 예방의 목적에 직접적으로 저촉(위반되거나 어긋남)되지 않는다고 할지라도, 그것이 별로 쓸모가 없는 것이라고 증명할 수만 있다면, 그러한 잔혹한 형벌을 부과해서는 안 된다고 주장한다. 즉 필요 이상의 잔혹한 형벌은 박애의 덕(德)이라는 측면에서도 비난받아야 하고, 사회 계약의 본질을 위반함으로써 사회 정의 측면에서도 옳지 않다는 것이다. 이에 따라 그는 고문이나 사형에 대해 반대하는 태도를 분명히 밝힌다. 그에 의하면, 사형은 "국가가 한 시민에 대해 벌이는 전쟁"이다. 그는 사형이란 국가가 한 시민 존재를 파괴하려 할 때나 유용하다고 판단한 경우에 벌이는 전쟁이라고 비판하면서, 사형은 유용하지도 않고, 필요하지도 않다고 주장한다.

베카리아는 형벌이 정당화되기 위해서는 그 형벌을 통해 일반인들의 범죄를 억제하기에 충분한 정도의 세기[강도(強度)]만을 지니면 된다고 본다. 즉 범죄로 얻는 이득이 아무리 클 것처럼 보이더라도, 그 대가로 자신의 자유를 완전히, 그리고 영구적으로 상실하기를 선택할 바보는 없을 것이라고 그는 전제한다. 이에 기초해 그는 사형을 대체할 형벌로 종신노역형을 제안한다. 그는 종신노역형이 범죄를 저지르고자 하는 강렬한 욕구를 억제하기에 충분한 정도의 엄격성을 지닌 형벌일 뿐만 아니라 사형보다 더 확실한 범죄 예방 효과를 가져올 형벌이라는 것이다.

4. 처벌 : 응보주의와 정의

　　범죄 예방이라는 공리주의적 입장은 '일반 예방주의'와 '특수(또는 특별) 예방주의'적 입장에 따라 사형에 대해서 다른 해석을 할 수 있다. 예를 들어 흉악 범죄자에 대해 극형인 사형을 채택함으로써 일반인들에게 경종을 울리고, 사회 전반에 걸쳐 범죄 예방 효과를 먼저 고려한다면, (논란은 있지만) 사형제를 유지하려 할 것이다. 반면, 처벌의 목적을 범죄자 자신을 교화하여 같은 범죄를 예방하고, 사회의 온전한 구성원이 되게 하여 개인적 · 사회적 효용을 극대화한다는 의미로 해석한다면, 생명을 박탈하는 사형은 이러한 목적 자체를 부정하는 것이 될 것이다.

　　처벌을 통해 개인적 · 사회적 효용을 높이고, 범죄를 예방하려고 하는 공리주의적 입장과는 대조적으로 칸트는 응보주의에 기초하여 사법적 처벌에 관한 자신의 입장을 드러낸다. 칸트에게 형벌은 오직 어떤 목적을 이루고자 하는 공리주의적 입장이 아니라 단지 형벌 그 자체를 자기 목적으로 이해하기 때문에 '절대적'이며 '관념적'인 성격을 띤다. 이 때문에 그의 사법적 처벌에 대한 입장은 '절대적 형벌' 이론이라 부르기도 한다. 그의 이러한 입장은 『도덕 형이상학』에 제시된 '섬의 비유'에서 잘 드러난다는 평가를 받는다.

> 비록 어떤 시민 사회가 구성원 모두의 동의에 따라 현재의 시민 사회를 자발적으로 해체하기로 결정했다고 할지라도 — 예를 들어 어떤 섬에 살고 있는 사람들이 이 섬을 떠나 자신들이 원하는 낯선 다른 곳으로 흩어져 살기로 결정했다고 가정해 보자 — 감옥에 남아 있는 마지막 살인자에 대해서는 반드시 그 이전에 사형을 집행해야 한다. 그렇게 함으로써 모든 사람들은 자신의 행위에 대한 응분의 대가가 무엇인지를 인식할 수 있게 되고, 또한 그렇게 함으로써 구성원들에게 죄악이 남아 있지 않도록 해야 한다. 그렇게 하지 않으면, 그들 모두가 공적인 정의를 위반한 살인에 대해 동참한 꼴이 되기 때문이다.

물론, 현실의 시민 사회 구성원들이 스스로 자신의 시민 사회를 해체하기로 결정하는 경우는 없을 것이다. 그럼에도 칸트가 이렇게 극단적인 사례를 들어 형벌에 관한 자신의 입장을 드러낸 이유는 자신의 기본적인 입장, 즉 이성적인 존재인 인간은 자신의 자유로운 의지에 의한 결정과 행위에 대해 전적으로 책임이 있다는 것을 보여 주기 위해서이다.

칸트에게 범죄란 이성적인 존재인 인간이 자신의 자유 의지를 도덕 법칙과 반대되는 방향으로 행사한 결과이기 때문에 단지 (죄를 저질렀다는, 즉 선의지를 따르지 않았다는) 그 이유만으로 옳지 않으며, 그렇기 때문에 '동등성의 원리'에 따라 그에 비례하는 합당한 벌(동해 보복 이론 또는 등가 이론), 즉 응보의 원리¹를 적용하여 내려야 한다는 입장이다.

---

1 칸트와 달리, 헤겔은 '동해(同害) 보복주의', 즉 보복적 응보주의보다는 가치에서의 응보라는

칸트에게 '정의(옳음)'란 우연적이거나 경험적인 요소의 토대 위에서는 성립되지 않는 절대적인 성격을 지닌 개념이다. 정의란 필연적이고 보편타당한 인식과 직관에 기초해야 하기 때문에 경험으로부터 독립적이어야 한다. 이 때문에 정의란 하나의 형식(즉, 보편성)이며, 명령의 성격(정언 명령)을 지닌다.

이것을 형벌에 적용하면, 그것은 이성적 존재인 어떤 사람이 이성적 존재인 다른 사람의 자율성과 자유의지를 침해한 것이기 때문에 그는 정의의 원칙에 따라 자신의 자율성과 자유의지가 침해받는 것을 당연하게 받아들여야 한다는 것이다. 물론, "가혹한 형벌이 예방적 관점에서 보면 부정의"인 것처럼 보일 수도 있다. 그렇지만 칸트의 표현처럼 "모든 형벌은 응보적 형벌의 한계를 넘어설 수 없다." 그렇기 때문에 칸트에게 범죄 예방을 목적으로 하는 유용성에 기초한 사법적 처벌은 정당화될 수 없다.

칸트에게 사법적 처벌로서 형벌은 그 자체가 정의를 실현하는 것이며, 따라서 그 자체가 목적이다. 이렇게 볼 때, 처벌이란 이성적 존재인 인격이 다른 사람을 대하기로 결정한 방식에 따라 자신이 행한 그 방식 그대로를 그에게 되돌려주는 정의 원칙을 따르고 있는 것이다.

개념을 주장했다. 즉 응분의 책임을 묻는 것이 반드시 '동해 보복'일 필요는 없으며, 같은 가치를 지닌 응보로도('등가치 응보주의') 충분하다는 입장이다. 한편, 형법학자인 베카리아는 『범죄와 형벌』에서 "법의 존재 가치는 살인을 방지하는 데 있음에도, 오히려 법이 살인을 용인하고 있다. 하지만 어떻게 모든 가치의 최고인 생명의 박탈에 관한 권능을 국가에 양도했다고 할 수 있겠는가"라고 주장하면서 사형제도에 대해 명확한 반대의 입장을 밝힌다. 그는 생명의 존엄성과 불가침성, 형벌의 목적은 교화라는 점, 사형제도의 검증되지 않은 범죄 억제 효과, 잘못된 판결의 가능성 등을 들어 사형제도의 폐지를 주장했다.

이 점에서 칸트의 응보 개념은 이성적 존재인 인간이 저지른 악에 대해 그에 합당한 이성적인 책임을 지우는 것이며, 또한 처벌의 형태로 그를 '목적 그 자체로서 대우'한다는 의미이다. 자신의 행위에 대해 책임을 물을 수 없는 동물에 대해 책임을 묻는 처벌이 무의미하듯이, 책임을 물을 수 있는 이성적인 존재의 행위에 대해 그에 합당한 책임을 묻는 것은 그를 이성적인 존재, 즉 목적 그 자체로서 대우해야 한다는 명령과 정확히 일치한다는 것이 칸트의 응보적 입장에 나타나는 처벌에 관한 생각이다.

마지막으로 칸트의 처벌에 관한 응보적 입장을 더 잘 이해하기 위해 『도덕 형이상학』에 나타난 그의 인간관과 자율에 관한 내용을 살펴보자.

> 인간은 이성을 통해 다른 모든 사물과 구별되며, 또한 감성계(타율성)에 속하는 자기 자신과도 구별된다. 이성적 존재이고, 따라서 지성적 세계에 존재하는 인간은 자기 자신의 의지의 인과성(자기의 의지를 움직이게 하는 것)이 오직 자유의 이념 아래에 있다고 할 수밖에 없다. 감성계로부터 독립하는 것이 자유이기 때문이다. 그런데 자유라는 이념은 자율성과 분리될 수 없고, 자율성은 도덕성이라는 보편적 원칙과 분리될 수 없다. 도덕성의 원칙은 이성적 존재에게 모든 행위의 근거가 된다.

현대사회와 윤리 주제탐구

5. 처벌 : 사회 계약과 정의

형벌로서 사형에 대한 루소의 입장을 더 잘 이해하기 위해서는 뒤에서 살펴 볼 『사회 계약론』에서 제시하고 있는 '사회 계약'과 '일반 의지'에 대해 이해할 필요가 있다. 루소는 사회 계약의 근본 과제를 어떤 형태의 결사(공동의 단체)를 이루는 것이라고 설정한다. 그리고 그 결사에 대해 "그것은 전체 공동의 힘(whole common force)을 가지고 결합하고 있는(즉 동료로 참여하고 있는) 각자의 재산과 인격(person)을 지키고 보호하며, 그리고 이를 통해 각 개인은 전체와 결합하고 있으면서도 여전히 자기 자신에게 복종하고 있는 것이 되며, 또한 각 개인은 그 이전처럼 자유로운 상태로 남아있게 된다."고 주장한다.

이렇게 볼 때 루소의 주장을 따르게 되면, 개인은 사회 계약을 통해 "자신의 인격과 모든 능력을 공동의 것인 일반 의지의 최고의 지배 아래 두게 되며, 또한 각 개인은 자신을 전체와 분리될 수 없는 부분인 각 구성원들(즉 한 몸)로서 받아들이고 있음"을 승인하게 된다. 따라서 사회 계약을 위반하거나 사회 계약에 복종하기를 거부하는 행위는 일반 의지, 달리 말해 자기 자신에 대해 복종하기를 거부하는 것이며, 공동의 의지에 의한 지배를 거부하는 것이 된다. 그것은 공동의 이익(공동선)을 위해 통치되어야 하는 사회, 그리고 그러한 목적을 가장 잘 실현할 수 있는 일반 의지에 대한 자기 부정이다.

루소의 일반 의지는 특수(개별) 의지나 전체 의지와의 대비를 통해 더 잘 이해된다. 루소는 "전체 의지는 사적 이익을 고려하는 특수 의지들의 총합일 뿐이지만, 이런 특수 의지들에서 서로를 상쇄하는 넘치거나 부족한 의지들을 제외하면 그 차이들의 총합으로서 일반 의지가 남는다."고 주장한다. 바로 이러한 이유 때문에 일반 의지가 항상 옳으며, 공동선의 실현을 목적으로 한다. 또 일반 의지로 구성된 정치 공동체에서 타인을 위해 일한다는 것은 곧 자신을 위해 일한다는 의미가 된다. 즉 각자는 모두를 위해 투표하면서도 동시에 자신을 위해 투표한다는 생각을 갖게 된다. 이 점에서 "일반 의지는 언제나 옳고 항상 공익을 지향한다." 한편, 루소는 일반 의지에 의해 이끌려지는 권력을 주권으로 보기 때문에 주권은 누군가에게 양도나 위임될 수도 없는 것이다.

루소가 주장하는 형벌로서 사형은 이와 같은 일반 의지 개념에 기초하고 있다. 루소의 일반 의지에 근거할 때, 사회 계약은 '계약자의 자기 보존'을 목적으로 하며, 그렇기 때문에 한 인간이 아무런 대가 없이 자신의 인격(몸)을 다른 사람에게 양도한다는 것은 상상조차 할 수 없는 일이다. 또한, 이러한 이유 때문에 다른 사람(인격)을 희생시켜 자신을 보존하고자 하는 사람이 있다면, 그는 국가로부터 부여받은 조건부 선물인 자신의 생명과 안전을 또한 내놓아야 한다. 즉 사회 계약에 따라 다른 사람을 희생시켜 자기 생명을 보존하려는 사람은 마찬가지로 다른 사

현대사회와 윤리 주제탐구

람을 위해 자신의 생명을 바쳐야 한다. 이런 사람에 대한 사형은 국가를 위해서도 마땅한데, 그 이유는 그는 더 이상 시민이 아니라 한 사람이고, 적이기 때문이다.

> 살인자에 대한 사형, 즉 사람들이 살인자가 될 경우 사형에 처해지는 것에 동의하는 것은 자기가 살인자의 희생물이 되지 않기 위해서이다. 이런 계약을 통해 사람들은 자기 생명을 다른 사람의 처분에 맡기는 것이 아니라 오히려 자기 생명을 보존하는 것이라고 생각한다.

　루소는 살인자에 대한 사형, 즉 사람들이 살인자가 될 경우 자신 또한 사형을 당하게 될 것이라는 사실에 동의하는 것은 자기가 살인자의 희생물이 되지 않기 위해서라고 본다. 이런 계약을 통해 사람들은 자기 생명을 다른 사람의 처분에 맡기는 것이 아니라 오히려 자기 생명을 온전히 보존할 수 있는 장치로 생각하기 때문이다. 이처럼 루소의 입장에서 볼 때, 살인자의 자기 보존과 국가의 자기 보존은 양립할 수 없으며, 살인자는 국가의 법을 위반함으로써 국가의 일원이기를 포기하는 것이 된다. 살인자는 자신의 조국인 국가를 상대로 전쟁을 벌인 것과 같으며, 이 경우 그는 시민이라기보다 적으로 간주되어 사형에 처해지는 것이 적절하다. 왜냐하면 사회 계약을 깨뜨린 것은 조국이 아니라 바로 살인자 자신이기 때문이다. 그는 살인자가 됨으로써 더 이상 정신적 인격이 아니라 단지 한 사람일 뿐이며, 공공의 적이 되기 때문에 사형에 처해지든지 아니면 추방됨으로써 국가로부터 게거되어야 한다는 것이 루소의 판단이다.

6. 적극적 평등 실현 조치와 정의

 지금 여기의 윤리 문제

○○○ 전 국회의원의 아들은 서울의 자율형 사립 고등학교에 사회적 배려 대상자 전형에 합격해 입학했고, ○○ 전자 부회장의 아들 또한 사회적 배려 대상자 전형으로 ○○ 국제중학교에 입학했다. 이 전형은 우리 사회의 사회·경제적 약자나 소수자에게 기회의 균등과 사회 화합의 차원에서 도입되었지만, 제도의 허점 때문에 부유층과 지도층에서 악용하는 사례가 늘고 있다.

심지어 부유한 자영업자들이 재산을 제3자의 명의로 빼돌려 기초생활 수급자의 혜택을 받고, 부부가 형식상 이혼을 하거나 주소지를 농어촌으로 옮겨 일정 기간을 거주한 것으로 위장해 대학교의 기회 균형 선발 전형에 응시해 합격하는 사례도 어렵지 않게 나타나고 있다.

우리 사회에서 시행되거나 검토되고 있는 적극적 평등 실현 조치의 하나인 할당제는 청년고용 할당제, 지방대학 할당제, 고졸 할당제, 여성임원 할당제, 노인고용 할당제, 다문화 할당제, 지역 인재 할당제 등 매우 다양할 뿐만 아니라 계속해서 증가하고 있다. 사회적 약자를 배려하기 위해 도입된 할당제가 최근 각종 선거를 전후해 우후죽순처럼 쏟아지면서 정치

포퓰리즘이란 논란이 가열되고 있다.

또 특정 지역이나 성별, 학벌이 차별 이유가 될 수 없듯이, 또 다른 특혜의 대상이 되어서도 안 된다는 역차별 논란도 거세다. 이처럼 무분별한 우대 정책을 두고 ○○○신문은 "대한민국은 '할당제' 인큐베이터 공화국"이라고 꼬집기도 했다. ○○대 교수는 "지방대 할당제는 형평성 측면에서 위헌 소지가 많다"며 "지방대 중에서도 수도권 대학보다 성적이 뛰어난 대학이 있다. 지방대 출신이라는 게 할당제의 기준이 되는 건 무리가 있다"고 비판하기도 했다. 정원의 3% 이상을 반드시 29세 미만의 미취업자를 고용하도록 하는 청년고용 특별법에 대해 30대들은 취업길이 아예 막힌다면서 헌법소원을 제기할 태세다.

- 〈헤럴드경제〉, 2013. 06. 11.

불평등의 시작은 곧 자유를 향한 여정의 시작이기도 하다. 라틴어 리베르투스(Libertus), 즉 '자유민'이라는 단어가 '자유로운 사람'이 아니라

'자유롭게 된 사람'을 의미하는 것 또한 불평등을 전제로 한 개념이며, '자유를 향한'이라는 생각을 포함하고 있다. 물론, 여기서 자유를 향한 저항의 결과는 곧 평등의 회복 또는 실현을 의미하는데, 이것은 자유와 평등 개념 사이에 상충과 보완이 함께 존재한다는 것을 보여 준다. 이제 검토하려는 주제는 뿌리 깊은 불평등과 사회구조, 그리고 관습 때문에 부당하게 차별을 받아 온 사람들이나 집단에 대해 우대하는 제도(정책)의 정당성에 관한 것이다.

'적극적 평등 실현 조치'는 1961년 케네디 대통령이 대통령령으로 선포한 다음, 1964년 존슨 대통령이 인권법으로 명문화한 이후 끊임없이 논쟁의 중심에 있는 주제이다. 존슨은 오랫동안 사슬에 묶여 있던 사람을 풀어 주며, "자, 이제 너는 모든 사람과 공정하게 경쟁할 수 있다."고 말하는 것으로 진정한 평등이 실현되는 것은 아니라는 요지의 연설을 한다. 존슨은 100미터 경주에서 한 사람이 50미터를 갈 때, 다른 한 사람은 발목이 묶여 있어 10미터밖에 달리지 못하는 불공정한 상황을 바로 잡기 위해 단지 묶인 발목을 풀어 주는 것만으로 공정해지는가, 아니면 40미터의 차이를 만회할 수 있도록 기회를 주어야 공정해지는가라고 반문한다. 이를 계기로 미국에서는 '적극적 우대 조치(Affirmative Action)'가 법으로 제정된다.

이후 이 조치와 관련한 논란과 소송이 계속되었고, 현재까지 세 번에 걸쳐 주목할 만한 사건들이 있었다. 이것은 '적극적 평등 실현 조치', 또는 '소수자 우대 정책', '소수 민족 우대 조치', '차별 철폐 정책', '잠정적 우대 조치'처럼 다양한 이름으로 불리고 있다. '적극적 평등 실현 조치' 용어에 대한 일치된 합의는 아직 없지만, 일반적으로 "일정한 정책을 통

      현대사회와 윤리 주제탐구

해 정치적 대표성으로부터 소외되었던 집단, 즉 전통적으로 차별을 받아온 소수 집단에게 더 많은 참여의 기회를 부여하려는 일련의 조치들"로 인식하고 있다.

우리나라 헌법재판소는 이것을 다음과 같이 정의했다. 적극적 평등 실현 조치란 "지금까지 차별받아 온 집단에 대해 그동안의 불이익을 보상해 주기 위해 그 집단의 구성원이라는 이유로 취업이나 입학 등의 영역에서 직·간접적으로 이익을 부여하는 조치"이다. 이 제도의 특징은 "첫째, 개인의 자격이나 실적보다는 집단의 일원이라는 것을 근거로 하여 혜택을 준다는 것, 둘째 기회의 평등보다는 결과의 평등을 추구한다는 것, 셋째 항구적으로 계속되는 정책이 아니라 추구하는 목적이 실현되면 종료하는 임시적 조치"라는 점이다.

적극적 평등 실현 조치는 보통 인종(또는 민족), 종교, 지역, 국가 유공자, 성, 장애 등을 기준으로 적용되며, 자발적으로 시행하는 경우도 있고 법적 강제성에 근거해 시행되는 경우도 있다. 또 일반적으로 과거부터 어떤 특정 집단에 대해 가해진 차별과 불이익을 보상할 목적('과거 지향적')으로 시행되거나 사회적 효용과 배분적 정의를 실현하려는 '미래 지향적' 측면을 고려해 도입되기도 한다. 적극적 평등을 실현하려는 조치는 구체적으로 할당제(Quotas)나 목표제(Goals)의 형태로 나타난다.

그런데 이 조치는 우리나라의 경우에도 그렇지만, 미국의 경우도 이 조치의 실질적인 효과와 정의(Justice)의 측면에서 논쟁이 끊이지 않고 있다. 이 조치에 반대하는 가장 적극적인 논거는 차별을 시정하려는 역차별[1]로 인해 아무런 관계가 없는 제3자가 오히려 새로운 역차별을 당해 공정한 기회에서 배제될 수 있다는 것이다. 이 논거를 지지하는 사람들은 이 적극적 조치가 불평등을 시정하려고 도입되었음에도 불구하고, 오히려 새로운 차별과 불평등을 만들어 낸다(즉, 백인에 대한 역차별 문제)고 비판한다.

실제로 미국에서는 백인 배키(Bakke)가 캘리포니아 의대를 상대로 소송을 냈는데, 연방대법원의 포웰 판사는 단지 인종만을 이유로 특정 비율을 보장하는 것은 부당한 차별에 해당하기 때문에 무효이고, 아무런 책임이 없는 사람에게 불이익을 주는 것 또한 옳지 않으며, 대학 구성원들의 인종적 다양성은 대학에서 고려할 수 있는 다양한 요소들 중의 하나일 뿐이라고 판시했다(1978).

그런가 하면, 미시간 대학교 로스쿨에 입학하려 했던 그루터(Grutter) 또한 인종을 이유로 입학이 거부되자 소송을 제기했는데(2003), 그는 지방 법원에서는 승소했지만 항소심에서는 패소했다. 그렇더라도 "빠른 시간 내로 종료해야 한다"는 판결을 이끌어 냈다.

2008년 백인 여학생 피셔는 "백인이라는 이유로 역차별을 당해 헌법에 보장된 평등권이 보호받지 못했다"는 논지로 소송을 냈는데, 2013년

---

1 역차별(Reverse discrimination)에 대한 정의가 두 가지로 제시되어 있기 때문에 고등학생이라면 주의할 필요가 있다. 『생활과 윤리』(비상교육, 2013)에는 "부당한 차별을 받는 대상을 보호하기 위한 제도나 방침으로 인해 도리어 반대편이 차별을 당하게 되는 경우"라고 정의하고 있다. 반면, 『철학의 주요 문제에 대한 논쟁』에는 "역차별은 이전에 권리를 보장받지 못했던 집단에 속한 사람을 적극적으로 채용하는 것을 말한다. 다시 말해 역차별자들은 취업 지원자들을 의도적으로 불평등하게 처우한다. 즉 그들은 차별받아 왔던 집단의 사람들을 우대한다."고 진술되어 있다.

6월 연방대법원은 "교육적 다양성을 위해 인종 구분을 사용할 필요"가 있기 때문에 제도의 유지는 인정하지만, "철저한 조사를 통해 한층 엄격하게" 적용하라고 판결했다. 이는 소수집단을 우대하는 적극적 평등 실현 조치가 무고한 제3자인 백인에게 새로운 역차별을 초래하고 있다는 비판에 대해 법원이 주목하고 있음을 보여 주는 판결이다.

적극적 평등 실현 조치에 대한 또 다른 비판은 적극적 조치의 혜택이 소수 집단 전체 구성원을 대상으로 한다는 점을 지적한다. 이에 따르면, 모든 소수 인종이나 모든 여성이 한 개인으로서 차별을 받는 것은 아니기 때문에 인종과 성을 기준으로 혜택을 주는 것이 아니라 차별의 실제 피해자를 기준으로 혜택을 주어야 한다고 주장한다. 현재 시행되고 있는 조치는 가난한 백인에게 더욱 큰 불이익을 줄 뿐만 아니라 불평등이 일차적으로 개인의 노력이 부족한 것에서 비롯된다는 사실을 무시하도록 조장한다고 비판한다. 따라서 보상은 실질적인 피해를 입은 당사자에게 주어지는 것이 정의로운 것이지, 특정 집단 전체를 대상으로 무차별적으로 이루어져서는 안 된다(부당하다)는 것이다.

또한 현재의 적극적 평등 실현 조치는 개인의 능력과 상관없이 단지 인종과 성별이라는 전체 집단과 자연적 요소를 기준으로 이루어지고 있기 때문에 '능력과 업적에 기초한 배분'이라는 정의의 기본 원칙에도 어긋난다는 비판이 있다. 따라서 인종이나 성에 의해 이루어지고 있는 장애물 또는 차별적 관행을 철폐하고 제거해 모두가 자신의 권리를 공정하게 행사할 수 있는 환경을 만들어가는 것이 더욱 중요하다는 것이다.[2]

---

2 즉 헌법은 인종과 성에 대해서 '색맹'이고 '성맹'이기 때문에, 즉 차별을 두지 않는다고 명시하

이외에도 현재의 적극적 평등 실현 조치가 이 제도의 혜택을 받는 집단에 속하는 사람들에게 잘못된 정체성, 즉 열등에 기초한 정체성을 형성하게 한다는 비판이 있다. 흑인이나 여성에 대해 적극적 조치와 같은 특별한 도움이 없다면 경쟁이나 성공도 할 수 없다는 의존적이고 무기력한 생각과 고정관념을 부추길 수 있다는 논리다. 이 때문에 능력 있는 소수 집단에 속하는 구성원들 또한 열등한 사람들이라는 낙인이 찍힐 수 있다. 따라서 계층이나 집단 전체를 대상으로 적극적 평등 실현 조치를 운영하는 것은 잘못된 사회적 편견을 낳고, '우리와 그들'이라는 이분법적인 사고를 만들어 낼 수 있다고 지적하기도 한다.

이와는 반대로 적극적 평등 실현 조치를 지지하는 사람들은 집단적 보상의 적절성, 배분적 정의와 사회적 효용성을 그 근거로 제시한다. 우선, 집단적 차원에서 보상을 해주는 것이 적절하다는 주장은 개인이 아니라 사회 전체가 소수 집단에 대해 현재와 같은 불공정하고 불평등한 상황을 만들어 냈다는 점을 강조한다. 즉 무고한 제3자가 이들에 대해 차별적 행동을 하지 않았을지 모르지만, 그들 또한 사회 전체적으로 행해진 차별로부터 이익을 누려 왔기 때문에 집단 전체에 대한 보상이 필요하다는 논리다. 이에 따르면, 소수 집단이 부당하게 차별을 받아 오는 동안 다수의 지배적 집단은 상대적으로 부당하게 이익을 누려 왔다는 것이다. 따라서 소수 집단에 대해 적극적인 평등 실현 조치를 채택해야 하는 이유는 과거 자신들의 조상에게 가해진 차별의 결과가 현재의 지배적 집단이 누리는 사회 전반의 혜택이기 때문이라는 것이다.

고 있기 때문에 동일한 기준에 따라 대우하고 분배하면 된다는 것이다.

현대사회와 윤리 주제탐구

집단 전체에 대한 보상을 주장하는 논리의 배경에는 '과거'에 행해진 차별에 대한 보상이라는 성격이 있는 반면, 배분적 정의의 관점에서 적극적 조치를 지지하는 입장은 '현재'와 '미래'를 더 중요하게 고려하는 경향이 있다. 즉 적극적인 조치를 통해 장기적으로 인종적·성적 고정관념이 사라질 것이고, 실질적인 기회 균등이 이루어져 공정한 경쟁이 가능할 것이며, 이를 기초로 사회적 재화에 대해 평등한 접근 기회가 회복되리라고 전망한다. 결론적으로 이 입장은 적극적 우대 조치가 실질적인 기회의 균등을 실현함으로써 각자의 이익은 동등하게 고려되어야 한다는 '이익의 동등한 고려 원칙(Principle of equal consideration of interests)'을 실현하는데 도움을 줄 것으로 기대한다.

마지막으로 적극적 우대 조치가 사회 구성원들의 다양성을 촉진하여, 궁극적으로 사회 전체의 효용과 이익을 증대시킬 것이라고 주장하는 입장이 있다. 이에 따르면, 적극적 우대 조치의 혜택으로 성공한 사람들은 같은 집단의 젊은 세대들에게 좌절과 열등의식을 극복하게 하는 훌륭한 모델로서의 역할을 하게 되어, 소수 집단이 갖고 있는 잠재력을 사회의 발전과 공익에 기여할 수 있도록 촉진하는 역할을 한다는 것이다. 예를 들어, 흑인 중심 거주 지역에 적극적 조치의 혜택을 입은 흑인 의사가 개업해 지역 주민들의 건강을 보살피면, 보건 의료의 혜택이 사회 전반으로 확대되는 순기능을 할 것이다. 또 이들 지역에 거주하는 젊은 세대들에게 좀 더 도전적이고 용기 있는 삶을 살 수 있도록 자극하는 역할도 할 것이다.

7. 시민 불복종

 지금 여기의 윤리 문제

2011년 11월부터 2012년 4월까지 제주 강정에서 삼보일배를 했고, 다시 10월부터 삼보일배를 하고 있는 변호사이자 로스쿨 교수인 ○○○(66)씨가 11월 '시민 불복종'을 선언했다. 그는 자신이 법률가이기 때문에 법을 어기면서 반대 운동을 할 수 없다는 신념 때문에 합법적인 범위 안에서 반대 운동을 해야 한다고 믿어 왔지만, 강정 마을에서 판치고 있는 불의를 저지할 수 있는 합법적인 방법이 사실상 없다는 무력감과 회의에 시민 불복종을 선언했다고 한다.

그는 국가인권위원회에 진정하고 검찰에 고발하기도 했지만, 강정마을이 인권의 사각지대로 전락했다는 것만을 확인했을 뿐이라고 고발한다. 그리고 그때 떠오른 단어가 '시민 불복종', 그리고 간디의 다음과 같은 말이었다고 한다.

"자기 마음을 들여다보고 내면의 목소리에 귀를 기울여 자신이 모든 일을 감수할 만큼 충분한 힘이 생겼음을 확신했을 때에야 시민 불복종을 시작할 수 있다. 모든 사람이 겁에 질려 나에게 모든 것을 떠맡기고 가버린다 해도 나는 결코 시민 불복종을 포기하지 않을 것임을 확신한다."

그는 또 시민 불복종이 정당행위로 인정받을 수 있는 판례를 찾았다고 한다. 즉 (1) 행위의 동기와 목적의 정당성, (2) 행위의 수단이나 방법의 상당성, (3) 보호이익과 침해이익의 법익균형성, (4) 긴급성, (5) 다른 수단이나 방법이 없다는 보충성을 갖춰야 한다는 것이다. 그는 고심 끝에 업무방해죄로 기소될 것을 알면서도 법정에서 무죄 투쟁을 하리라 다짐하고, "시민 불복종은 정의로운 법을 세우려는 몸짓입니다"라는 피켓을 들고 시위에 나서게 되었다고 한다.

- 〈제주의 소리〉, 2012. 11. 21.

법을 의도적으로 지키지 않는 행동, 즉 국가(또는 정부)의 공권력이 허용하지 않는 행동일지라도, 도덕적으로는 정당화가 가능한 행동이 성립할 수 있을까? 긴급한 환자를 후송하기 위해 교통법규를 어기는 단순한 경우를 생각할 수도 있겠지만, 지금부터 검토하려는 주제는 이보다 더 복잡하고 근본적인 이야기로 '시민 불복종(Civil disobedience)'에 관한 것이다.

시민 불복종의 기원을 고대의 소크라테스로부터 찾기도 하지만, 그의 행동이 시민 불복종의 조건을 충족하는지에 대한 만족스런 합의는 아직 없다. 그의 행동이 학문의 자유를 위해 국가의 경고에 불복종한 것이기 때문에(마틴 루서 킹), 또 자유로운 사상과 권리를 위해 국가에 의한 죽임을 당당히 받아들이는 것으로 저항했기 때문에 불복종에 해당한다는 입장이 있다.

그런가 하면, 정의롭지 못한 법으로부터 벗어날(탈옥) 기회가 있었음에도 불구하고, 이를 거부하지 않고 받아들였기 때문에 '불복종'이라 볼 수 없다고 주장하기도 한다. 또 그가 최종적으로 아테네의 민주주의를 부정하고 귀족정을 도모했다는 점에서 불복종으로 보기 어렵다는 해석도 있다. 왜냐하면 불복종은 정치권력의 정당성 자체를 부정하지는 않기 때문이다.

소로

시민의 불복종에 대해 말할 때, 가장 먼저 떠올리는 인물이 소로(H. D. Thoreau)이다. 환경 운동의 고전으로 읽히는『월든』으로 더 유명한 그는『시민 불복종』에서 노예제를 허용하고 전쟁을 승인하는 정부의 정의롭지 못한 법에 불복종하는 것은 악으로부터 자기 스스로를 지키려는, 도덕적으로 정의롭고 깨어 있는 행동임을 강조한다. 그는 형평성을 잃은 "법의 독단을 따르지 말고 자신의 순수한 양심에 따라 저항하라"고 가르친다.

현대사회와 윤리 주제탐구

오늘날 이 미국 정부에 대해 나는 한 순간도 (국민을 노예로 부리고, 멕시코와의 전쟁을 서슴지 않는) 저 정치 조직체를 내 정부로 인정할 수 없다. 사람은 누구나 혁명권을 인정한다. 그것은 정부의 폭정이나 무능이 극에 도달해 견딜 수 없는 경우, 충성하기를 거부하고 저항하는 권리이다.

원칙에서 나오는 행동, 즉 정의를 깨닫고 실행하는 것은 사물과의 관계를 변화시킨다. 그것은 근본적으로 혁명적이요, 과거에 있었던 어떤 것으로는 전혀 해명되지 않는다. 불의의 법들이 존재한다. 우리는 거기에 복종하는 것으로 만족할 것인가? 아니면 그것을 고치는 노력을 하면서, 이 노력이 성공할 때까지 복종할 것인가? 아니면 즉시 그것을 어길 것인가? 만약 불의가 정부라는 기계의 부득이한 마찰의 일부라면, 그리고 그것이 당신으로 하여금 남에게 불의를 행하라고 강요하는 성질의 것이라면, 그 법을 깨뜨려야 한다. 당신의 생명을 던져 그 기계를 멈추게 하는 역마찰의 역할을 해야 한다. 어떻게 해서든지 내가 저주하는 악에게 내 자신을 내주지 않도록 신중해야 한다.

단 열 명의 정직한 사람만이라도, 단 한 명의 정직한 사람만이라도 노예 소유하기를 그만두고, 감옥에 갇히게 된다면, 미국에서 노예제도는 철폐될 것이다. 단 한 사람이라도 부당하게 잡아 가두는 정부 아래에서 정의로운 사람이 진정으로 있을 곳은 감옥이다.

소로는 국가의 법을 지키는 행위가 곧 정의를 존중한다는 의미로 이해되어 법의 준수를 권장하는 것은 옳지 못한 행위라고 비판한다. 법은 사람을 '손톱만큼도 도덕적으로 만들지 못하며', 오히려 착한 사람들마저 점점 불의를 행하도록 만든다고 지적한다. 이 때문에 소로는 "먼저 사람이 되고, 그 다음 국민이 되라."고 가르친다. "의무란 언제나 자신이 옳다고 생각하는 바를 행동으로 옮기는 것"이기 때문이다. 몸으로 국가를 섬기는 군인이나 일반 대중이 아니라, 머리로 국가에 충성하는 법률가, 정치가, 관리, 목사가 아니라, 옳다고 믿는 바를 실천하는 양심에 따라 국가에 봉사하는 소수의 영웅, 순교자, 개혁자가 될 것을 주장한다.

그에게 현재의 대의 민주주의는 어느 쪽이 다수의 지지를 얻을 것인지에 목표를 두고, 겉으로는 도덕을 내세워 투표라는 방식의 도박(게임)을 하는 것으로 보였다. 이 때문에 그는 "지혜로운 사람이라면 정의를 운수에 맡기지도 않을 것이고, 다수의 힘을 빌려 이기기를 바라지도 않을 것"이라고 주장한다. 소로는 정부란 투표로써 형성되기 때문에 정의가 아니라 다수의 힘을 빌려 형성된 '편의적 기관'으로 인식했다. 그렇기 때문에 부패한 정부에 대한 충성을 거부하고, 자신의 재산과 생명에 대한 정부의 권리를 주도적으로 거부하는 행위를 정의롭다고 보았던 것이다. 왜냐하면 국가(정부)에 복종함으로써 자신의 가치를 스스로 떨어뜨리는 것보다 불복종함으로써 스스로 자신의 가치를 지켜내는 것이 가치있는 일이기 때문이다.

이 점에서 소로에게 "가장 좋은 정부는 가장 적게 다스리는 정부"이고, 나아가 "가장 좋은 정부는 전혀 다스리지 않는 정부"가 된다. 소로의 이 인용문은 우리들 각자가 순수하고 양심적이며, 정의로우며 도덕적인 실천을 할 수 있다는 믿음을 전제로 해석해야 할 것이다. 그의 '시민 불복종'은 간디와 마틴 루터 킹에게도 큰 영향을 미쳤다.

> 정부가 개인을 좀 더 높고 독립된 힘으로, 그리고 정부가 갖고 있는 모든 권력과 권위가 개인으로부터 나온 것임을 인정하고, 개인을 그만큼 존경하기 전까지는 진정으로 자유롭고 문명화된 국가는 절대로 될 수 없다.

현대사회와 윤리 주제탐구

간디

간디의 불복종은 '사티아그라하(Satyagraha)', '아힘사(Ahimsa)', 즉 진리에 대한 확신, 비폭력, 그리고 무저항 불복종으로 요약할 수 있다. 간디에게 복종해야 할 것은 종교적 신이나 국가의 부정의한 법과 권위가 아니라 진리였다. 즉 그에게는 진리가 곧 '신'인 셈이다. 진리에 복종하기위해 폭력(정부)에 대해서는 무력으로 저항하지 않는 비폭력 불복종을하며, 또한 불복종에 따르는 처벌은 당연하게 감수함으로써 불복종하는사람의 도덕적 정당성은 더욱 고양되며, 그 과정에서 스스로도 도덕적으로 더욱 정화되는 경험을 하게 된다. 그리고 형벌을 내리는 '영혼이 없는 기계'인 정부(국가의 권력)에 대해서는 곤경에 이르도록 하여 스스로를 비판적으로 돌아보게 만드는 힘을 갖게 한다.

> 아힘사는 포괄적 진리이다. 우리는 힘사(살생)의 불길 속에 갇힌 무력한 인간들이다. 사람은 의식적으로나 무의식적으로 외견상 살생하지 않고 한순간도 살 수 없다. 필연적으로 어떤 생명의 파괴를 가져온다. 그러므로 아힘사의 신자가 모든 행동의 원천을 자비심에 두기만 한다면, 온 힘을 다해아무리 작은 생명일지라도 살해하지 않고, 그것을 구하고자 애쓴다면, 또무서운 살생의 소용돌이 속에서 벗어나려고 노력한다면, 그는 변함없이 아힘사의 신앙에 충실할 수 있을 것이고, 부단히 자제와 자비 속에서 성장할것이다. 물론, 그렇더라도 외적인 살생에서 완전히 벗어날 수는 없을 것이다. 두 국가가 싸울 때 아힘사의 신자는 전쟁을 중지시킬 의무를 안고 있다. 전 세계를 전쟁에서 구하려고 노력해야 한다. 진리에 헌신하려는 사람은 관습에 따르려 해서는 안 되며, 자신이 잘못했다면 무슨 일이든 고백하고 속죄해야 한다.

국가는 폭력에서 해방되지 않는 한 '혼이 없는 기계'에 불과하다. 그

뿐만 아니라 아힘사는 타자에 대해 행사하는 일체의 폭력에 대한 부정이며, 이를 위해서는 자비롭지 못한 생각에 대한 억제, 폭력을 당한 자에 대한 보복 금지, 그리고 타인에 대한 원한 감정과 복수심까지도 부정하는 것이 필요하다. 또 아힘사는 우리의 적을 계속해서 사랑하며, 적의 폭력에 사랑으로 보답하는 것이야말로 결국 적으로 하여금 승복을 하게 할 것이라는 믿음에 기초하고 있다.

마틴 루서 킹

마틴 루서 킹은 버스 좌석의 흑백 분리에 반대해 몽고메리시 버스 안타기 운동(1955)을 전개하면서, 이 운동의 목적이 회사에 피해를 주기 위한 것이 아니라 흑인 인권이라는 좀 더 근본적인 목적을 실현하기 위해 악에 협력하지 않는 것임을 밝혔다.

그는 우리가 보편적 도덕과 일치하고 인간의 존엄성을 고양하는 정의로운 법을 지켜야 할 의무가 있듯이, 인간의 존엄성과 인격을 무시하는 정의롭지 못한 법에 대해서는 불복종해야 할 도덕적 의무가 있다고 주장했다. 킹은 다수가 집단의 힘을 이용해 만든 법은 소수 집단에게 고통을 주는 법이 되기 때문에 비록 형식적으로는 정의로울지 모르지만, 본질적으로는 정의롭지 못한 것이라 보았다. 그는 그 당시의 법이 바로 인종을 근거로 차별하는 부당한 법이라고 판단했다.

그는 이처럼 정의롭지 못한 악법을 철폐하기 위해 비폭력 불복종 운동 전략을 단계별로 제시한다. 제1단계는 인격을 훼손하고 어느 한 집단에 대해 부당하게 집행되는 부정의한 법의 존재, 제2단계는 협상의 단계, 제3단계는 자기 정화의 단계, 그리고 마지막 단계는 직접 행동의 단계이다. 불복종하는 행동은 비폭력과 법을 위반함으로써 받게 될 처벌의 감수를 하나의 신념을 통해 강화하는 '자기 정화'의 단계를 거쳐, 정부로 하여금 협상에 나오도록 하는 '직접 행동'으로 실현된다.

롤스

이러한 역사적 과정을 밟아온 시민 불복종 운동은 『정의론』의 저자인 롤스(J. Rawls)에 의해 좀 더 명확한 의미로 정의된다. 그는 시민 불복종을 (1) 법이나 정부의 정책에 변화를 주기 위해, (2) 공적[1] 이고, (3) 비폭력적이며, (4) 양심적이기는 하지만, (5) 법에 반하는 (6) 정치적 행위라고 정의한다.

물론, 그의 시민 불복종의 개념과 실천은 정의의 제1원칙(평등한 자유의 원칙)과 제2원칙(공정한 원칙과 기회 균등의 원칙)을 전제로 하기 때문에 이 두 원칙에 대한 심각한 위협이 있어야 성립된다. 특히 제1원칙인 각자에게 평등한 자유의 최대한 보장이라는 기본적인 시민권에 대한 위협은 시민 불복종의 중요한 조건이 될 수 있다. 또한 그에게 시민 불복종은 모든 합법적인 수단을 동원했지만 어떤 효과도 기대할 수 없는 상황에서 나오는 '최후의 수단'이어야 한다는 성격을 지닌다. 예를 들어

---

1   여기서 '공적'이란 말은 공적인 원칙이라는 '공공성(공익)'과 공개적으로 행해진다는 '공개성'을 포함하는 의미로 해석된다.

소수자의 종교를 금지하여 기본적인 시민권을 심각하게 침해받는 경우를 생각해 볼 수 있다.

이와 함께 롤스는 불복종이 체제 붕괴를 초래하지 않도록 이를 처리할 의회의 능력을 고려해 범위와 시점을 스스로 설정해야 한다고 강조한다. 롤스는 절차적 정의의 원칙을 따르기 때문에 불복종 행위는 개인의 도덕적 확신이나 양심, 종교적 교리가 아니라 '사회적 다수의 공유된 정의감'이 기준이 된다고 생각했다. 즉 시민 불복종은 "정부의 조치에 대해 재고하도록 촉구하고, 반대자들의 입장에서 볼 때 확실히 바람직하지 않다는 것을 경고하기 위해 '다수의 정의감'에 호소하는 정치적 행위이다."

따라서 정의의 원칙에 대한 중대하고 심각한 침해가 있는 경우에만 정당하다. 그에게 시민 불복종은 절차적 정의의 원칙에 대한 심각한 위협이 있는 경우에 다수의 정의감에 호소하여 재고를 요구하는 것이기 때문에 비폭력적이어야 하며, 민주적 절차가 실패한 다음 시도될 수 있는 최후의 수단(즉 '최종적인 대책')이어야 한다.

> 나는 시민 불복종이란 정부의 정책이나 법률에 어떤 변화를 가져오려는 의도를 가지고, 일반적으로 법에 반대해서 행해지는 공적이고, 비폭력적이며, 양심적인 행위로 이해하고자 한다. 시민 불복종은 시민 사회와 공동선을 규정하는 도덕 원칙에 의해 정당화되는 정치적 행위이다.

롤스는 시민 불복종은 '거의 정의로운 사회'처럼 특수한 경우를 위해서 마련된 것으로, "합법적으로 확립된 민주적 권위에 대한 적합성과 관련된 것"이라고 주장한다. 따라서 시민 불복종은 민주 체제와 관련 없는 다른 정부 형태에는 적용되지 않으며, "거의 정의로운 국가 내에서 그 체제의 합법성을 인정하고 받아들이는 시민들 사이에서만 일어난다."고 주장한다. 그에게 시민 불복종은 "합법적 다수자에 의해 제정된 법에 따라야 할 의무 대 각자의 자유를 방어할 권리, 부정의에 반대할 의무"와 관련된 것이다. 즉 그것은 다수결 원칙의 성격 및 한계와 관련된 것이다. 이런 의미에서 시민 불복종은 민주주의의 도덕적 기초에 관한 이론들의 테스트 사례가 된다. 아무튼 그에게 시민 불복종은 "민주 사회의 기본 원리를 받아들이는 사람들이 갖고 있는 양심적 신념들 간의 불일치"를 보여주는 의도적인 법 위반 행위이다. 그렇기 때문에 시민 불복종의 근거를 "오직 개인이나 집단의 이익에만 기초해" 말할 필요가 없다. 그것은 "공중의 정의감에 호소하는 것으로 의도된 것이고, 양심적이며 진지한 행위"이다.

또 롤스에게 시민 불복종은 불법적이기는 하지만, 입헌 체제를 안정시키고자 방안이다. 따라서 시민 불복종으로 인해 정의로운 체제의 효율성을 침해함으로써 초래될 수 있는 극심한 무질서 상황에 대해서도 생각해보아야 한다. 즉 시민 불복종으로 인해 체제의 파멸이 초래되지 않도록, 이로써 모든 이에게 불행한 결과를 가져오지 않도록 시민 불복종에 가담할 수 있는 범위에 한계를 설정할 필요가 있다는 것이다.

싱어

싱어는 "제한된 의미의 불복종은 정당화될 수 있는 저항"이라고 주장하면서 롤스의 "재고하도록 경고하고 일깨우는 의미"로서의 시민 불복종에 대한 개념에 동의한다. 그렇지만 싱어는 롤스의 주장 즉, "시민 불복종을 정당화함에 있어 우리는 개인적인 도덕의 원칙이나 종교적 교리에 호소하는 것이 아니라 정치적 질서의 바탕이 되는 것, 즉 공유하고 있는 정의감에 근거해야 한다"는 주장을 문제 삼는다. 또 싱어는 공리주의적 입장에서 시민 불복종에 대한 공리적 계산(저울질)의 필요성에 대해서도 강조한다.

싱어는 롤스의 '공동체의 정의감', '자유롭고 평등한 개인들 사이의 합의된 사회 원칙'이라는 것이 결국은 모든 사람들이 합의한 단일한 하나의 정의관이 공동체 속에 실제로 존재한다는 것을 전제로 한다고 비판한다. 하지만 불복종이 공동체가 이미 받아들이고 있는 원칙들에 근거해야만 한다면, 사회의 다수가 공유하고 있는 정의관을 바꾸거나 확장하도록 하는 불복종 운동을 정당화하기 어려운 한계가 있다는 것이다.

『동물 해방』의 저자답게 싱어는 "롤스의 시민 불복종론"(1972)이란 논문에서 롤스의 정의관이 순수하게 이상적이어서 새로운 도덕의 확장에 해당하는 동물과 인간의 관계에 대해서는 설명할 수 없다고 비판한다. 롤스는 우리가 동물에게 정의를 베풀어야 할 의무는 없지만, 동물을 잔인하게 대하는 것은 그릇된 일이라고 본다. 따라서 동물을 잔혹하게 대우하는 상황이 시민 불복종을 초래하더라도 그것은 정당화될 수 없는 불복종이 된다. 왜냐하면 불복종은 정의에 근거해야 하지만, 인간은 동물에 대해 정의를 보여 주어야 할 의무는 없기 때문이다.

이처럼 롤스의 불복종은 동물에 대한 대우를 근거로는 정당화될 수 없지만, '사회적 다수의 공유된 정의감'에 위배되는 경우라면 덜 심각한 일일지라도 그러한 불복종은 정당화된다. 그렇지만 싱어는 "불법적인

현대사회와 윤리 주제탐구

행위가 동물에 대해 가해지는 극심한 고통스런 실험을 방지하거나 중요한 야생지역을 보존하거나, 아니면 온실 가스 배출을 급격하게 줄일 수 있는 유일한 방법이라면, 이러한 목적들이 갖는 중요성이 비록 법에 대한 복종이라는 생각을 약화시킨다고 하더라도 다소간의 위험을 감수하는 것은 정당화될 수 있는 행동"이라고 주장한다.

싱어는 인간이 본성적으로 사회적이기는 하지만, 현실에서는 폭력 행위처럼 모두가 자발적으로 자제하지는 못하며, 또 어떤 사회든지 자연환경적 요인(물, 토지)이나 세금 같은 경제적인 문제 때문에 잦은 분쟁이 발생한다고 진단한다. 이런 문제들 때문에 법이 필요하며, 이렇게 만들어진 법에 우리가 복종하면서 법에 대한 존중은 더욱 강화된다. 그렇지만 민주주의 사회의 합법적 절차를 무시하는 불법적인 수단의 동원이 언제나 나쁘다는 것을 의미하는 것은 아니라는 점도 알아야 한다. 왜냐하면 불법적인 행위가 아니면 가까운 미래에 변화를 일으킬 전망이 매우 빈약한 경우들이 있기 때문이다.

예들 들어 야생 보호 구역에 댐을 건설하는 경우, 공장식 동물 농장, 실험실에서 극심한 고통을 겪으며 죽어가는 동물을 해방시키려는 경우가 이에 해당한다. 이런 상황은 합법적인 수단에 의해서는 바뀔 가능성이 거의 없는 경우에 해당하기 때문에 불법적인 수단을 사용하는 것이 비록 민주주의의 중심 원칙인 다수결의 원칙에 어긋난다고 하더라도 정당화될 수 있다. 왜냐하면 51%의 다수도 49%의 소수처럼 틀릴 수 있기 때문이다. 훌륭한 목적을 위해 불법적인 수단을 사용하는 일은 다음과 같은 경우에 한해 정당화된다. 그러므로 시민 불복종은 민주주의적 의사결정을 무너뜨리는 것이 아니라 복원하려는 시도이다.

⑴ 평화적인 방법으로 논쟁을 해결할 수 있다면, 이에 따른 판정을 받아들여야 할 이유가 된다.

⑵ 민주주의적 방법을 통해 논쟁을 해결할 수 있고, 이것이 진정으로 다수의 견해를 대변한다면, 이에 따른 판정을 받아들여할 더욱 강력한 이유가 된다.

⑶ 그렇다고 하더라도 불법적인 수단을 사용하는 행동이 정당화될 수 있는 상황은 여전히 존재한다.

법의 힘에 저항하지 않음으로써, 비폭력적으로 행동함으로써, 자신의 행위에 대해 법적인 처벌을 받아들임으로써, 시민 불복종을 하는 사람들은 자신들의 항의가 진지하다는 것을, 그리고 민주주의 기본 원칙과 법의 통치를 그들이 존중한다는 것을 명백히 한다.

법에 불복종하는 것은 (합법적인 수단이 실패했을 때) 다수를 강제하려는 것이 아니라 다수에게 알리려는 시도이고, 심각함을 의원들에게 설득하려는 시도이며, 국가적인 관심을 촉구하는 시도이다.

드워킨

드워킨은 자신의 논문 "법과 시민의 불복종"(1968)에서 첫째, 헌법 정신에 비추어 법의 유효성(타당성, Valid) 자체가 의문시되는 상황이라면, 이는 다수의 사람들로 하여금 불복종하게 하는 원인이 된다고 지적한다. 그는 정치 도덕의 기초를 이루고 있는 헌법 정신에 위배되는 법의 폐해가 심각한 경우로 당시 베트남 전쟁과 관련해 실시했던 미국의 징병법을 예로 든다. 당시 징병법은 국회가 베트남 전쟁을 선언하지 않은 상태에서, 국가의 이익이 생명의 위험을 훨씬 압도하지 않는데도, 징병 거부에 대한 상담마저 금지하고, 언론을 탄압하고 있었기 때문이다. 한마디로 헌법 정신을 어겨 법의 유효성을 상실하고 있었다.

현대사회와 윤리 주제탐구

둘째, 드워킨은 일반적으로 법은 비도덕적이라고 생각하는 사람들이 법을 어길 경우, 이들을 어떻게 해야 하는가에 초점을 맞추고 있지만, 반대로 양심적인 어떤 사람이 법을 어겼을 경우 이 사람을 어떻게 대해야 하는가에 대해서는 침묵하고 있다는 점을 지적한다. 드워킨은 이에 대해 국가는 관용(Leniency)을 보여야 하는데, 그 이유는 우리의 헌법이 양심에 따를 것을 권장하고 있기 때문이라고 말한다.

한편, 드워킨은 『시민 불복종과 핵 반대』(1986)에서 시민 불복종이 일어나는 원인을 세 가지 유형, 즉 (1) 도덕과 양심(또는 인격)에 근거한 불복종, (2) 정의에 근거한 불복종, (3) 잘못된 정책에 근거한 불복종으로 나누어 제시한다.

첫째, 양심과 인격에 근거한 불복종은 양심에 반하는 경우 자신의 도덕적 확신에 따라 복종을 거부하는 것이므로 방어적 성격의 불복종이다. 예를 들어, 베트남 참전 명령을 거부하는 군인이나 도망 노예를 방지하려는 법에 복종하기를 거부하는 행동이 이에 해당한다. 하지만 양심에 근거한 불복종일 경우라도 폭력과 테러는 정당화될 수 없는데, 그 이유는 비폭력이라는 불복종의 정신에 어긋나기 때문이다.

둘째, 정의에 근거한 불복종은 인간의 존엄성을 지키기 위한 동기에서 나오는 불복종을 말한다. 지배적 다수의 이익을 위해 소수를 희생양으로 삼는 인종 차별법에 대해 복종을 거부하고 일어났던 흑인 인권 운동이 여기에 해당한다. 또 자기 나라 국민의 존엄성과 다른 나라 국민의 존엄성을 동등하게 생각해 징병법에 불복종하는 경우도 여기에 적용할 수 있다. 정의에 근거한 불복종은 먼저 다수에게 소수자의 입장을 경청하도록 '설득'했지만, 더 이상의 설득이 불가능하거나 개선될 가능성이

거의 없을 때 다수자에게 '강요하는 전략(예를 들어 교통차단 행위)'[2]을 채택할 수도 있다.

마지막으로 잘못된 정책에 근거한 불복종은 국익에 도움이 되지 않는 어리석은 정책이 자국민의 존엄성과 생명을 위태롭게 하는 경우에 해당한다. 예를 들어, 나토의 미사일을 독일에 배치하도록 승인한 정부의 결정에 대해 독일 국민들이 복종하기를 거부했던 경우이다.

이처럼 드워킨은 시민의 권리를 제한하면서 얻게 되는 이익이 아무리 클지라도(공리주의 원칙), 이것이 헌법의 정신과 인간의 존엄성, 도덕성(양심)과 정의를 압도할 수 없다고 강조한다. 이에 기초해 그는 시민 불복종을 '헌법 정신에 비추어 볼 때, 의심스러운 법에 대한 저항'이라고 정의한다. 그는 "법이 의심스러울 때 헌법 재판소가 합헌 판결을 내린 이후라도 각자는 (헌법 정신에 비추어) 자기 자신의 판단에 따라 (저항)해도 좋다"고 말한다.

---

2 드워킨의 이 전략은 '비폭력' 정신에 어긋난다는 비판을 받기도 한다.

현대사회와 윤리 주제탐구

예술은
도덕적 기능을
수행해야 할까?

1. 예술 : 자율주의와 도덕주의

 지금 여기의 윤리 문제

■ 사례1

2013년 영등위(영상물등급위원회)는 ○○○감독의 영화가 엄마와 아들 간의 구체적이고 사실적인 근친상간의 성관계를 묘사하여, 비윤리적이고 반사회적인 내용을 과도하게 표현했다는 이유로 '제한 상영가'라는 판정을 내렸다. 하지만 이를 반대하는 쪽에서는 우리나라에 '제한 상영 영화관'이 없는 상태에서 이와 같은 판결은 이 영화에 대한 '사형 선고'나 마찬가지라고 반발했다.

영화에서 표현의 자유는 가장 기본적인 권리의 문제이다. 그렇지만 자신의 권리는 물론, 다른 사람의 권리, 공공의 가치 보호를 위해 상황에 따라 제한을 받을 수도 있는 것이 현실이다. 현재 '제한상영가'에 해당하는 기준은 "선정성, 폭력성, 사회적 행위 등이 과도해

현대사회와 윤리 주제탐구

인간의 보편적 존엄성, 사회적 가치, 선량한 풍속 또는 국민 정서를
현저하게 해칠 우려가 있어 상영 및 광고·선전에 일정한 제한이 필
요한 영화"이다.
또 헌법 21조는 "언론 출판·집회 결사의 자유"를 보장하면서, 동시
에 "타인의 명예나 권리 또는 공중도덕이나 사회 윤리를 침해해서
는 안 된다"

고 규정함으로써 자유의 한계도 명시하고 있다. 즉 우리의 헌법은
표현의 자유와 함께 표현의 무제한적 자유에 대해 제약을 규정하고
있다.

- 〈경향신문〉, 2013. 07. 04

■ 사례2
2006년 미국 뉴욕의 브루클린대학의 미술대학 18명의 학생들은 자
신들의 작품이 검열당해 전시회가 중단되었다는 이유로 시를 고소
했다. 학생들의 작품에는 동성애자를 묘사한 수채화와 남성의 성
기 조각상이 전시되어 있었다고 한다. 이들은 공소장에서 "어떤 작
품도 외설적이지 않고 예술 작품을 전시할 때 법도 어기지 않았다"
고 주장했다.

　　예술의 목적은 미(아름다움)의 실현이고, 도덕의 목적은 선의 실현이
기 때문에 이 둘은 분명하게 구별되는 개념이다. 또 예술은 구속성에서

벗어난 자유를 지향하는 반면, 도덕은 규범으로서 당위적 성격을 지닌 다는 점에서도 서로 구별된다. 그럼에도 예술과 도덕의 관계는 역사 속 에서 자주 논쟁의 대상이 되어 왔다.

예술과 윤리, 또는 예술적(또는 미적) 가치와 도덕적 가치의 관계에 대해 말할 때, 아직 공통된 합의에 이른 것은 아니지만 자주 인용되는 것이 노엘 캐롤(N. Carroll)의 논문 "온건한 도덕주의"(1996)이다. 캐롤 은 '온건한 도덕주의'를 지지하면서 예술과 도덕의 관계를 자율주의와 도 덕주의에 기초해 극단적 입장과 온건한 입장으로 구분한다. 일반적으 로 자율주의란 예술 작품은 도덕적 가치를 지니지 않으며, 지니더라도 그것이 예술적·미적 가치에 어떤 영향을 미치는 것은 아니라는 입장이 다. 즉 도덕적 가치와 예술적·미적 가치 사이의 독립성을 강조하는 입 장이다. 반면, 도덕주의는 예술 작품이 지닌 도덕적 가치는 곧 그 작품 의 예술적·미적 가치에 영향을 미친다는 입장이다.

구분	극단적 입장	온건한 입장
자율 주의	예술에 대한 도덕적 평가는 완전히 불가능하 며, 예술은 도덕적 가치를 지니지 않는다.	예술에 대해서도 도덕적 평가가 가능하며, 예술은 도덕적 가치를 지닐 수 있다. 그렇 지만 도덕으로 좋고 나쁨이 작품의 예술적 가치에는 아무런 영향도 미치지 않는다. 즉 별개의 문제이다.
도덕 주의	모든 예술은 도덕적 차원을 가지며, 따라서 예술은 도덕적 차원에서만 평가해야 한다.	종종 예술은 도덕적 측면을 지니며, 예술의 도덕적 장점(단점)이 종종 예술적(미적) 장 점(단점)이 될 수 있다.

예술 : 자율주의와 도덕주의

하지만 현재는 이 입장을 곧이곧대로 주장하기보다 이와 같은 관계가

현대사회와 윤리 주제탐구

때때로 존재한다거나 서로 관계가 없을 수 있다는 입장이 지지를 받고 있다. 자율주의는 정치나 도덕을 대변하는 도구로서의 예술을 거부하면서 예술 또는 아름다움 그 자체를 목적으로 추구하기 때문에 심미주의와 깊은 연관성을 갖고 있다.

2. 플라톤, 톨스토이 : 도덕주의

 지금 여기의 윤리 문제

 시진핑 중국 국가 주석은 중국문학예술계연합회 개막 연설(2021)에서 "문화예술은 통속적이어야 하지만 저속하거나 세속에 영합해서는 안 되고, 실생활에 밀착해야 하지만 나쁜 기풍(氣風, 어떤 사회나 집단의 사람들을 지배하는 공통적인 분위기)을 만들거나 부추겨서는 안 된다."고 말했다. 그는 "문화예술은 창조적이어야 하지만 기이(奇異)하거나 이치에 어긋나서는 안 되고, 효과적이어야 하지만 돈 냄새에 물들어 시장의 노예가 되어서는 안 된다."고 강조했다. 그는 문화예술계의 도덕성을 강조하면서 무엇보다 애국주의를 우선할 것을 역설했다. 그는 문화예술에 종사하는 사람들은 "조국 부흥의 위업을 중시하고, 새로운 시대의 장엄함 분위기와 새로운 여정을 열렬히 묘사해야 하며, 인민의 입장을 견지하고 영속적인 인민의 서사시를 써야 할 것"이라고 강조했는데, 이것은 문화예술 작품 속에 국가에 대한 충성과 애국이 담겨 있어야 한다는 것으로 해석된다. 한편, 그는 문화예술인은 "청렴과 혁신을 견지하고, 중국의 이야기를 세계에 전파하며, 올바른 덕(德)과 예술을 추구해야 한다."고 연설했다.

자라나는 아이들에게 도덕적으로 훌륭한 본보기가 되는 위인전을 읽게 하려는 어른들의 마음은 예나 지금이나 크게 다르지 않은 것 같다. 이는 아이들에게 올바른 가치관과 도덕적 정서를 심어 주려는 부모들의 마음과도 일치한다. 플라톤 또한 이런 생각을 하고 있었다.

그런데 플라톤이 활동했던 당시 호머와 같은 작가들의 작품, 즉 시에서 묘사되고 있는 신들의 모습은 자주 변덕스럽고 도덕적이지 못한 모습들을 하고 있었다. 하지만 이것은 신의 본질, 즉 신은 선할 뿐만 아니라 모든 선의 원인이고, 영원하기 때문에 변하지 않는 참된 존재라는 보편적 의미와는 상반되는 것들이었다. 불완전하여 변화하고 소멸하는 존재인 인간과는 달리 신은 영원하고 불변하는 존재임에도 불구하고, 당시에는 신이 인간의 변덕스럽고 불완전한 요소를 함께 갖고(신인동형) 있었고, 이런 내용에 음률을 넣어 아이들에게 이야기하고 가르치고 있었다.

플라톤은 아테네의 쇠락이 진행되고 있는 상황에서 아이들에게 이처럼 건강하지 못한 교육을 하여 아테네의 몰락을 더욱 조장하고, 이성과 도덕성이 결핍된 젊은이들로 성장하게 해서는 안 된다는 생각을 했다. 귀족주의적이고 보수적이었던 그는 사회 구성원들이 도덕적으로 훌륭한 인격을 갖추는 것을 이상으로 추구했다. 이 때문에 그는 어린이들에게 가장 큰 영향을 미칠 수 있는 음악과 체육, 문학 교육에 관심을 갖고, 이것들이 이상적인 시민을 양성하는데 해로운 영향을 주지 않도록 하는 교육 환경을 만들어 내고자 했다.

그는 좋은 양털과 좋은 염색 방법을 가지고 훌륭한 모직물을 만들어 낼 수 있듯이, 처음부터 좋은 교육 기회와 훌륭한 교육 내용을 가지고 각각의 영혼들(이성, 기개, 욕망)이 조화를 이룬 이상적인 시민을 양성해야 한다 생각했다. 그의 이러한 생각에는 목장의 해로운 꽃과 물이 그것을 뜯고 마신 동물들을 자신들도 모르게 죽음에 이르게 한다는 논리로, 인간의 영혼이 해로운 환경에 노출되면 세계인 이데아에 대한 인식이 불가능해지고, 오히려 타락하는 존재가 될 것이라는 진단이 작용하고 있다. 인간의 영혼을 훌륭하게 염색하고자 했던 플라톤은 이렇게 말한다.

> 젊은이들이 기름진 땅 위에서 아름다운 풍경과 음향 사이에서 살아가게 될 것이며, 만물 가운데서 선을 찾을 수 있게 될 걸세. 결국 훌륭한 작품이 주는 미(美)의 영향이란 맑고 신성한 공기를 휘몰고 와서 건강을 안겨 주는 사람처럼, 그들의 귀와 눈을 적셔 어려서부터 자신도 모르게 이성의 아름다움에 호감과 동정을 갖게 될 것이네.

이로 미루어 볼 때, 플라톤이 이데아에 대한 모방, 즉 참된 이상적인 실재에 대한 모방을 방해하는 것들을 교육 내용과 환경에서 배제하려고 했다는 것을 쉽게 추론할 수 있다. 그의 이런 의도는 이른바 '시인 추방론'으로 알려져 있다.

호머나 그 밖의 다른 비극 시인이 시를 낭송하는 것을 듣게 될 경우, 그리고 자기의 슬픔을 무작정 호소하여 흐느끼면서 탄식하는 가련한 주인공을 묘사한 구절을 들을 경우, 아무리 선량한 사람이라도 동정심에 호소하여 감정을 극도로 고무하는 시인의 교묘한 솜씨에 말려들고 만다.

우리는 작품 속에서 선의 내용만을 그리라고 요구했으며, 만약에 이에 응하지 않으면 우리나라에서 추방해야 한다. 만약에 우리나라에서 이 규칙을 지키지 않는 자가 있다면, 우리 시민들의 취미가 그들로 말미암아 나쁜 영향을 받지 않도록, 그런 기술을 금지하는 것이 옳지 않겠는가?

만약에 시가 질서 있는 국가에 존재해야 할 명분만 입증된다면, 기꺼이 시를 받아들여야 하네. 우리도 시의 매력을 인정하지만, 그렇다고 진리를 배반할 수는 없네. 시는 단지 쾌적할 뿐만 아니라 국가에 있어서나 인생에 있어서도 시가 유익함을 입증해 보여 주면 된다네. 그렇게 하면 우리는 기꺼이 귀를 기울이고자 하네. 그러나 그 사실이 밝혀지지 않는다면, 아무리 매혹적이더라도 시를 버릴 수밖에 없네.

만약에 재주가 있어 모든 것들을 모방할 수 있는 사람이 우리나라에 와서 그런 자신과 자기 작품을 모두 보여 주고 싶다고 한다면, 그에게 머리에서부터 향즙을 끼얹은 다음, 양모로 관까지 씌어서 다른 나라로 보내버릴 걸세.

호메로스가 지은 '온갖 신들의 싸움' 이야기들은, 숨은 뜻이 있게 지어졌든지 아무런 뜻이 없이 지어졌든지, 우리의 이 나라에 받아들여서는 안 되네. 어린 사람은 무엇이 숨은 뜻이고, 무엇이 아닌지를 판단할 수 없기 때문이기도 하지만, 그런 어린 나이에 갖게 된 생각은 좀처럼 씻어 내거나 바꾸기가 어렵기 때문이네. 바로 이 때문에 처음 듣는 이야기는 훌륭함(덕)과 관련해 가능한 한 가장 훌륭하게 지은 것을 듣도록 하는 것을 어쩌면 매우 중요하게 여겨야만 할 걸세.

플라톤에게 현실 세계는 참된 실재인 이데아를 모방한 것이고, 예술이란 이런 현실 세계를 모사하는 기술이기 때문에 가장 낮은 수준의 인식에 머문다. 그럼에도 예술이 지닌 힘은 강력해서 인간 정신을 타락으로 이끌어 이성에 의한 참다운 인식 능력과 지식의 획득을 방해한다. 특히 시에서 묘사되는 지나친 슬픔이나 웃음은 인간의 이성적인 부분을 자극하고 죽음을 두렵게 함으로써 국가에서 요구하는 이상적인 인간상, 즉 영혼의 조화와 균형을 이루는 인간 형성을 방해한다.

그렇다고 플라톤이 모든 예술을 부정하고 유죄 판결을 내렸다고 보기는 어렵다. 왜냐하면 "신을 찬미하고 훌륭한 인물을 찬양하는 노래", "인간 영혼의 고귀한 부분을 강조하고 고양시키는 내용", "교육적으로 어린 아이들에게 교훈과 모범이 되는 될 수 있는 내용"들은 자신이 추구했던 도덕적 이상과 고상한 인격(지혜, 용기, 절제가 조화를 이룬 정의로운 개인과 국가), 그리고 국가 공동체의 삶의 원리에 기여하는 예술이기 때문이다.

결론적으로 플라톤의 예술에 대한 인식은 자신이 의도했던 두 가지 목표, 즉 이성에 의한 참된 실재인 이데아의 인식과 정의로운 국가 공동체의 실현에 초점이 맞추어져 있었다고 할 수 있다. 누구보다 예술의 사회적 영향력을 정확히 깨닫고 있었던 인물인 것이다. 하지만 바로 이런 통찰력은 예술에 대해 사회·국가 공동체의 목표를 위해 간섭과 통제, 검열이 필요하다는 주장을 하게 됨으로써 예술의 자율성과 표현의 자유를 침해한다는 비판을 받고 있다.

플라톤과 함께 예술에서의 도덕주의를 주장하는 다른 인물로 톨스토이가 있다. 그는 기존의 예술을 '나쁜 예술'로 규정하고, "사회 구성원들이 도달한 최고선"으로서 "종교적 자각"에 기초한 예술만을 '좋은 예술'

현대사회와 윤리 주제탐구

로 규정하고, 미래 예술은 이러한 좋은 예술을 만들어내야 한다고 주장한다. 톨스토이가 좋은 예술의 조건으로 내세우는 것은 '예술적 인상, 즉 감염(感染)'이다. 그는 "예술은 개인의 감정을 표현하여 다른 사람에게 전하는 모든 것"이라고 정의하며, 감염은 "작가 자신이 어떤 감정을 자기 나름대로 경험하여 이를 전달함으로써만 얻어지는 것"이라고 주장한다. 즉 감염은 작가 자신이 직접 경험한 감정을 자신의 작품 안에 담아내고, 독자는 그 작품을 통해 작가의 감정을 그대로 느끼게 되는 것을 의미한다.

톨스토이는 이것을 "올바른 감정이 불러일으키는 하나 됨의 감정"이라고 부르고, 이것이 "형제애의 기초"가 된다고 주장한다. 이렇게 볼 때, 톨스토이는 작가가 경험하지 않은 감정으로 거짓(모방)되게 표현한 작품을 통해서는 감염이나 하나 된 감정을 기대할 수 없다고 본다. 그에게 감염이란 하나가 되는 감정 경험(느낌), 즉 공감(도덕 감정)을 의미한다. 그에 의하면, 감염에 의한 진정한 공감은 사회적 연대와 단합의 기초가 되고, 이것으로 묶이는 형제애를 느끼게 해주는 것은 좋은 예술이 되기 위한 필수 조건이다.

> 감정의 가치, 다시 말해 어떤 감정이 얼마나 좋은 감정인지, 그리고 그것이 얼마나 인간의 행복에 기여하는 감정인지의 문제는 그 시대의 종교적 자각에 의해 평가된다. 또 모든 시대는 그 시대적 삶과 관련해 그 시대가 지향하는 최고선을 정하는데, 그것이 그 사회의 종교적 자각이다. 종교적 자각이 없는 것처럼 보이는 이유는 실제로 존재하지 않아서가 아니라 그것을 보려고 하지 않기 때문이다.

진정한 감염은 타인의 감정에 들어가 타인과 하나가 되는 느낌을 경험함으로써 가능하다. 도덕 감정만이 인간을 하나로 묶어주며, 예술은 도덕 감정, 즉 감염(공감)을 통해 그와 같은 기능을 수행해야 한다. 그리고 독자들은 작가가 자신의 작품을 통해 표현한 감정(종교적 감정, 일상적 삶을 통해 표현된 감정)을 통해 작가의 감정에 감염되고(공감하고) 하나가 되는 경험을 한다.

한편, 톨스토이에게 좋은(훌륭한) 예술의 대상이 되는 감정은 두 가지인데, 하나는 종교적 감정으로 그것은 종교적 자각에 기초한 도덕 감정이며, "인간은 누구나 신의 아들이고, 같은 동포라는 자각에서 흘러나오는 감정"을 말한다. 다른 하나는 일상적 삶에서 누구나 공감하는 감정으로 기쁨, 평온함, 활기참, 감격 등과 관련된 감정을 말한다.

톨스토이의 예술에 대한 이러한 입장에 따라 좋은 예술이 탄생하는 흐름을 정리해보면 이렇게 될 것이다. (1) 작가의 종교적·도덕적 자각 → (2) 작가의 실제 경험에서 비롯된 감정(종교적 감정 또는 일상적 삶의 감정) → (3) 작가의 창작을 통한 도덕 감정의 전달 → (4) 작가의 도덕 감정에 대한 독자의 공감 → (5) 사회적 연대와 결속, 형제애를 불러일으킴. 결론적으로 우리는 감정 안에서, 감염(공감, 도덕 감정)을 통해 하나가 되는 경험을 할 수 있고, 예술은 그러한 감정 경험을 불러일으켜야 한다.

한편, 예술에 관한 도덕주의와 구분되지만, 예술을 사회적 관계 속에서 파악하며, 또한 사회적 산물로서 이해하고, 예술의 사회적 참여를 주장하는 관점을 흔히 '참여 예술론'이라고 부른다. 이 입장은 예술 활동은 곧 사회적 활동이기 때문에 예술은 사회의 부조리와 문제를 표현함으로써 사회의 발전과 도덕성에 기여해야 한다고 주장한다. "한 사회를 이해

현대사회와 윤리 주제탐구

하기 위해서는 그 시대의 미술을 텍스트로 삼아야 한다."는 명제는 예술과 사회적 관계를 적절히 묘사하고 있는 표현이다.

이러한 예술의 사회적 참여와 관련해 피카소를 빼놓을 수 없다. 스페인 출신의 피카소는 1937년 나치의 공군이 스페인의 작은 마을 게르니카를 무차별적으로 폭격해 수백 명의 시민을 학살한 것에 항의해 '게르니카'를 그렸다. 피카소는 이 당시를 이렇게 설명했다.

> 스페인의 전쟁은 국민과 자유를 압살하려는 반동과의 전쟁이다. 예술가로서 나의 생애는 오직 반동에 대항하고, 예술의 죽음에 맞선 싸움이라는 점에서 의미를 발견할 수 있다. 나는 지금 그리고 있는 이 그림에 '게르니카'라는 이름을 붙일 것이다. 나는 스페인을 고통과 죽음의 바다로 빠뜨린 군부에 대한 증오를 명백히 표현했다.

피카소 자신은 10대부터 아나키스트로 살아왔다고 강조하면서, 1944년 공산당에 입당한다.

> 나의 공산당 입당은 나의 작품 세계의 맥을 따라가면 논리적 귀결이다. 나는 자부심을 갖고 이렇게 말할 수 있다. 나는 한순간이라도 회화가 단순히 즐거움만을 주는 기분 전환을 위한 예술이라고는 생각해 본 적이 없다. 나는 언제나 데생과 색채를 통해 세계와 인간에 대한 이해로 나아가려고 노력했다. 그러한 지식을 통해 조금씩 우리 모두가 더 자유로워질 수 있도록 말이다. 공산당은 나의 당이었다. 공산당이야말로 인간과 세계에 대한 이해를 더욱 깊이 있게 하고, 인류의 미래를 자유롭고 행복하게 하기 위해 노력하고 있지 않은가? 참여란 어딘가에 얽매인다는 것에 대한 두려움이 아니다. 오히려 반대로 나는 지금보다 더 큰 자유와 충만을 느낀 적이 없다.

작품 '게르니카'[1]에 대해 피카소의 친구는 이렇게 말한다. "게르니카는 매우 충격적인 방식으로 표현된 절망의 세계이다. 어디에나 있는 죽음은 적대적이고 통제가 불가능하며 이해를 초월한다. 그래서 인간의 잔인함으로 인해 죽어가는 존재들의 가슴을 찢어놓는 외마디 소리가 솟구쳐 오른다. 피카소의 붓끝에서 절망과 고뇌, 공포, 고통, 학살의 환영들이 폭발하고 있고, 마침내 죽음 속에서 평화가 찾아온다. 이 세상에는 '현실'보다 더 위대한 어떤 것이 있으며, 그 어떤 것에 참여함으로써 우리는 위엄을 가지고 다시 일어서게 될 것이다."

---

1 이 작품은 전체적으로 파괴된 가정집을 연상시킨다. 그림 위에 전구가 켜져 있으나, 그 빛이 너무 어두워 보는 사람으로 하여금 좁고 어두운 공간에 밀폐당한 느낌을 갖게 한다. 그 밀폐된 집안에서 벌어진 참상은 모두 죽기 직전의 모습들이다. 피카소는 한 집안의 파괴를 통해 전쟁을 고발하고 있다. "황소는 파시즘의 상징은 아니지만 잔인함과 어둠을 뜻한다. …… 말은 민중을 상징한다."

3. 와일드 : 심미주의

　도덕주의적 입장에서 예술의 가치를 판단하려 했던 플라톤과는 반대로 예술을 '예술 그 자체의 미적 가치'에 따라서만 판단해야 한다는 심미주의 또는 유미주의(탐미주의)가 있다. 이 입장은 흔히 '예술을 위한 예술', '예술 지상주의'로도 이해되는데, 그 이유는 예술이란 전적으로 그 자체로서 자유로우며, 자족적이며, 자기 목적적이라고 주장하기 때문이다.

　즉, 예술의 목적을 미적 가치의 창조로 규정한다. 따라서 심미주의는 예술이 정치 · 도덕 · 종교 · 사회적 관습의 구속이나 규범적 범주의 틀 내에서 평가받는 것을 거부한다. 예술은 예술 이외의 어떤 것을 위한 도구가 되어서는 안 된다는 심미주의는 예술의 자율성과 독립성, 독창성을 주장한다.

　이러한 심미주의에는 관능적 · 세기말적 · 악마적 심미주의가 있는가 하면, '예술을 위한 예술'을 표방했던 극작가 오스카 와일드(O. Wilde)가 있다. 그는 "어떤 예술가도 윤리적 동정심을 가지고 있지 않다. 예술가에게 동정심이란 단지 매너리즘(Mannerism)[1]일 뿐”이며, 독창성을 잃게 만든다고 주장했다. 한편, 스핑건(J. E. Spingarn) 또한 시에 대해 도덕적·비도덕적이라고 평가하는 것은 정삼각형에 대해 도덕적이고, 이등변 삼각형에 대해 비도덕적이라고 말하는 것과 마찬가지로 무의한 것이라고 주장하면서, 심미주의를 지지한다. 즉 의도하지도 않는 목적을 가지고, 또 적절하지도 않는 기준을 가지고 어떤 것을 판단하고 평가하려는 시도는 확실히 어리석은 짓이라는 주장이다.

> 예술은 예술 안에서 예술의 완벽함을 추구할 뿐, 예술 밖에서 완벽함을 찾지 않는다. 예술이란 ‘거울’이라기 보다 ‘장막’이다. 예술은 어떤 숲에도 피지 않는 꽃이고, 어떤 숲에서도 울지 않는 새이다. 예술은 수많은 세계를 만들어내고 파괴한다. 예술은 주홍빛 실로 하늘에서 달을 끌어온다. 예술의 눈으로 볼 때, 자연에는 어떤 법칙이나 질서도 없다. 예술의 진정한 목적은 아름다움에 대해 말하는 것이다.

이처럼 심미주의적 관점에서 볼 때, 예술이란 평범한 것들에 대해 색채를 부여하고, 아름다움을 돋보이게 하려는 하나의 시도, 즉 순수하게 미적 가치를 실현하려는 인간의 활동이다. 따라서 아름다움이 어디에 존재하는지는 문제되지 않으며, 도덕의 제약 아래에서 예술을 판단하려는 것은 더더욱 무의미하다. 예술은 어떠한 이유로도 정치·종교·

---

1 예술 창작에 있어 일정한 기법이나 형식 따위가 습관적으로 되풀이되어 독창성과 신선한 맛을 잃어버리는 것을 말하며, 오늘날에는 현상유지 경향이나 자세를 가리켜 흔히 매너리즘에 빠졌다고도 한다. 또한 문학에서 독특한 문체를 허식적으로 또는 지나치게 사용한다는 의미도 있다.

현대사회와 윤리 주제탐구

도덕적 가치를 실현하기 위한 도구가 될 수 없다. 하지만 예술과 도덕에 대한 일반적인 인식은 플라톤 같은 강한 도덕주의나 오스카 와일드 같은 예술 지상주의보다는 둘 사이의 상호 연관성에 더 주목하고 있다. 즉, 온건한 자율주의 또는 온건한 도덕주의적 관점에서 둘 사이의 관계를 이해하려는 것이 일반적인 상식이다.

4. 칸트
: 미적 가치와 윤리적 가치의 조화

미는 도덕성의 상징이다. 바로 이 점에서 아름다움은 만족을 주며, 다른 모든 사람에게 동의를 요구한다. 이때 우리 마음은 감각적 쾌락을 넘어 순화되고 고귀함을 느끼며, 사람들의 비슷한 준칙에 따라 모든 것들의 가치를 판단한다. 인간은 이성적 존재자가 느낄 수 있는 선을 추구할 수도 있고, 동물이 느낄 수 있는 안락함을 추구할 수도 있다. 그러나 미적 즐거움은 동물과 신적 존재 사이의 중간자인 인간에게 고유한 것이다. 그것은 감성적인 것으로부터 순수 이성적인 것으로 나아가는 계기를 제공한다.

칸트는 미의 판단 형식과 선의 판단 형식 간의 차이에도 불구하고, 둘 사이에 존재하는 형식상의 유사성에 근거해 미와 선의 밀접한 관계에 주목한다. 미는 인간이 감성적인 것으로부터 순수 이성적인 것으로 나아가는 계기를 마련한다는 점에서 미와 선의 관계를 상호 보완 및 조화라는 관점에서 본 것이다. 칸트는 "자연의 미(자연미)에 대해 관심은 언제나 선한 영혼의 표지이며, 이런 관심이 습관적이고 자연에 대한 정관(靜觀, 현상계 속에 있는 불변의 본체적, 이념적인 것을 인간의 분별 능력에 비추어 바라보는 것)과 결합하는 것이라면, 이런 관심은 적어도 도덕적 감정에 대해 호의를 지니는 마음의 상태를 나타내는 것"이라고 주장한다. 즉, 자연미에 대해 관심을 갖는 사람은 그에 앞서 이미 도덕적 선에 대한 자신의 관심의 기초를 충분히 확립한 한해서만, 자연미에 대해 그러한 관심을 가질 수 있다는 것이다. 따라서 자연미에 직접적으로 관심을 갖는 사람은 적어도 선한 도덕적 마음씨의 소질이 있다고 추정할 이유가 있다는 것이 칸트의 입장이다.

한편, "미(아름다움)가 도덕적으로 선한 것의 상징"이라는 말에는 아름다운 것은 다른 모든 사람들에게 동의를 요구할 수 있으며, 우리에게 만족을 준다는 의미로 해석될 수 있는 측면이 있다. 이를테면, 보편적 동의이자, 보편적 만족이다. 이것은 마치 하나의 이념과 같은 작용을 한다. 그러므로 아름다운 것은 일체의 관심(이해관계)을 떠나서 우리에게 만족을 준다. 그것은 '무관심적인 만족이며, 보편적 만족'이다. 이때 무관심이란 관심의 결여나 배제가 아니라 관심의 집중이라 할 수 있다. 그것은 합목적성(어떤 사물이 일정한 목적에 적합한 방식으로 존재하는 성질)과 관련되며, 그리하여 아름다운 것을 판정하는 주관적 원리는 보편타당한 것으로 표상된다. 미와 선은 궁극적으로 인간성의 고양과 순화를 추구한다. 미적 판단은 아름다운 것에 관계할 뿐만 아니라 숭고한 것에도 관계하며, 숭고한 것에 대한 체험의 바탕에는 우리의 도덕성이 놓여 있다.

칸트가 "미는 도덕성(선)의 상징"이라고 했을 때, 이것은 '미적 체험을 통해 느끼는 자유'와 '도덕의 전제가 되는 자유'가 서로 다른 것이기는 하지만, '이기적인 욕구'를 벗어나 있다는 점(무관심성)에서는 같다는 의미로 해석되며, 또 '미(예술)가 도덕성에 기여'할 수 있다는 뜻을 내포한하는 것으로 받아들여진다. 이는 예술의 자율성을 수용하면서, 또한 예술의 윤리적 기여 가능성을 떠올리게 한다.

현대사회와 윤리 주제탐구

5. 순자와 묵자 : 음악

순자가 예(禮)에 기초해 덕(德)과 능력에 따른 신분에서의 차등을 강조하는 반면, 묵자는 겸애(兼愛)에 기초해 절용(節用)과 검소, 평등을 강조한다. 두 사상가 사이에 드러나는 이와 같은 분명한 차이는 음악에 대한 관점에서도 그대로 드러난다. 순자는 음악이 인간 성정(性情)의 도덕적 교화와 사회의 질서 유지 및 통치의 유익한 수단으로 파악하여 음악이 지닌 사회적·정치적 효용에 주목하는 반면, 묵자는 음악이 백성의 이익[利]에 어긋나고 신분적 차등을 표현하며, 절용과 사회적 효용에 도움이 되지 않는다고 비판한다. 두 사상가 모두 음악이 인간의 감정에 영향을 미친다는 점에 대해서는 동의하면서도 음악의 사회적 기능에 대해서는 상반된 견해를 나타내고 있다.

순자가 음악을 인간의 자연적 본성 및 도덕적 교화의 측면에서 그 필요성을 주장하고 있다는 점은 다음 표현에 잘 드러나고 있다.

음악이란 즐기는 것[樂]이며, 사람의 감정에 없을 수 없는 것이므로 사람에게 음악은 반드시 있어야 한다. 즐거우면 곧 그것은 사람의 목소리에 나타나고 행동으로 표현된다. 하지만 즐거움이 겉으로 표현될 때 올바른 도리에 맞지 않으면 큰 혼란이 발생할 수 있다. 이에 옛 임금은 음악을 제정하여 충분히 즐기면서도 어지러움으로 흐르지 않게 하고, 형식과 장단을 어우러지게 하여 사람의 착한 마음을 감동하게 하여 사악하고 더러운 기운이 가까이 오지 못하게 했다. 이것이 옛 임금이 음악을 제정한 이유인데, 묵자는 이를 부정하니 어찌된 것인가?

위 문장에는 순자의 음악에 대한 몇 가지 중요한 입장이 포함되어 있다. 그것은 (1) 음악은 인간의 본성에 있을 수밖에 없는 것이며, (2) 음악은 옛 임금이 인위적으로 제정한 것이고, (3) 음악은 형식을 갖추어 도리에 어긋나지 않아야 하며, (4) 음악은 사람의 마음을 정화하여 사악한 기운이 오지 못하게 함으로써 도덕적 수양과 교화하고, 인간의 행동을 교정하는 기능을 한다는 것이다. 순자는 음악에는 형식과 올바른 도리가 갖추어져 있어야 한다고 주장하는데, 그에 의하면 이것의 근거가 되는 것이 바로 예(禮)이다. 순자는 "음악은 임금과 신하, 윗사람과 아랫사람이 함께 들으면 화합하고 공경"하게 된다고 주장한다. 음악은 서로 다른 차등적 신분을 하나로 화합하게 해주는 역할을 한다는 뜻이다. 이를 두고 순자는 음악은 "적을 정벌하는 데에도 유익하고, 서로 공손하고 사양하는 예를 지킬 수 있게" 하는 기능을 하여 "천하를 바로 잡고, 조화시키는" 규범적 역할을 한다고 주장한다. 여기에 더하여 순자의 표현처럼 묵자가 음악의 이러한 도덕적 · 사회적 기능을 부정하고 있다는 비판 또 주목할 만하다.

현대사회와 윤리 주제탐구

순자가 음악에 순기능을 강조한 것과는 상반되게 묵자는 음악의 역기능을 강조한다. 묵자는 음악과 관련해 다음과 같이 말한다.

> 어진 사람은 일을 할 때 반드시 천하의 이익을 일으키고, 천하의 폐해를 제거하는데 힘쓴다. 따라서 모두에게 이익이 되면 행하고, 그렇지 않으면 하지 않는다. 음악을 반대하는 이유는 악기 소리가 즐겁지 않아서가 아니고, 악기를 장식하고 있는 색깔이나 무늬가 아름답지 않아서가 아니다. 그 이유는 그것이 위로는 성왕의 업적에 부합하지 않고, 아래로는 백성의 이익과 부합하지 않기 때문이다. 따라서 음악을 즐기는 것은 잘못이다.

묵자의 이러한 주장으로부터 묵자의 음악에 대한 몇 가지 입장을 추론해볼 수 있다. (1) 모두(백성)의 이익을 기준에 두고 이에 부합하지 않는 행위는 옳지 않은 것으로 판단하며, 이것에 음악이 있다. (2) 음악은 즐거움을 주고 아름답지만 실용, 즉 모두의 이익에 부합하지 않는다. (3) 음악은 통치의 수단으로 적절하지 않다. 음악에 대한 묵자의 이와 같은 이해의 바탕에는 그의 겸애, 즉 평등주의적 입장과 검소와 절용에 기초해 백성(천하)의 이익을 강조하는 공리적 사고가 있다. 묵자는 이를 근거로 음악을 "서민에게는 자신의 맡은 바 일을 제대로 수행하지 못하게 하고, 지배계층에게는 한낱 자신들의 즐거움을 위해 백성이 입고 먹을 재화를 낭비"하게 하는 것으로 인식한 것이다. 묵자는 음악의 형식이 번거로워지고 화려해질수록 정치는 더욱 볼품없게 된다고 보아 음악은 천하를 다스리는 적절한 수단이 될 수 없다고 주장한다.

종교 간
대화와 평화는
불가능할까?

지금 여기의 윤리 문제

■ 사례1

인구 5백만 명의 중앙아프리카공화국은 기독교도가 80%이다. 2013년 이슬람 반군이 수도인 방기를 점령하며 기독교계 정권을 내쫓는 쿠데타를 일으켰다. 반군들은 기독교도들을 죽였고, 여성들을 성폭행했으며, 약탈했다. 이에 기독교도들이 민병대를 조직해 보복에 나섬으로써 종족 분쟁, 종교 분쟁으로 확대되었고, 2013년 12월 약 1천여 명이 목숨을 잃는 비극을 초래했다.

그런데 2014년 1월 대낮에 충격적인 사건이 발생했다. 20여 명의 기독교도들이 무슬림의 한 남성을 공격해 때려눕히고, 그의 머리에 돌을 던졌는데, 이런 행동은 그가 죽은 뒤에도 계속되었다. 더욱 끔찍한 일은 이 남성이 죽은 다음에 일어났다. 기독교도 청년들은 무슬림의 주검에 휘발유를 붓고 불을 붙인 다음, 이윽고 한 쪽 다리를 잘라내 내동댕이쳤고, 그들 중 한 명은 죽은 사람의 다리를 먹기 시작했다. 하지만 다리는 불에 거의 타지 않은 날 것이었다. 며칠 뒤 그 남성은 바게트빵을 들고 나와 남은 살점과 함께 먹었다.

그는 인터뷰에서 임신 중인 자기 아내와 처제가 무슬림에 의해 살해당한 것에 대한 '복수였다'고 당당히 말했다. 비록 '미친개'의 행동일 뿐이라고 했지만, 중앙아프리카공화국에는 죽인 적을 먹는 행위를 일종의 '부적'으로 생각하는 미신이 있는데, 이것이 영향을 미친 것은 아닌지에 대한 주장도 있었다.

한편, 종교 관련 갈등을 조사하는 미국의 사회조사기관 퓨(Pew) 리서치는 2014년 1월 14일 조사대상 198개국(2012년) 중 3분의 1(33%)이 높거나(High) 매우 높은(Very high) 수준으로 종파 간 폭력사태 등 종교 관련 갈등을 겪고 있다고 발표했다. 이것은 2011년 (29%)보다 늘어난 것이며, 조사가 시작된 2007년(20%)에 비해 크게 증가한 것이다.

- 〈한겨레신문〉, 2014. 01. 14.

■ 사례2

2014년 새해를 맞아 종교계의 지도자들이 신년 메시지를 전했다. 교황은 "세계의 모든 이들을 형제처럼 여겨 존중하도록 힘쓰자"고 하면서 "상대방을 적으로 만드는 모든 벽을 허물고, 정의롭고 하나가 되는 세상을 만들자"고 말했다. 한국기독교교회협의회는 "정의와 평화가 강물처럼 흐르는 세상", "약자와 강자가 대립이 아니라 한 시대를 살아가는 시민이라는 마음을 나누는" 한 해를 소망한다고 전했다. 조계종은 "화해와 상생의 물꼬를 터 진실과 화해의 기운을 회복"하자고 전했다. 천주교 서울 대교구는 "행복한 삶이란 가진 것에 감사하고 사소한 것도 다른 이와 나누는 것"이라 말하며 함께 나누는 한 해가 되자고 말했다. 원불교는 "넉넉한 마음을 길러 남모르게 베푸는 덕을 쌓는" 새해가 되기를 기원한다고 전했다.

'인간이란 무엇인가?', 즉 인간의 본질에 관한 탐구는 '사회·정치적 인간', '이성적 인간', '놀이하는 인간', '경제적 인간', '문화적 인간', '종교적 인간'이라는 다양한 정의를 내놓았다.

인간에 대한 이와 같은 다양한 이해들 중에서 이제 살펴보고자 하는 주제는 '호모 렐리기오서스(Homo Religiosus)', 즉 종교적 인간이다. 이것은 '지상에 매여 있는 자, 즉 인간'을 의미하는 'Homo'와 본래 신과 연결되어 있었지만 죄를 범해 신으로부터 멀어지게 된 인간을 신과 '다시 결합시킨다'는 의미의 'Religiosus'를 결합한 개념이다. 이렇게 보면, 종교와 신의 문제는 곧 인간이 자기 스스로를 어떻게 이해하고 있는지의 문제와 근본적으로 맞닿아 있다.

하지만 인간과 종교를 이와 같이 어원적으로 이해한다 하더라도, 이는 동양이 아닌 서양의 관점이라는 점도 염두에 두어야 한다. 왜냐하면 동양의 유불도는 공통적으로 서양의 이와 같은 신 개념을 내세우지 않기 때문이다. 즉 동양의 현세 중심적인 유교는 죽음과 내세에 대한 관심을 경계하며, 불교 또한 연기를 모든 존재의 근본 원리로 제시할 뿐 창조주나 유일신을 내세우지는 않는다. 이를 통해 우리는 동서양이 아닌 세계의 나머지 지역들의 종교와 신 개념 또한 다를 것이라고 추측할 수 있다. 그렇다고 하더라도 일반적으로 말하는 종교 또는 '종교적 가르침'이나 '종교적 현상'에서 나타나는 특성들을 분류해 정리해 보는 일은 가능하다.

우선, 종교는 일반적으로 초자연적 존재나 궁극적인 실재에 대한 믿음을 가지고 있다. 예를 들어 서양은 인격적 존재로서 유일신을, 그리고 동양의 유교는 비인격적인 존재로서 '하늘', 도교는 '도'에 대한 믿음을 갖고 있다. 또한 종교는 초월적 실재에 대한 '절대적인 의존 감정'을 표현하거나, 신 또는 무한(절대)에 대한 동경(슐라이어마허)'을 중시한다.

다음으로 종교는 '성스러움(聖)'과 '속됨(俗)'을 구분하는 경향이 있다. 이것은 인간만이 종교적 체험이라는 전율하는 '성스러움의 체험(루돌프 오토)'을 할 수 있다는 뜻이기도 하고, 달리 '성스러움이 속된 공간이나 시간 속으로 침투하는 사건(엘리아데)'이라 부르기도 한다.

가장 원시적인 것에서부터 가장 정교한 것에 이르기까지 종교의 역사는 다수의 성현(聖顯), 즉 거룩한 것이 현실로 드러남으로 구성되어 있다. 거룩함의 현현(顯現, 명백하게 드러남)의 원시적 형태는 돌이나 나무 등 일상적 대상에서 나타나며, 최고의 성현은 그리스도교도에게는 하느님의 아들인 예수가 마리아에게 잉태되어 사람으로 태어난 일일 것이다.

현대사회와 윤리 주제탐구

하지만 엘리아데에 의하면, 돌이나 나무가 숭배된다고 할 때, 그것은 돌 그것 자체나 나무 그것 자체에 대한 숭배가 아니다. 거룩한 돌이나 거룩한 나무는 돌이나 나무로서 숭배되는 것이 아니라, 그것들이 성현이 됨으로써, 즉 더 이상 돌이나 나무가 아니라 거룩한 것, 또는 전적으로 다른 무엇을 보여주는 존재가 됨으로써 숭배되는 것이다. 따라서 거룩한 돌은 여전히 자연물로서 하나의 돌이며, 나무 또한 마찬가지이다. 어떤 돌이나 나무가 거룩함(성스러움)을 드러낸다고 생각하는 사람들, 즉 종교적 체험을 가진 사람들에게 "모든 자연은 우주적 신성성으로서 자신을 드러내 보일 능력을 지닌 존재이다. 따라서 우주는 그 총체성에서 하나의 성현이 될 수 있다."

엘리아데는 종교는 인간의 삶과 문화를 이해하고 해석하는 양식을 제공하며, 성(聖)으로서 종교는 세계를 올바로 바라보게 하고, 현실 세계에 질서와 의미를 부여하는 기능을 한다고 주장한다. 즉 종교적 상징과 신화들은 인간의 삶과 세계에 대한 원형(모델)을 제시하며, 현실의 인간[俗]에게 종교적이고 참된 삶의 차원, 그리고 질서 있는 삶을 가능하게 한다는 것이다. 그리고 이를 통해 인간의 삶은 종교적인 의미의 삶이 된다. 달리 말해, 성(종교와 신화)의 영역이 속(현실의 삶)의 영역으로 들어온다는 말은 곧 신화는 인간의 삶과 소망을 반영하며, 인간은 신화적 상징을 자신의 삶의 영역으로 받아들여 자신의 삶이 참되도록 해야 한다는 것이다.

한편, 성스러움은 불상이나 성당처럼 어떤 대상을 가리키기도 하고, 교회나 사찰의 경내처럼 어떤 장소를 의미하기도 하며, 부활절이나 연등절처럼 특정 시간(기간)을 말하기도 한다. 이 때문에 종교를 '신성한 사물에 관계된 믿음과 관행의 한 체계(뒤르켐)'라 부르기도 한다. 이와 함께 종교는 메카나 갠지스 강의 순례처럼 의례 또는 종교적 행위를 수반하며, 기독교의 십계, 불교의 8정도·6바라밀, 유교의 4덕(인의예지)처럼 윤리적 계율과 도덕 규범(황금률)을 제시한다. 이것은 종교의 기원이 공동체의 질서 유지나 윤리적 역할과 밀접한 관련이 있음을 의미하며, 이를 가리켜 '결속과 질서 유지에 전제된 사회적 권위(뒤르켐)'라고 한다.

이외에 종교는 기도나 의식 행위를 통해 신과의 교통(교감)을 중시하며, 나름의 고유한 세계관과 인간관을 제시한다. 예를 들어 에덴동산의 아담과 이브, 우리의 단군 이야기는 모두 특정 종교의 세계관과 인간관을 반영하고 있다.

마지막으로 종교는 공동체적 삶을 추구하며, 내면의 조화와 심리적 평안 상태를 추구하고, 새로운 시대의 도래와 내세를 약속할 뿐 아니라 선교를 통해 자신들의 영향력을 확장하고자 한다.

위에서 우리는 종교가 멀어진 인간과 신의 관계를 다시 묶어 주는 역할을 하고, 인간은 근원적으로 현재(지상)에 매여 있는 유한한 존재임을 지적했다. 그리고 이러한 특성으로부터 '종교적 인간'과 종교의 본질을 대략적으로 설명했다. 이제 인간이 유한한 존재라는 사실이 무엇을 의미하고, 이것이 종교와 어떤 연관성을 갖게 되는지에 대해 좀 더 보충설명을 하려고 한다.

기독교의 신에 의한 은총과 구원을 확신했던 파스칼은 인간이 처한 근본 상황과 유한성에 대해, "우리들은 언제나 불확실하게 허공을 떠돌며, 어떤 종착점을 생각하더라도 결국 흔들리게 되고, 그것은 우리에게서 멀어진다. 우리가 아무리 그것을 뒤쫓더라도 그것은 도망쳐버릴 뿐, 우리를 위해 멈추지 않는다"고 설명한다. 그리고 이로부터 오는 불안과 허무, 죽음, 불행은 "오직 불변하고 무한한 존재인 신에 의해서만 채워질 수 있다"고 주장한다. 즉 인간은 진리를 알고자 하지만 단지 불확실한 것만을 발견할 뿐이고, 또 인간은 행복을 추구하지만 단지 불행과 죽음만을 발견할 뿐이다. 파스칼은 그럼에도 인간은 참된 진리와 행복을 추구하지 않을 수 없는 운명인데, 이것은 오직 신에 대한 확신과 믿음을 통해서만 가능하다고 주장한다.

종교에 관한 지금까지의 내용을 기초로 종교를 사전적 정의에 따라, "인간의 정신문화 양식의 하나로 인간의 여러 가지 문제 중에서도 가장 근본적인 것에 관하여 경험을 초월한 존재나 원리와 연결 지어 의미를 부여하고, 또 그 힘을 빌려 통상의 방법으로는 해결이 불가능한 인간의 불안·죽음의 문제, 심각한 고민 등을 해결하려는 것"으로 이해할 수 있다. 그런데 종교에 따라서는 초월적 존재인 유일신을 절대시하여, 다른 종교에 대해 배타적인 태도를 갖기도 한다. 즉 종교가 화해와 관용의 정신을 실천하기보다는 다른 종교를 인정하지 않고 배제하려 함으로써 갈등과 분쟁의 원인이 되기도 한다.

이 때문에 한스 큉과 같은 신학자는 『세계 윤리 구상』을 통해 "세계 윤리 없이는 생존이 불가능하다. 종교의 평화 없이는 세계의 평화도 없다. 또 종교간 대화 없이는 종교간 평화도 있을 수 없다"고 주장하면서 세계의 보편 종교들이 서로 대화의 길에 나서야 한다고 주장한다.

큉은 유대교의 "다른 사람이 행하기를 바라지 않는 바로 그것을 너 또한 다른 사람에게 행하지 말라", 유교의 "네가 원하지 않는 일을 다른 사람에게 강요하지 말라", 기독교의 "너는 다른 사람이 해주기를 바라는 그대로 다른 사람에게 해주어라"처럼 인류의 보편 종교들이 내세우는 황금률이 서로 같다는 점에 주목한다. 또 불교의 열반, 힌두교의 모크샤(해탈), 도교의 불멸성, 이슬람교의 낙원, 기독교의 영원한 삶의 추구 등은 인간이 부딪치는 가장 근원적인 문제인 인간의 유한성, 즉 죽음, 고통, 절망을 어떻게 수용하고 뛰어넘을 수 있는지에 대한 지혜를 제공한다고 주장한다.

그는 세계 종교의 이와 같은 근본 가르침에 기초해 '전 지구적 윤리'인 '세계윤리'를 제안한다. 세계윤리는 "우리는 모두 서로 의존하고 있다. 우리 각자는 전체의 복리에 의존하고 있으며, 따라서 생명 공동체, 인간, 동물, 식물, 그리고 지구의 보전을 위해 공기와 물, 흙 등에 대해서 경외하는 마음을 가져야 한다. 우리 인류는 하나이며, 따라서 관용하고, 봉사해야 한다. 어떤 사람도 이류 시민으로 취급되어서는 안 되며, 여성과 남성 사이에 차별이 있어서도 안 된다. 또 우리는 어떤 형태의 지배와 남용도 배격해야 한다"고 선언한다. 이를 위해 종교 간의 대화와 평화가 우선되어야 한다는 것이 세계윤리의 정신이다.

현대사회와 윤리 주제탐구

주제 열

국가 간 관계를
지배하는 힘은
도덕일까?

1. 칸트의 '영원한 평화'

 지금 여기의 윤리 문제

■ 사례1

일본이 한국에 대해 역사적·정치적 망언을 일삼으면서도 한일정상 회담을 제안하고 있는 것은 단순한 정치적 쇼에 지나지 않는다는 분석이 나왔다. 일본은 망언으로 악화된 한일 관계에 정상회담을 제안함으로써 한일 관계를 개선하려고 노력하는 것처럼 국제 사회에 보여 주려고 한다는 것이다.

만약에 우리가 일본의 제안을 받아들이면 일본은 한일 관계를 정상화할 수 있는 기회를 잡는 것이고, 만약에 거부한다면 우리가 제안을 받아들이지 않는다는 명분을 얻어 현실주의 정치 세력들의 비난을 피할 수 있다는 논리이다. 이렇게 보면 아베는 민족적 자긍심을 부추기는 망언을 쏟아내면서, 동시에 한일 관계 개선을 위해 노력하고 있는 것처럼 보이게 된다는 것이다.

■ 사례2
북한의 핵문제에 대해 중국의 이중적인 태도를 비판하는 사람들이 있다. 중
국은 북한이 핵실험을 할 때마다 국제 사회의 제재에 동참해 비난하면서도, 일정한 시간이 지나면 다시 북한에 대한 지원을 계속하여 체제 유지에 도움을 주고 있다는 것이다. 사실 중국은 '한반도 비핵화'보다는 '북한의 체제 유지'에 우선적인 관심을 둔다. 왜냐하면 중국으로서는 북한 체제 유지와 한반도 평화 안정이 한반도 비핵화 문제보다 자국의 이익에 훨씬 더 부합하기 때문이다. 냉혹한 현실주의 외교가 작동하는 국제 정치 무대에서 이는 당연하다.

국제 관계에서 이상주의 또는 자유주의[1]적 입장을 보여 준 인물은 16세기 에라스무스이다. 그는 "전쟁은 아무런 이익도 주지 않는다"고 주장하면서, 전쟁을 극복하기 위해 각국의 왕과 군주들에게 평화와 화해를 기대할 수 있도록 친절한 태도를 보여 주어야 한다고 강조했다.

일반적으로 이상주의는 도덕적 가치와 합법적 규범에 기초하여 국제 정치를 해석하는 입장을 가리킨다. 칸트(Immanuel Kant, 1724-1804)는

---

1 칸트와 같은 자유주의자들은 인간의 잠재력이 개인의 태도 변화는 물론 국가들을 '연방'의 형태로 결합하게 하여, 국가 간의 관계가 자연적 조화와 평화의 단계로 발전할 것으로 기대했다.

"자연은 인간에게 자유를 주었고, 이 자유를 제한할 수 있는 이성을 주었으며", 이성은 법칙(시민법과 도덕법칙)에 순종함으로써 자유를 제한한다고 주장한다. 따라서 자연의 계획에 의해 인간을 포함한 "생명체의 모든 자연적 소질은 언젠가는 완전하게, 그리고 목적에 맞게 발현되도록 결정되어 있다(『세계 시민적 관점에서 본 보편사의 이념』, 제1명제)."

한편, 자연적 소질로서 인간의 이성은 개인적 차원이 아니라 인류 전체의 차원에서, 그리고 무수한 여러 세대를 거치면서 비로소 완전하게 계발될 수 있다. 즉 개인에게는 얽혀 있고 불규칙해 보이는 것도 인류 전체라는 관점에서 보면 인간의 근원적 소질인 '이성이 느리기는 하지만 지속적으로 발전해가고 있는' 과정임을 깨달을 수 있다. 자연의 계획을 향해서 마치 늘어진 실끈을 따라 천천히 진행하고 있는 것이다. 따라서 "자연적 소질(즉 이성)은 개인적 차원이 아니라 전체 인류 차원에서 완전히 계발될 수 있다(제2명제)." 이렇게 볼 때, 인류 역사의 목적은 개인의 완성이 아니라 인류의 자연적 소질인 이성의 계발('계몽')이라고 할 수 있다.

따라서 "최고의 도덕적 선은 개인의 도덕적 완성을 지향하는 개인의 노력에 의해서가 아니라 그런 개인들이 동일한 목표를 지향하는 전체로서 통합될 것을 요구한다. 이를 통해서만 최고의 도덕적 선이 성취될 수 있다." 그리고 "자연은 이것을 인간으로 하여금 시민 사회를 건설(제5명제)"함으로써 가능하게 했다. 나아가 "완전한 시민적 정치 체제는 합법적인 국제 관계(제7명제)"에 기초할 때 비로소 완성된다. 왜냐하면 개인들 사이에 갈등이 존재하는 것처럼, 국가들 사이에서도 갈등은 존재하기 때문이다. 따라서 국제 관계에 대한 올바른 규범 정립이 필요하다.

가장 이상적인 국제 관계란 "국가의 규모에 상관없이 모든 국가가 자신의 안전과 권리를 보장받을 수 있는" 조건에 놓일 때 가능하다. 이것은 국가끼리 상호 합의한 국제법을 통해 실현할 수 있는데, 이것이 칸트가 구상했던 '영구 평화'를 위한 '평화 연맹'으로서 '국제 연맹' 이념이다. 자연 상태에서 안전과 자유를 보장받기 위해 인간이 시민적 공동체를 만들었듯이, 경쟁 관계에 있는 국가들끼리 전쟁을 방지하고 안전과 자유를 보장하기 위해 세계적인 형태의 시민적 공동체가 필요한 것이다.

칸트는 이것을 거대한 '초민족적 국가'가 아니라 언제든지 해체될 수 있는 '연맹' 개념으로 이해했다. 즉 국제 연맹은 자연이 최고의 목표로 삼고 있는 '보편적인 세계 시민 상태'라는 것이다. "이 완전한 체제는 자연이 인류의 소질을 가장 완전하게 계발시킬 수 있는 유일한 상태이다."

> 인류 역사는 국내적으로도, 국제적으로도 완전한 국가 체제를 성취하고자 하는 자연의 숨겨진 계획을 실현하는 과정으로 이해할 수 있다(제8명제).

이처럼 이성에 의해 국제 관계에서 자유와 정의를 가져올 수 있으리라는 믿음을 갖고 있었던 칸트는 『영구평화론』에서 '연방' 형태의 국제적 제도의 조건에 대해 다음처럼 주장한다.

> ■ 제1조항
> 모든 개별 국가의 시민 헌법(The civil constitution)은 공화주의적(Republican)이어야 한다. 이러한 헌법 아래에서 시민들은 불가피한 경우, 전쟁을 선포할 것인지를 결정해야 할 때, 그렇게도 위험한 전쟁을 할 것인지에 대해 망

설일 수밖에 없을 것이다. 그렇지만 주체가 시민들이 아닌 그리고 공화주의적이 아닌 헌법 아래에서는 전쟁으로 쉽게 치닫게 될 수 있다.

■ 제2조항

국제법(The law of nations)은 자유로운 국가들의 연방(A federation of free states)에 기반을 두어야 한다. 각 국가는 각자의 안보를 위해 다른 국가에게 각자의 시민적 권리가 보장되는 헌법의 틀 안으로 들어올 것을 요구할 수 있다. 하지만 평화란 국가들 사이의 보편적 동의가 없으면 시작도 될 수 없고, 보장도 될 수 없다. 따라서 '평화적 연방'이라는 연맹이 필요하다. 이 평화 연방은 모든 전쟁을 종식시키기 위해 필요하다. 모든 국가는 이 연방주의 구상 아래에서 영구적 평화에 이르게 될 것이며, 이는 실천 가능한 것이다.

■ 제3조항

세계 시민법(The law of world citizenship)은 보편적인 우호의 조건에 제약을 받는다. 지구의 모든 사람들은 보편적 공동체에 다양한 형태로 들어가게 되며, 어느 한 쪽의 권리 침해는 모든 지역에서 감지되는 단계로까지 발전된다. 따라서 세계 시민법 구상은 명문화되지 않은 정치적·국제적 권리를 인류의 보편적인 권리로 변화시킨다. [즉, 이방인이 낯선 땅에 이르렀을 때 적으로 간주되지 않을 권리('방문권')이며, 이런 우호적 조건에 기초해 세계 모든 지역이 평화적 관계를 형성하며, 나아가 인류가 세계 시민적 체제에 들어서게 된다는 의미이다.

칸트에게 국가는 '도덕적 인격체'이므로 한 국가가 다른 국가의 명령을 받거나 지배의 대상이 되어서는 안 된다. 각 국가는 자율성을 지닌 독립 국가이므로 영원한 평화에 관한 구상은 이를 바탕으로 도출된다. 칸트는 이것을 영구 평화를 위한 예비 조항으로 제시한다.

⑴ 장차 재앙의 원인이 될 수 있는 내용을 유보한 채 맺은 모든 평화 조약은 결코 평화 조약이 아니다.

⑵ 어떤 국가도 상속, 교환, 매매나 증여를 통해 다른 국가의 소유로 전락할 수 없다.

⑶ 상비군은 조만간 완전히 폐지되어야 한다.

⑷ 어떤 국가도 다른 국가의 통치와 체제에 대해 폭력적 간섭을 해서는 안 된다.

⑸ 어떤 국가도 전쟁 중 앞으로 평화의 시기에 상호 신뢰를 저버리게 할 적대적 행위(암살이나 반역 선동 등)를 해서는 안 된다.

이외에도 칸트는 영원한 평화의 실현에 장애가 되는 '상비군의 점진적 폐지', 그리고 '폭력을 통해 다른 나라의 헌법과 통치에 간섭하는 행위 금지'를 주장한다. 칸트의 이러한 구상은 제1차 세계대전 이후 미국의 윌슨[2] 대통령의 제안으로 만들어진 '국제연맹'의 정신과 규약의 주요 내용에도 중요한 영향을 미친다.

- 제1조 : 모든 침략은 불법이며, 어떤 공격적 전쟁도 금지한다.

- 제2조 : 모든 비침략국이 연합을 형성함으로써 침략을 억지한다.

- 제3조 : 만약 그 억지가 실패하고 침략이 발생하면 모든 국가들이 침략국을 응징하는데 동의한다.

- 제10조 : 국가들은 모든 회원국을 침략에서 보호할 것을 약속한다.

2 윌슨은 "대국과 소국이 동일한 정치적 독립과 영토적 완전성에 대해 서로를 보장한다는 구체적인 규약에 기초해 국가들 사이에 일반적 결사체를 구성할 것(제14조)"을 제안했다.

- 제12, 15조 : 국가들은 분쟁을 중재에 맡기고 중재가 실패한 후, 3개월이 경과되면 전쟁에 호소할 수 있다.

- 제16조 : 국제연맹의 절차를 무시하는 그 어떤 전쟁도 국제연맹의 모든 회원국들을 상대로 한 전쟁으로 간주한다.

하지만 국제 정치를 이해하는 이와 같은 이상주의 또는 자유주의적 입장은 인간의 본성에 대해 지나치게 낙관적 전망을 하고 있어, 현실적으로 존재하는 국가들 사이의 경쟁과 갈등 양상을 제대로 설명하지 못한다는 비판도 받고 있다. 이런 비판에 가장 적극적인 입장이 이제 검토할 현실주의적 입장이다.

현대사회와 윤리 주제탐구

2. 현실주의

국제 정치에서 가장 오래된 관점으로 볼 수 있는 현실주의는 투키디데스(Thukydides, 기원전 460?-기원전 400?)의 『펠로폰네소스 전쟁사』에서 매우 적절한 사례로 등장하는데, 그것은 아테네가 작은 섬 멜로스에 대해 어떤 입장을 갖고 대우하고 정복하게 되는지를 보여 주는 부분에서 나타난다. 이야기는 아테네의 지도자들이 멜로스를 정복하기 위해 그곳에 도착한 후에 나누는 대화로 시작된다. 내용의 중요성을 고려해 다소 길지만, 전체 내용을 일부 수정해 그대로 인용하겠다.

아테네인 : 당신들도 잘 알겠지만, 강자는 그들이 하고자 하는 것들을 하는 것이며, 약자는 그들이 수용해야만 하는 것들을 받아들이는 것이다.

멜로스인 : 그렇게 되면 당신들은 정의, 즉 보편적인 선에 대한 원칙, 다시 말해 위험에 처한 사람들을 공정하게 대우하라는 원칙을 어기는 것이 된다.

아테네인 : 우리는 당신들이 당신 자신과 우리들 모두에게 이익이 되는 방식으로 생명을 보존하기를 원한다.

멜로스인 : 그렇지만 당신들이 주인이 되고, 우리가 노예가 되는 것이 어떻게 똑같이 좋은 일이겠는가?

아테네인 : 당신들은 항복함으로써 재난으로부터 구제받을 수 있고, 우리는 당신들을 죽이지 않음으로써 당신들로부터 이익을 취할 수 있기 때문이다.

멜로스인 : 그렇다면, 당신은 우리가 중립을 택해 어느 쪽과도 동맹을 맺지 않는 것에 동의하지 않겠다는 것인가?

아테네인 : 그렇다. 우리가 당신들을 우호적으로 대하면, 우리의 지배를 받는 자들은 우리를 유약하다고 생각할 것이다. 반면, 당신들의 증오심은 우리가 갖고 있는 힘의 증거가 될 것이다. 따라서 우리는 당신들을 정복함으로써 우리 제국의 크기뿐만 아니라 그 안보도 증대시킬 것이다.

멜로스인 : 하지만 지금 여기서 벌어지고 있는 일들을 보면서 중립국들은 시간이 흐르면 당신들이 그들도 공격할 것이라 생각하게 될 것이고, 결국 당신들은 그들 모두를 적으로 만들게 될 것이다.

아테네인 : 그런 생각이 위험 속에 빠진 당신들에게 위안이 되기를 바랄 뿐이다.

멜로스인 : 우리는 그릇된 것에 반하여 옳은 편에 서 있기 때문에 행운이 따를 것으로 믿는다. 우리에게 부족한 힘은 스파르타와의 동맹으로 채워질 것이고, 그들은 선린을 위해 우리를 도

현대사회와 윤리 주제탐구

울 것이다.

아테네인 : 신의 호의에 관한 한 우리와 당신들은 동등한 권리를 갖고 있다고 생각한다. 신에 대한 우리의 입장, 그리고 인간에 대한 우리의 지식에 의하면, 우리는 우리가 지배할 수 있는 것은 무엇이든지 지배하는 것이 자연의 일반적이고 필연적인 법칙이라는 결론을 갖고 있다. 이것은 우리가 만든 것이 아니라 이미 존재하는 것들을 통해서 우리가 발견한 것이고, 우리는 단지 그에 따라 행동할 뿐이다. 우리는 당신들도 우리와 동등한 권력을 갖는다면, 우리와 똑같은 방식으로 행동할 것으로 알고 있다. 따라서 신의 입장에서 볼 때, 우리가 불리한 편에 서 있다고 말할 이유가 없다. 스파르타가 명예를 위해 당신들을 도울 것이라는 당신들의 순수함과 단순함에 놀라울 뿐이지만, 당신들의 어리석음을 부러워하지는 않는다. 만약에 어떤 사람이 자신의 이익을 추구한다면, 그는 자신의 안전을 바랄 것이다. 반면, 정의와 명예의 길을 걷고자 한다면, 그는 위험에 빠질 것이다. 명예에 대한 잘못된 감각으로 길을 잃지 않기를 바란다. 당신은 전쟁과 안전 중에서 어느 쪽이 잘못된 선택인지를 모를 만큼 무감각하거나 오만하지 않을 것이다. 동등한 자에게 대항하고, 우월한 자에게 존경심을 갖고 행동하고, 약한 자들을 관대하게 대하는 것이 안전의 법칙이다.

멜로스인 : 우리의 결정은 처음과 똑같다. 700년간 누려온 자유를 포기할 수 없다.

아테네인 : 당신은 단지 그렇게 되기를 바라는 마음 때문에 불확실한
것을 현실로 보고 있는 것 같다.

국제 정치에서 보편적 규범과 정의, 도덕적 가치, 평화와 우호를 중
시했던 멜로스는 결국 아테네에게 정복당하고 노예가 된다. 현실주의자
들은 국제 정치에서 '보편적 도덕 원리'를 인정하지 않으며, 주권 국가를
국제 정치의 주요 행위 주체로 강조한다. 즉 국가는 국민의 집단 의지를
대변하며, 따라서 주권 국가 바깥에는 '무정부 상태'가 존재한다고 본다.
여기서 '무정부 상태'란, 완전한 혼란과 무질서를 의미하는 것이 아니
라 국제 정치 무대에는 '중심적인 권위'가 존재하지 않는다는 뜻이다. 다
시 말해 국내 정치에서는 개인들 사이의 권력 추구가 덜 폭력적인 방식
으로 통제되고 조정되며, 다양한 방식으로 행위 주체들 사이에 위계적
구조가 형성되지만, 국제 정치에서는 개별 주권 국가들이 자신을 최고
권위체로 인정하고, 자신보다 더 상위의 권력을 인정하지 않으려 한다
는 점에서 무정부 상태라는 의미이다.
이와 같은 무정부 상태에서는 국가의 생존이 보장받을 수 없기 때문
에 국제 정치에서 국가의 지속적인 생존과 국가의 이익은 가장 명확한
목표가 된다. 하지만 이러한 목표는 국제 연합에 의존하는 것으로 실현
할 수는 없다. 오늘의 친구가 내일의 적이 될 수 있는 것이 국제 정치이
기 때문이다. 이 때문에 어떤 국가는 자국의 힘 또는 군사력을 강화하는
전략을 채택하기도 하지만, 이것 또한 주변국들을 자극하게 되어 오히
려 자국의 생존과 국익이 위협받는 문제가 있다. 이 때문에 현실주의자
들은 국가 생존의 핵심 전략으로 '세력 균형' 전략을 선택해야 한다고 주

현대사회와 윤리 주제탐구

장한다.

세력 균형이란 "한 국가 또는 몇몇 약소국들이 패권국 또는 강대국 연합으로부터 생존의 위협을 받을 때, 서로의 힘을 결집하여 공식적인 동맹을 형성함으로써 상대편의 힘을 견제하고, 이를 통해 자신의 독립을 유지하려는 노력"을 의미한다. 따라서 세력 균형은 한 국가 또는 여러 국가의 연합이 다른 상대 국가들을 압도하지 못하도록 '힘의 균형' 상태를 확보하려는 노력이라고 할 수 있다.

20세기, 바르샤바조약기구 대 북대서양조약기구는 냉전이 낳은 동유럽과 서유럽의 힘의 균형, 즉 세력 균형의 좋은 사례이다. 현실주의의 이러한 속성 때문에 현실주의적 관점을 대표하는 모겐소(Mogenthau)는 국내 정치와 국제 정치를 구분하면서, "국제정치는 모든 정치와 마찬가지로 권력을 향한 투쟁"이며, 또한 "국익의 관점에 입각해 규정된 권력을 향한 투쟁"이라고 주장한다.

권력에 대한 열망은 다른 모든 정치 현상에서와 마찬가지로 국제정치의 특징적 요소이다. 국제정치는 필연적으로 권력 정치이다. 권력 투쟁이란 시간적·공간적으로 보편적인 현상이며, 경험적으로도 결코 부인할 수 없는 사실이다. 사회·경제·정치적 여건과 상관없이 국가 간 관계는 권력을 위한 경쟁의 현장이다. 생존 욕구, 번식 욕망, 지배 욕망은 모든 사람에게 공통된 것이다. 국내정치와 국제정치는 서로 다른 것처럼 보이지만 권력 투쟁이라는 통일 현상의 다른 측면일 뿐이다.

모겐소와 같은 현실주의자들에게 국제정치 무대는 국익을 극대화하려는 국가들 사이의 권력 투쟁이 일어나는 공간이므로 국제정치에서 질서나 평화란 세계 균형이 작동한 결과이다. 각각의 국가들은 어느 한 국가가 우세하지 못하도록 세력 균형을 통해 견제한다. 국제무대에서 주권을 가진 국가보다 더 상위의 존재란 인정되지 않기 때문이다. 국가 간에는 협력과 동맹, 외교가 가능하지만, 또한 언제나 권력 갈등의 가능성 또한 엄연한 현실이다. 국익 추구와 권력 투쟁이 본질인 국제정치에서 추상적이고 관념적인 칸트적인 '보편적 도덕성'은 국익에 우선할 수 없다.

하지만 힘에 의한 세력 균형이라는 현실주의를 통해서는 확실하고 영속적인 안전과 평화가 보장되지는 않는다. 힘의 우위를 확보하려는 국가들 사이의 경쟁이 오히려 군비 경쟁이나 갈등을 촉발할 수 있으며, 국제 사회가 환경이나 빈곤 문제 해결 같은 여러 분야에서 서로 협력하고 있는 현실 또한 현실주의의 한계를 보여 준다.

3. 평화적 수단에 의한 평화

갈퉁은 "평화적 수단에 의한 평화"에서 '건강-질병'의 관계를 '평화-폭력'의 관계로 치환한 다음, 질병과 폭력에 대해서와 마찬가지로 건강과 평화 상태에 대해서도 진단과 분석이 필요하다고 주장한다. 그러면서 한 행위자의 내부에서 무엇인가가 잘못되어 있다면, 착취가 없는 사회에서도 폭력은 존재할 수 있다고 자신의 논의를 이어간다. 그가 주장하는 '간접적 폭력'을 암시하고 있는 것이다.

갈퉁은 평화를 창조하는 것은 폭력을 줄이는 것(치료)과 폭력을 피하는 것(예방)과 관련되며, 평화와 생명은 불교의 전통에서도 발견된다고 말한다. 그는 (적극적) 평화를 말하기 위해서는 폭력에 대한 이해가 필요하다고 전제한 다음, 폭력을 직접적 폭력과 간접적 폭력으로 구분한다. 그는 "폭력의 결과를 의도한 행위자 또는 가해자가 존재하는 경우"를 직접적 폭력으로, 그렇지 않은 경우를 간접적 또는 구조적 폭력으로 분류한다. 요컨대 비참함(매우 슬프고 끔찍함)은 고통의 한 형태이며, 따라서 비참함이 있다는 것은 어딘가에 폭력이 있다고 말할 수 있다는 것이다.

갈퉁은 직접적 폭력은 언어적 폭력과 신체적 폭력으로 나눌 수 있고, 구조적 폭력은 정치적 · 억압적 · 경제적 · 착취적 폭력으로 구분할 수 있으며, 문화적 폭력은 종교, 법과 사상, 언어, 예술, 과학, 우주론(심오한 문화), 학파, 대학, 미디어 등으로 나눌 수 있다고 제시한다. 갈퉁은 직접적 폭력과 달리 간접적 폭력은 "사람들 사이에서, 사람들이 속해 있는 집단 간에, 또 사회 집단들 간의 동맹이나 지역 간에, 즉 사회 구조에 존재하며, 그리고 인간 내면의 성격 구조로부터 생기는 간접적이고 정신적인 또는 의도되지 않은 폭력의 존재"를 말한다고 정의한다.

또 갈퉁은 직접적 폭력과 구조적 폭력의 이면에는 문화적 폭력이 존재한다고 지적한다. "이것은 모두 상징적인 것으로 종교와 사상, 언어와 예술, 과학과 법, 대중 매체와 교육의 내부에 존재"하는 폭력으로, "직접적 폭력과 구조적 폭력을 정당화하는" 성격이 있다고 주장한다. 그는 "폭력은 '주로' 문화적 폭력으로부터 구조적 폭력을 거쳐 직접적 폭력으로 번진다."고 본다.

한편, 갈퉁은 평화와 관련해, 구조적이고 적극적 평화는 "억압을 자유로, 착취를 평등으로 대체하며, 강요 대신 대화를, 분리 대신 통합을, 분열 대신 결속을, 소외 대신 참여를" 지향한다고 주장한다. 따라서 문화적이고 적극적 평화는 폭력의 합법화를 평화의 합법화로 바꿀 수 있으며, 이를 위해 종교, 법, 사상, 언어, 예술, 과학, 대학, 언론 등이 중요한 역할을 할 수 있다고 본다.

갈퉁의 이러한 입장을 정리하면, "(1) 어떠한 종류의 폭력이라도 또 다른 폭력을 낳는다. (2) 어떠한 종류의 평화라도 또 다른 평화를 낳는다.

(3) 적극적 평화는 폭력에 대한 최선의 방어이다."라고 할 수 있다. 적극적 폭력은 그 자체로 보복과 공격적 소란을 일으키고, 구조적 폭력은 그 자체로 반복되고 완성된 폭력을 낳으며, 문화적 폭력은 이러한 모든 폭력을 합법화하는 성격이 있기 때문이다.

갈퉁은 폭력과 평화를 논의한 다음, 결론적으로 "평화는 갈등을 처리하는 능력"과 관련되며, 평화는 "직접적 평화와 구조적 평화, 그리고 문화적 평화가 합쳐진 것"이라고 제시한다. 또 갈등은 그것을 창조적으로 처리하는 사람들에 의해 바뀔 수 있고, 갈등 속에서 폭력을 행사하지 않고 행동하는 것이 중요하다고 주장한다. 즉 물리적 폭력과 언어의 폭력을 배제하고, 갈등을 창의적이고 비폭력적으로 처리할 줄 아는 '평화 문화'가 필요하다는 것이다. 그에게 "평화를 구축하는 활동은 구조적 평화와 문화적 평화를 구축하는 활동과 동일한 의미를 지닌다." 어차피 모든 갈등을 완전히 해결할 수는 없으므로 갈등을 적극적이고 창조적으로 변형할 줄 알아야 하고, 이로써 폭력을 피하며, 갈등이 돌이킬 수 없는 것이 상황이 되지 않도록 하는 것이 중요하다. 결론적으로 "'평화적 수단에 의한 평화'는 혁명적 사상이며, 비폭력으로서 혁명을 의미하며, 평화를 위해서는 인내의 훈련이 필요하다."

4. 전쟁과 윤리

 지금 여기의 윤리 문제

2022년 2월 러시아(푸틴)는 우크라이나의 수도 키이우에 대해 지상 군을 투입하고 미사일로 공습하는 침략을 했다. 러시아의 우크라 이나 침공은 푸틴의 긴급 연설과 함께 단행되었는데, 푸틴은 우크 라이나의 비무장화와 함께 외국의 간섭에 대한 즉각적 보복을 경고 했다. 특히 나토(북대서양 조약기구)의 우크라이나 영도 활용은 용 납할 수 없다고 강조했다. 러시아의 침략으로 우크라이나의 군사 시설은 대부분 파괴되었고, 천연가스 에너지, 곡물(밀) 등 원자재 가격의 급격한 상승을 초래했다. 무엇보다 미국을 중심으로 한 서 방 대 러시아와 중국 등 비서방 간에 신냉전이 도래하는 계기가 되 었으며, 2차 세계대전 이후 신중한 외교안보 정책을 펼쳐온 독일은 이를 계기로 분쟁 지역에 대해 무기를 수출하지 않기로 했던 원칙을 껐다.

우크라이나는 지정학적으로 지리적으로 동과 서(러시아와 유럽), 남과 북(발트해와 흑해)으로 이어지는 유라시아 대륙의 교차로에 위치하고 있다. 특히 우크라이나는 러시아에 있어 석유·가스의 대유럽 수출 경유국으로, 우크라이나의 나토 가입이 이뤄질 경우 유럽 에너지 시장에 대한 러시아의 영향력이 약화될 수 있다. 여기에 우크라이나의 EU 가입까지 이뤄지면 우크라이나를 옛 소련권 국가들과의 경제협력체인 '유라시아경제연합(EAEU)'에 가입시키려는 러시아 측 구상도 실패하게 된다. 또 우크라이나 남쪽은 흑해를 접하고 있는데, 이는 겨울이면 대부분 항구가 얼어버려 부동항 확보가 절실한 러시아에게는 매우 중요한 지역이다. 이에 우크라이나는 유럽과 러시아 사이에 끼어 양측 주도권 싸움의 무대가 됐고, 정권도 친서방파와 친러시아파가 번갈아 잡는 상황이 이어져 왔다.

평화주의 대 현실주의

전쟁과 폭력에 대한 반대 개념으로 이해할 수 있는 평화란 두 가지 측면, 즉 전쟁이나 폭력이 없는 상태를 의미하는 소극적인 평화, 그리고 사회의 문화와 구조 속에 내재하고 있는 폭력성을 제거하고 나아가 자비·동정·정의를 실천하는 적극적인 평화로 나누어 생각해 볼 수 있다.

우리가 검토하려는 '평화주의(Pacifism)'는 국가와 국가 간의 관계인 국제 사회에서 전쟁과 관련된 이야기이다. 평화주의자들의 입장은 전쟁과 정치를 도덕성과의 연관성 속에서 생각하는 경향이 강하다. 즉 전쟁은 살인, 고문, 폭력, 강간, 속임수 등 도덕적으로 금지하고 있는 거의 모든 것들을 승인하는 행위이며, 바로 이러한 이유 때문에 평화주의자들은 전쟁을 반대한다.

평화주의는 종교적 가르침에 의지하여 자신들의 정당화 논거를 마련하기도 한다. 예를 들어 "'눈에는 눈, 이에는 이로'라는 말이 있지만, 나는 너희에게 '악인에게 맞서지 마라.', '오른 뺨을 때리면 다른 뺨을 내주어라.', '너의 겉옷을 가지려는 자에게 속옷까지 주라.'고 말한다(마태 5장 38-40절)." 이에 근거해 평화주의자들은 생명의 기본 권리를 무시하는 전쟁에 반대한다.

또 평화주의자들은 우리들의 양심에서 비롯되는 도덕적 직관에 기초하여 사람을 죽이는 전쟁에 반대하기도 한다. 그런가 하면, 어떤 평화주의자들은 전쟁을 통해서는 궁극적으로 기대하는 효과를 거둘 수 없고, 장기적 관점에서 보면 오히려 폭력의 악순환을 초래할 뿐(결과주의)이라고 주장하기도 한다. 전쟁을 통해서는 어떤 문제도 해결하지 못하며, 단지 더 많은 폭력을 야기할 뿐이라는 것이다. 예를 들어 1차 세계대전은 2차 세계대전의 원인이 되었고, 2차 세계대전은 냉전의 원인이 되었으며, 냉전은 동유럽과 제3세계에 더 많은 고통을 초래했다는 것이다.

평화주의자들과는 대조적으로 현실주의자(Realist)들은 전쟁과 도덕을 서로 연계시켜 판단하려는 시도를 거부한다. 이들은 전쟁을 도덕으로부터 분리시키려 한다. 특히 전쟁은 개인 간의 관계나 한 국가 안에서의 관계를 다루는 국내적 성격의 것이 아니라 국가와 국가(들) 사이의 관계에서 다루어져야 하기 때문에 도덕적 용어나 판단을 개입시키려 해서는 안 된다고 주장한다. 즉 전쟁이란 개인 간 약속이나 계약을 지키는 문제

현대사회와 윤리 주제탐구

와는 차원이 다르다는 것이다. 국가와 국가 간의 관계는 무정부 상태 또는 자연 상태 아래에서 전개되기 때문이다.

칭기스칸의 다음과 같은 말은 현실주의에 기초한 전쟁관을 가장 잘 보여 준다고 할 수 있다. "사람이 가질 수 있는 가장 큰 즐거움은 승리이다. 적국을 정복하고, 그들을 추격하고 그들의 재산을 빼앗고, 그들의 가족을 눈물짓게 하며, 그들의 말을 타고 그들의 부인과 딸들과 사랑을 나누는 것이다." 따라서 고대 중국의 법가 사상이나 현대의 히틀러, 스탈린, 사담 후세인처럼 진정한 현실주의자라면, 도덕(윤리)을 전쟁과 연계시키려는 노력을 순수하고 어리석은 것으로 평가할 것이다. 도덕적으로 싸우는 전쟁이란 논리적으로 모순이기 때문이다. 헤르만 괴링[1]의 표현처럼, "도덕성! 명예를 걸고 한 약속! 그러나 전쟁은 국가의 이익의 문제이다. 그러므로 도덕성은 유보된다."

정의의 전쟁 : 아우구스티누스

고대 인도의 '바라타 왕조의 대서사시' 『마하바라타』에는 전쟁을 정당화할 수 있는 경우로 네 가지 조건, 즉 (1) 비례의 원칙(예를 들어 전차는 기사를 공격해서는 안 되며 오직 상대편의 전차만을 공격해야 한다), (2) 정당한 수단(방법)의 원칙(예를 들어 독화살, 갈고리 모양의 미늘 화살은

---

1 독일의 군인·정치가로 제1차 세계대전 때는 공군장교로 공적을 세웠고, 이후 나치스에 가입해 나치스 돌격대 대장이 되었다. 독일 공군을 건설하여 사령관이 되었으며, 군사물자 생산을 강행하여 전쟁 준비에 박차를 가했다. 뉘른베르크 국제군사재판에서 사형을 선고받았으나, 처형 직전에 음독자살했다.

사용하지 않는다), ⑶ 정당한 명분의 원칙(예를 들어 순간적인 분노를 참지 못해 공격을 해서는 안 된다), ⑷ 공정한 대우의 원칙(예를 들어 포로나 부상당한 사람을 부당하게 대우해서는 안 된다)이 나오는 것으로 전해진다.

하지만 정의의 전쟁[2]에 관한 한, 우리에게 가장 익숙한 이야기는 초기 교부 철학자인 아우구스티누스와 스콜라 철학자인 토마스 아퀴나스에게서 발견된다. 물론, 고대의 아리스토텔레스도 공동체의 공동선을 실현하기 위한 수단으로서 정의의 전쟁을 주장했던 것으로 알려져 있다. 그에 의하면, "전쟁 기술이란 어떤 것을 얻기 위한 자연적 기술로, 사냥이 야생동물을 잡기 위한 것이듯이, 전쟁은 본성상 지배받아야 할 인간들이 복종하기를 거부할 때 그들을 잡기 위해 수행된다. 이 경우, 그와 같은 전쟁은 자연적으로 정당한 것(Naturally Just)이다."

정의의 전쟁에 관한 본격적인 주장은 중세에 나타난다. 아우구스티누스가 비록 전쟁을 찬양한 것은 아니지만, 자신의 『신국론』에서 정의로운 전쟁의 조건으로 ⑴ 정당한 명분(Just Cause, 정당한 원인)의 원칙, ⑵ 적절한 권위(Proper Authorization)의 원칙을 제시한다. 즉 "일반적으로 처벌을 위해서 힘이 필요한 경우, 하느님에 대한 복종 또는 어떤 합법적인 권위에 근거해 전쟁을 수행할 수 있다"는 것이다. 이에 근거할 때, 사람의 생

---

2 전쟁 연구자들은 일반적으로 세 가지 측면에서 정의의 전쟁론에 접근해 왔다. 첫째, 전쟁 선포의 정당성(Jus ad bellum), 둘째, 전쟁 행위의 정당성(Jus in bello), 셋째, 전쟁 종식의 정당성(Jus post bellum)이다. 이것을 달리 표현하면, '정의의 전쟁'의 세 측면인 '전쟁 자체의 정당성(Jus ad bellum)', '전쟁을 벌이는 동안 전쟁 행위에 관한 적법성(Jus in bello)', '평화협정과 전쟁 종식의 합리성(Jus post bellum)'이다.

명을 의도적으로 빼앗는 행동이 언제나 그릇된 것만은 아니다. 국가의 법률에 따라 악을 저지른 사람에게 사형을 부과하고 집행하는 것은 정당하며, '신의 권위(즉 적절한 권위)에 근거해 전쟁을 수행하는 사람들'은 살인하지 말라는 명령을 어긴 것이라 볼 수 없다. 왜냐하면 "하느님이 명령한 경우에는 전쟁을 수행하지 않는 것보다 하느님의 명령에 따라 전쟁을 수행하는 것이 더 큰 해악을 줄일 수 있기" 때문이다. 또 "그것이 왕의 권위에 의한 것일지라도, 공적이고 정당한 권위에서 나온 것이라면 수행되어야 한다." 이처럼 전쟁이 비록 악이기는 하지만, 더 큰 해악을 막기 위한 필요악으로서 전쟁을 수행할 수 있는 것이다.

또한 전쟁은 '올바른 동기'라는 정당한 명분 아래에서 제한적으로 인정받을 수 있다. 정당한 명분이란 부모가 아이에게 '사랑의 회초리'를 드는 것처럼, 전쟁을 통해 사랑의 대상을 바로잡는다는 의미를 지닌다. 따라서 "전쟁이란 반드시 근절해야 할 악, 즉 방종한 격정을 제거하려는 선한 동기를 갖고 수행해야 하며, 신의 정의로운 통치가 이루어지도록 하는 자비의 표시이다." 이렇게 볼 때 '선한 동기'란 개인의 이해관계가 아니라 궁극적으로 평화와 질서의 회복이라 할 수 있다.

즉 "모든 피조물은 평화를 갈망하며, 심지어 전쟁조차도 오직 평화를 위하여 수행되는 것이다. 전쟁에서의 승리란 평화와 함께하는 영광 이외에 다른 어떤 것도 아니다. 모든 사람은 전쟁을 하는 동안에도 평화를 추구한다. 하지만 어느 누구도 평화로운 동안 전쟁을 추구하지는 않는다." 이처럼 아우구스티누스는 심각한 불의와 악을 응징하기 위한 방편으로 전쟁을 인정했다. 그가 전쟁의 조건에 대해 상세한 설명은 하지 않았지만, "정의가 없는 왕국이란 거대한 강도의 무리일 뿐"이라는 그의 주장으로부터 명확하게 정의를 회복하기 위한 전쟁 개념을 유추할 수 있다.

군인이 권력으로부터 합법적으로 명령을 받고, 그 권력에 복종하여 사람을 죽이는 경우는 살인죄에 해당하지 않으며, 오히려 죽이지 않았을 경우에 명령 위반죄가 적용된다. 명령을 받지 않고 행하면 벌을 받게 되듯이, 명을 받고 행하지 않을 경우도 벌을 받게 된다. 이것은 최종 권위자의 명령에 따르는 것인데, 하물며 창조주가 명령한 것이라면 더 말할 필요가 없다.

지금까지의 내용은 아우구스티누스가 인정했던 일종의 필요악으로서 정의의 전쟁에 관한 논거들이었다. 그렇지만 이런 과정 속에서도 우리가 놓쳐서는 안 될 좀 더 중요한 그의 주장을 경청해야 한다. 그것은 "현자라면 의로운 전쟁을 수행할 것이라고 한다. 그러나 그 현자가 인간이라면, 아무리 의로운 전쟁이라 하더라도 인간에게 전쟁이라는 필요악이 존재한다는 사실에 더욱 애통해 할 것이다. 그러므로 사람이라면 누구나 전쟁이라는 이토록 잔혹하고 고통스런 행위에 대해 실로 비참하다고 실토해야 마땅할 것이다."

따라서 그에게 전쟁이란 "인간의 교만을 견책하고 겸손하게 만들고자 하는 하느님에 대한 복종으로 수행"되는 한에서 '정의로운 전쟁'이다. "인간의 격정에 의해 일어난 전쟁일지라도 그것이 하느님의 영원한 안녕을 해쳐서는 안 되는 것"이기 때문이다. 결론적으로 그에게 전쟁이란 지상의 평화 유지를 위한 것이며, 이를 명백하게 해치는 행위에 대한 신적인 심판의 의미를 지닌 것이었다고 할 수 있다.

정의의 전쟁 : 토마스 아퀴나스

아우구스티누스처럼 아퀴나스 또한 종교적 관점에서 정의의 전쟁을 주장한다. 그는 '군에 복무하는 것이 언제나 죄인 것은 아니다'라고 하면서, 나아가 전쟁이 정당한 것일 수 있는 세 가지 조건을 제시한다. 즉 (1) 합법적인 권위(권한)에 의한 명령일 경우, (2) 정당한 원인(명분)을 가지고 있는 경우, (3) 정당한 의도를 가지고 있을 경우에 한하여 전쟁은 정의롭다는 것이다.

합법적 권위에 근거한다는 말은 "전쟁이 정의롭기 위해서는 최고의 합법적인 권위를 지닌 자(군주)에 의해서 선포되어야 하며, 개인에게는 전쟁을 선포하고 국민을 소집할 권한이 없다"는 뜻이다. 공적이고 공동체에 관한 최고의 책임은 군주에게 있으며, 따라서 공동체를 방어할 책임도 군주로부터 나온다. 그렇기 때문에 외부의 적으로부터 공동체의 이익을 위해 전쟁을 선포할 권한은 군주에게 있으며, 그것은 공적인 것이기 때문에 개인의 권한을 넘어서 있다.

정당한 원인에 근거해야 한다는 말은 "전쟁에서 공격을 받은 자들은 그들이 어떤 잘못을 저질렀기 때문에 공격을 받아 마땅하다는 정당한 이유가 있어야 한다는 뜻이다. 정의의 전쟁은 한 국가가 징벌을 받아 마땅하다거나, 국민에게 저지른 잘못을 바로잡기를 거부하거나, 부당하게 차지한 것들을 되돌려주기를 거부할 경우, 이런 악들을 징벌하는 것으로 이해할 수 있다." 즉 정의로운 전쟁은 평화와 정의의 질서를 회복하기 위해 상대방의 명확한 잘못에 대한 징벌적 성격과 외부 공격에 대한 방어적 성격을 지닌다.

마지막으로 정당한 의도에 근거해야 한다는 말은 처음부터 적을 죽이려는 의도를 지녀서는 안 되며, 적으로부터 나를 지키기 위해 적을 죽이는 불가피한 것이어야 한다는 뜻이다. 또 자신을 지키기 위해 적의 폭력을 압도하는 과잉의 폭력을 행사해서는 안 된다는 것(비례의 원칙)이고, 적을 죽이는 행위는 적개심이 아니라 공공의 선을 의도해야 한다는 의미이다. 그뿐만 아니라 정당한 의도로 시작한 전쟁이더라도, 사악한 의도를 지닌 채 전쟁을 수행한다면, 국가나 군인은 이미 죄를 저지르고 있다는 뜻이기도 하다.

이처럼 정의로운 전쟁의 조건으로서의 정당한 의도는 선을 증진하고 악을 피하려는 의도를 표현하고 있다. 전쟁은 불의를 바로 잡기 위해 수행하는 것이기 때문에 불의를 그대로 두는 것보다 전쟁이 초래하는 손실이 더 커서는 안 된다.

마이클 왈처 : 걸프전의 경우

현재 정의의 전쟁을 대표하는 학자는 마이클 왈처(Michael Walzer)이다. 그는 정의의 전쟁에 관한 논의를 걸프전, 코소보, 이스라엘–팔레스타인 전쟁처럼 사례를 중심으로 전개한 학자로 더 알려져 있다.

그는 전쟁의 도덕적 논증을 위해 생명과 자유에 관한 개인의 권리를 가장 중요한 기준으로 삼으면서, 전쟁에 관한 일반적인 3단계 체계, 즉 (1) 전쟁 자체의 정당성(Jus ad bellum, 정당한 명분, 정당한 동기와 목표, 최후의 수단, 합법적 권위를 지닌 정부에 의한 전쟁선포, 승리의 가능성, 비례의 원칙), (2) 전쟁 수행 과정상의 정의(Jus in bello, 민간인에 대한 공격 배제, 필요한 만큼의 무력 사용이라는 비례의 원칙), (3) 평화 정착과 전쟁 종식의 정당성(Jus post bellum, 부당하게 차지한 것에 대한 반환, 승전 국에 대한 배상을 포함한다)을 따르고 있다. 여기서 검토할 사례는 걸프 전으로 그가 지은 책, 『전쟁과 정의』의 '걸프전' 내용을 재구성한 것이다.

1991년의 걸프전쟁에 대해 당시 종교계는 비판적이었다. 왜냐하면 종 교적 관점에서 정의의 전쟁이기 위해서는 ⑴ 전쟁은 '최후의 수단'이어야 하며, ⑵ 전쟁의 목적이 병사와 민간인의 희생을 압도해서는 안 되어야 했기 때문이다. 하지만 월저는 종교계의 입장은 평화주의 원칙에 따라 "걸프전은 부당한 것"이라고 말하고 싶었기 때문이라고 비판한다. 그뿐 만 아니라 왈처는 '최후의 수단', 즉 어느 순간이 '최후의 순간'인지를 정 확히 알 수 없다고 반박한다.

예를 들어 당시 이라크에 대한 '경제적 봉쇄' 조치는 봉쇄를 하면서도 '민간인의 희생'을 최소화하기 위해 식량과 의약품을 제공하는 것이었 다. 왜냐하면 봉쇄의 목적이 이라크의 군수 산업 능력을 약화시키는 것 이었기 때문이다. 그렇지만 사담 후세인은 이런 봉쇄 조치를 통해서는 자신이 직접적으로 공격받지 않을 것이라는 것을 확신했기 때문에 자신 의 군사적 능력이 약화되는 것을 감수하더라도 독재는 유지할 수 있는 것으로 받아들였다. 결론적으로 어느 시점에서 이라크가 굴복하지 않는 봉쇄 조치라면, 처음부터 봉쇄가 의도하는 근본 목적을 실현하지 못하 도록 되어 있었다. 결국 이라크가 굴복하지 않은 상태에서 연합국이 이 라크에 대해 전쟁을 선포하지 않는다면, 그것은 이라크에게 승리를 의 미하는 것이 되었다. 하지만 연합국은 이라크가 항복하지 않자, 1991년

1월 17일 대공습[3]을 통해 주요 시설을 파괴한 다음, 2월 28일 전쟁 종식을 선언했다. 이에 대해 왈처는 이라크가 봉쇄 조치에 대해 "굴복하지 않았기 때문에 전쟁이 '최후의 수단'은 아니었지만, 분명히 정당한 수단이었다"고 주장한다.

'최후의 수단'과 관련해 이어지는 문제는 '비례의 원칙'이다. 이것은 주로 현대 전쟁은 비용이 이익을 압도하기 때문에 정당화될 수 없다는 주장으로 발전한다. 하지만 수량화가 불가능한 가치들을 수학적으로 비교하려는 시도는 현명하다고 할 수 없다. 예를 들어 한 나라의 독립이 지니는 가치와 몇 명이 희생될지 모르는 목숨의 가치를 수학적으로 비교·측정하는 것은 불가능한 일이다. 그런가 하면 침략 정권을 굴복시키는 것과 이 때문에 잃게 될 목숨의 숫자를 비교해 측정하는 것도 불가능한 일이다.

결국 우리는 피를 흘리지 않는 전쟁, 즉 '무혈 전쟁'을 고려할 수밖에 없는데, 이것은 '정의로운 전쟁'에 관한 것이 아니라 '평화주의'에 해당한다. 하지만 우리는 지금 정의의 전쟁을 말하고 있다. 우리가 할 수 있는 것은 불완전한 단기적인 예측일 뿐 장기간에 걸친, 그리고 전쟁이 초래할 복잡한 예측 불가능한 문제들까지 예측해 수학적 계산에 넣을 수는 없다. 이 때문에 '비례의 원칙'에 충실하게 되면 전쟁은 불가능해질 뿐만 아

---

3 이 전쟁은 유엔의 결의에 따른 집단안보를 위한 조치로 취해진 전쟁으로, 첫째 그동안 개발하여 실전에서 실험하지 못한 하이테크 병기의 실험장이었다는 점, 둘째 텔레비전이라는 대중매체를 이용하여 여론을 조작한 전쟁이었다는 점, 셋째 산유 지역에서 산유국끼리 직접 정면 대결한 전쟁으로서 국가에 의한 인질전략을 사용하였다는 점 등을 특징으로 꼽을 수 있다. 우리나라는 5억 달러의 지원금을 분담하고 군의료진 200명, 수송기 5대를 파견하여 34개 다국적군의 일원이 되었다.

니라 수학적 비례를 찾을 수 없기 때문에 이러한 주장은 잘못된 것이다.

오히려 현명한 사람이라면, 어떤 무기를 사용할 것인지, 어떻게 사용할 것인지, 어떤 목적을 위해 사용할 것인지를 물어야 할 것이다. 이에 대해 정의의 전쟁 이론은 공격에 대한 방어로서 전쟁을 허용하고, 명령할 것이며, 침략 행위가 국제적인 보편 규범을 어기는 범죄라고 주장할 것이다. 따라서 이라크의 쿠웨이트에 대한 군사적 침략 행위는 반드시 군사적 행위를 통해서가 아니더라도 어떤 수단을 통해서든 저지되어야 한다고 주장할 것이다. 또 군사적 수단을 원칙적으로는 배제할 수 없다고 강조할 것이다. 이것은 "공격 전쟁에 대한 혐오이자, '최후의 수단'과 '비례의 원칙'이 주변적인 역할만을 할 뿐이기 때문이다."

이에 따라 정의의 전쟁은 '제한된 전쟁'이라는 성격을 지닌다. 즉 정의의 전쟁은 비전투원에 대해 폭력과 강제력의 사용을 가능한 한 삼가야 한다. 이를 걸프전에 적용하면, 먼저 전쟁의 목적과 관련지어 설명할 수 있다. 정의로운 전쟁은 전쟁 이전의 상태로 회복하고자 하기 때문에 침략 군대에게 패배를 안기거나 무장을 해제하게 하는 과정을 거칠 수 있다. 그렇지만 공격한 국가의 정권을 교체하는 단계(즉 주권 침탈)에까지는 이르지 않는다. 이 점에서 '제한된 전쟁'은 '비례의 원칙'보다는 '불간섭의 원칙'을 따른다. 하지만 걸프전에서 연합국의 유일한 목표가 이라크군의 격퇴에만 있는 것은 아니었다. 미국의 '제국주의적 동기'인 '새로운 세계 질서', 예를 들어 석유 자원의 통제, 페르시아 만의 지배권 확보도 있었다. 이 때문에 정의로운 전쟁은 '도덕적 명분'과 '정치적 동기'를 함께 지닌다. 또한 이러한 속성 때문에 '제한된 전쟁'으로서 정의의 전쟁을 지지하면서, 동시에 전쟁의 숨겨진 동기를 비판하는 것도 가능하다.

그렇더라도 "무엇보다 중요한 것은 제한된 전쟁이어야 한다는 점이다."

다음으로 전쟁 상황에서 민간인을 보호하기 위해 모든 노력을 기울여야 한다는 것이다. 이것을 걸프전에 적용하면, 이라크의 공격에 대해 약 5주 동안 행해진 연합군의 대응은 오직 전투기와 미사일에 의한 것이었고, '군사적 목표물'만을 겨냥한 것이라고 발표되었다. 그런데 이라크의 모든 경제적 기반 시설이 군사적 타격 대상이 되며, 여기에는 통신, 운송체계, 전력 네트워크, 관공서, 급수시설, 정수시설이 포함된다고 발표했다.

하지만 전력과 급수 시설은 식량처럼 일상생활에 필수적인 것이어서 전투원은 물론, 비전투원인 모든 사람들에게도 적용된다. 따라서 이것은 민간 사회에 대한 공격이라고 할 수 있다. 또한 이것은 공격이 쿠웨이트의 해방과 이라크 군사력 격퇴라는 '원상회복' 그 이상의 목표(즉 체제 전복)를 갖고 있었다는 뜻이다. 하지만 "체제 전복을 목표로 하는 전쟁은 정의롭지 못하며, 따라서 그 수단 또한 정의롭지 못하다."

결론적으로 왈처는 전쟁을 부정하는 평화주의와 모든 전쟁을 정당화하는 현실주의 사이에서 정당한 명분에 기초한 방어로서 전쟁, 그리고 생명과 자유의 권리를 준거 삼아 제한된 전쟁으로서 정의의 전쟁을 말하고 있다. 또한 정치 공동체의 주권과 인권의 문제는 패전국에도 적용되어야 한다는 기준을 제시하고 있다. 걸프전 또한 정당한 명분에 기초했는지, 전쟁 수행 과정에서 정당한 방식이 채택되었는지, 전쟁 후 패전국에 대한 원칙이 적용되었는지를 종합적으로 검토함으로써 이 전쟁이 정의의 전쟁인지를 평가할 수 있을 것이다. 왈처는 이 모든 요소를 고려할 때 걸프전이 '정의의 전쟁'이라는 기준들을 결여했다고 평가한다.

5. 국제 원조와 윤리

 지금 여기의 윤리 문제

"세계 인구의 10%가 '기아 상태'에 처해 있는 것으로 추정함"

미국의 트럼프 대통령(2017)이 국방 예산은 약 61조 원 늘리는 대신 해외 원조는 축소하겠다고 발표해 논란이 일고 있다. 반면, 나이지리아, 예멘, 남수단, 소말리아 등은 기근으로 약 2천만 명이 아사(餓死, 굶어 죽음) 위기에 몰려 있어 미국을 비롯한 국제 사회의 원조가 필요한 상황이다. 나이지리아에서는 이슬람 극단주의 무장단체(보코하람)의 세력 확장으로 수백만 명의 난민이 발생했고, 소말리아에서는 심각한 가뭄으로 많은 국민이 식량 확보 어려움에 빠져 있지만, 무장단체가 접근을 차단하고 있어 상황이 더욱 악화하고 있다. 남수단 또한 계속되는 내전으로 수백만 명이 집과 농장을 잃었고, 예멘에서도 기아가 확산하고 있다.

원조와 관련해 미국의 기여도가 30%에 가까운 점을 고려할 때 트럼프의 결정은 국제 사회의 빈곤과 기아(飢餓, 먹을 것이 없어 배를 곯음) 문제 해결을 더욱 어렵게 할 것으로 보인다.

한편, 북한은 기아 상태가 '심각한' 국가로 분류되고 있으며, 영양결핍 인구 비율은 세계에서 두 번째인 것으로 알려져 있다(2020 세계기아지수보고서). 전 세계에서 기아 상태가 가장 심각한 나라는 차드로 나타났다. 이 외에 동티모르, 마다가스카르, 아이티, 모잠비크, 라이베리아, 시에라리온, 레소토, 아프가니스탄, 나이지리아, 남수단, 부룬디, 소말리아, 시리아, 탄자니아, 콩고 등도 기아에 시달리고 있는 것으로 나타났다.

참고로 유엔은 전체 인구의 30%가 영양실조에 처하거나 인구 1만 명을 기준으로 하루 2명 이상이 아사하는 경우, 그곳을 '기근(飢饉, 최소한의 수요도 채우지 못할 만큼 심히 모자라는 상태)' 지역으로 선포한다.

공리주의자인 싱어는 빈곤국의 국민들이 처해 있는 상황을 '연못에 빠져' 생명이 위태롭게 된 어린아이 ('물에 빠진 아이 구하기')에 비유하면서 우리의 도덕적 의무를 자유주의에 기초해 정당화하려는 주장을 비판한다. 싱어는 『세계화의 윤리』에서 중국의 묵자가 강조했던 "보편적인 사랑과 상호 이익으로 가는 길"을 인용하면서 우리에게 '지구 공동체의 구성원'으로서 살아가기 위한 윤리적 지침을 다음과 같이 제시한다.

전제1 : 만약 우리가 어떤 사람에게 매우 나쁜 일이 일어나는 것을 막을 수 있는 힘을 갖고 있고, 그 나쁜 일을 막음으로써 그 일에 견줄 수 있는 다른 일이 희생되지 않는다면, 우리는 그를 도와야 한다.

전제2 : 절대적이고 극단적인 빈곤은 매우 나쁜 일이다.

전제3 : 도덕적인 의미를 지닌 다른 일을 희생하지 않고도, 절대적이고 극단적인 빈곤을 막을 수 있는 방법이 우리에게 있다.

결 론 : 그러므로 우리는 절대적이고 극단적인 빈곤을 막아야 한다.

싱어는 원조에 관한 자신의 이와 같은 논증을 반박하는 논증, 즉 (1) 친소 논리, (2) 재산권 논리, (3) '삼분법' 논리, (4) 정부의 책임이라 논리에 대해서 다음과 같이 비판한다.

먼저, 싱어는 친소 논리를 '편향된 애정에 기초한 선호'라고 비판한다. 즉 "우리는 자기와 가까운 사람을 먼저 돌봐야 한다"는 주장을 따른다면, 우리는 자기와 가까운 순서에 따라서 순차적으로 돌봐야 한다. 먼저 자기의 가족을, 다음으로 자기 지역 사회의 어려운 사람들을, 그 다음 자기 나라의 어려운 사람들을, 그리고 멀리 있는 어려운 사람들 순으로 돌봐야 한다. 이에 대해 싱어는 자신과 멀고 가까움, 그리고 자기와 같은 공동체의 구성원이라는 논리에 근거해 원조의 기준을 설정하는 것은 '이익에 대한 평등한 고려의 원칙'을 위반한다고 비판한다. 예를 들어 선진국 국민이 절대 빈곤 상태에 놓인 가난한 아프리카 국민보다 (우연한 운에 따라 같은 나라의 구성원이 된) 자기 나라의 가난한 사람을 우선해 돌봐야 한다고 주장하는 것은 인종적 친화성을 기준으로 판단하는 것이기 때문에 옳지 않으며, 생존에 필수적이고 절실한 음식 같은 문제를 앞에 두고 이를 인종과 연계 짓는 것이기 때문에 옳지 않다는 것이다. 또 싱어는 공리주의적 입장에서 '가장 큰 혜택을 가져올 수 있는' 곳에 한정된 자원을 사용하는 것이 바람직하다고 주장한다. '절대 빈곤'에 처한 가난한 나라의 국민들을 구하는 것과 선진국 국민들의 빈곤을 도와주는 문제는 그 성격이 본질적으로 다른 것(생명 대 빈곤)이라는 주장이다.

다음으로 재산권에 기초한 논증이다. 소유에 관한 개인의 권리를 주장하는 사람들은 자기 재산의 일부를 기부할 것인지에 대해 결정할 권리가 전적으로 자신에게 달려 있는 문제라고 주장한다. 특히 노직 같은 자유지상주의자는 국가에 의한 재분배와 세금 제도에 대해 매우 비판적이다. 부자가 가난한 사람을 도울 '도덕적 의무(Obligation, 책무)'가 있다고 해서, 이것이 곧 가난한 사람이 부자에게 도움을 요구할 '권리(Right)'를 말하는 것은 아니라는 것이다. 하지만 싱어는 자유주의와 개인주의에 기초한 소유권 주장은 근원적으로 '자연적 우연성'을 포함하고 있기 때문에 적절한 윤리적 기준이 될 수 없다고 반박한다. 예를 들어 우연히 사막에서 살게 된 사람들이 석유로 부자가 되고, 우연히 기름진 땅에 살게 된 사람들이 사막화로 절대 빈곤 상태에 놓이게 된 현실은 개인의 소유권에 대한 적절한 윤리적 정당성을 만들어 내지 못한다는 것이다.

'삼분법'의 논리는 곧 전장에서 부상을 입은 병사들을 처리하는 방식에서 유래한 것이다. 의료 자원이 부족한 전장에서는 부상병을 처우하는 세 가지 유형, 즉 치료하지 않아도 회복할 수 있는 병사, 치료할 경우 회복할 수 있는 병사, 치료해도 회복이 불가능한 병사로 분류한다. 이 분류법을 국제 원조 문제에 적용하면, 선진국의 도움이 없더라도 생존이 가능한 나라에 대해서는 원조가 불필요하지만, 원조를 통해 식량과 인구 문제를 해결할 수 있는 나라에 대해서는 원조가 필요할 것이다.

하지만 선진국의 원조가 있더라도 식량과 인구 문제를 해결할 가능성이 없는 나라에 대해서는 원조를 할 필요가 없게 된다. 이러한 입장을 지지하는 하딘(Garrett Hardin)은 자신의 '구명정 윤리'로 이를 묘사한다. 즉 '구명정에 타고 있는 사람(선진국 국민)은 바닷물에 빠져 구조를 요청하고 있는 사람(후진국 국민)을 구조해야 하는가?'에 대해서 하딘은 그들을 죽도록 내버려 두어야 한다고 주장한다. 왜냐하면 그들을 구조할 경우 구명정에 승선하고 있는 사람들 또한 구명정(즉 지구)의 수용 능력을 초과하게 되어 더 이상 생존이 불가능하게 되기 때문이라는 것이다. 이 때문에 하딘은 자연적 해결 방법, 예를 들면 자연 재해나 기아, 질병 같은 자연에 의한 해결 방식을 지지한다.

하지만 싱어는 이러한 논리에 대해 후진국 국민들을 부양할 수 있는 지구의 생산 능력과 지탱 능력은 충분할 뿐만 아니라 문제는 단지 불평등한 국제적인 분배 구조, 선진국의 후진국에 대한 (제국주의적) 착취 구조, 그리고 상대적으로 부유한 사람들의 육류 중심의 식생활이 문제라고 반박한다. 또 우리나라처럼 선진국의 원조와 함께 교육, 보건 위생과 피임, 여성의 사회 진출과 평등 의식, 제도적 장치를 갖춤으로써 빈곤과 식량 문제는 물론, 인구 문제까지 해결할 수 있다고 주장한다. 비록 과도기를 거치는 과정에서 인구 증가가 일어나기도 하지만, 원조를 통해 최종적으로 빈곤과 인구 문제를 해결할 수 있다는 논리이다. 공리주의적으로 해석할 때, 원조가 비용보다 이익이고, 고통을 예방하며, 고통의 최소화에 기여한다는 논리이다.

정부의 책임을 강조하는 논리는 원조의 책임을 개인에 의한 '자선'이 아니라 정부가 감당해야 할 책임과 의무의 문제라고 주장한다. 이를 지지하는 사람들은 개인의 자선에 의한 원조가 늘수록 정부는 빈곤국에 대한 원조의 책임을 그만큼 더 이행하려 하지 않을 것이라고 주장한다. 하지만 이것은 도움을 베풀지 않으려는 일종의 회피 전략이라고 할 수 있다. 오히려 개인들의 자발적인 원조 활동이 줄어들면 줄어들수록 정부는 국민들이 해외 원조에 대해 소극적이고 부정적인 생각을 갖고 있다고 판단하게 되어 해외 원조를 더욱 줄이는 결정을 할 수도 있는 것이다. 따라서 빈곤국 절대 빈곤에 놓인 개인들에 대한 원조는 선의의 차원에서 베푸는 '자선'의 활동이든, 아니면 국가적 차원에서 이루어지는 빈곤국에 대한 책임과 의무에 의한 활동이든 상관없이 모두 필요한 것이다.

'하나의 세계', 즉 '지구 공동체에서의 삶'을 살아가는 오늘날, 우리에게 '지구화 시대에 알맞은 윤리'를 요청하는 싱어는 롤스가 『만민법』(The Law of People, 1993)에서 주장하고 있는 원조의 의무에 대해서도 강하게 비판한다. 왜냐하면 롤스에 의하면, 원조란 빈곤국의 가난한 개인들을 직접 도와주는 것이 아니라 불리한 여건들(예를 들어 정치 · 문화적 전통) 때문에 고통 받는 사회의 체제[1]나 구조를 개선하도록 도와줌으로써 그들 사회를 '질서 정연한' 체제[2]가 되도록 도와주는데 그 목적이 있다고

---

1 불리한 여건들 때문에 고통 받고 있는 사회를 말한다. 예를 들어 정치적·문화적 전통, 인적 자원, 전문 지식, 자원, 물질적, 과학기술적인 여건들이 갖추어지지 못해(즉 결핍되어) 고통 받고 있는 사회를 말한다.

2 사회의 기본 체제나 구조가 '공정성으로서 정의'라는 롤스의 정의 원칙(제1원칙, 제2원칙)에 따라 운영되고 있는 사회이며, 또한 구성원들이 이를 인식하고 있는 사회를 말한다.

주장하기 때문이다.

> 불리한 여건 때문에 고통받는 사회들은 팽창적이지도 공격적이지도 않은
> 반면, 정치적이며 문화 전통적 자원들(인적·물적·과학기술적 자원 등)이
> 결여되어 있다. 질서 정연한 만민은 이들 고통을 겪는 사회들을 원조해야
> 할 의무가 있다. 하지만 사회들 간의 부와 복지 수준은 다양할 수 있으므
> 로 이런 부와 복지 수준을 조정하는 것은 원조 의무의 목표가 아니다.

즉 롤스는 부를 지구적(국제적) 차원에서 재분배하자는 주장이나 원조
를 통해 체제를 변화시킬 것을 조건으로 강제(간섭)하는 것(예를 들어,
IMF가 우리나라를 상대로 구제 금융의 대가로 신자유주의 도입을 요구
조건으로 제시한 것)에 대해서 반대한다. 롤스에게 원조의 궁극적 목적
은 "고통 받고 있는 사회가 자신의 문제들을 합리적이고 정의로운 방식
으로 관리할 수 있도록 도와줌으로써 최종적으로 '질서 정연한' 국제 사
회의 구성원이 되도록 하는 것이다." 그렇기 때문에 고통 받는 사회가
인권(자유와 평등)을 확립하게 되면(또는 '적정 수준의 사회', '질서 정연
한 사회'가 되면), 즉 차단점(Cut-off)을 통과하게 되면 더 이상 원조의
의무는 사라진다.

원조에 관한 롤스의 이와 같은 입장은 찰스 바이츠처럼 선진국의 빈
곤국에 대한 일방적이고 무조건적인 원조의 의무, 즉 자원 재분배 주장
과는 정면으로 배치된다. 예를 들어 바이츠는 선진국의 빈곤국에 대한
원조를 강조하는 반면, 롤스는 국가의 부에 따라 분담금은 달라야 하며,
원조가 선진국만의 의무는 아니라고 주장한다. 또 바이츠는 자원에 대
한 재분배 원칙, 즉 국제적 차원의 재분배 원칙에 기초해 롤스의 차등의

원칙을 지구적 차원으로 확장하여 개인들에게 적용해야 한다고 주장하지만, 롤스는 이에 반대해 한 사회의 정치 문화와 시민 사회의 능력, 인구 정책에 더 관심을 갖는다. 이 때문에 롤스는 원조란 구성원의 복지와 인권에 관심을 갖는 '적정 수준의 정부'가 되도록 도와주는 것이라고 주장한다.

한편, 빈곤에 대해서도 바이츠는 부존자원에 대한 불평등한 분배가 국가 빈곤의 원인이라고 주장하지만, 롤스는 부정의한 사회 체제와 인권을 소홀히 하는 정치, 빈곤과 인구 문제, 여성과 어린아이의 문제를 해결하려는 정책 수립을 하지 않는 정부, 그리고 인권에 관심이 부족한 정부의 문제를 지적한다. 이 때문에 사회의 기본 구조와 정치 문화를 질서 정연한 체제로 운영할 수 있도록 도와준다면, 자신들의 문제를 합당하고 합리적으로 관리할 수 있을 뿐만 아니라, 자동적이고 점진적으로 해결할 수 있으리라고 전망한다.

> 결정적 차이는 정치 문화, 정치적 덕목, 그 국가의 시민 사회, 구성원의 성실과 근면, 현식 능력, 그리고 인구정책이다. 반드시 알아야 할 것은 단지 분배 재원만으로는 기본적인 정치적·사회적 부정의를 교정하는데 충분하지 않다는 것이다. 하지만 인권에 대한 강조는 무능한 정체는 물론, 자기 국민의 복지에 무감각한 통치자들이 자신의 행동을 바꾸도록 작용할 수 있다.

롤스는 모든 사회는 정의로운 제도를 실행할 충분한 잠재적 인적 자원을 지니고 있을 정도로 인구는 충분하다고 가정한다. 또 한 사회가 추구하는 정치의 최종 목적은 합당하고 정의로운 안정적인 사회가 되는

현대사회와 윤리 주제탐구

것이라고 본다. 따라서 이런 목적이 실현되면 필요 이상의 생활 수준 향상을 정치의 목표로 규정하지 않아도 된다고 생각한다. 롤스의 이런 생각은 그가 개인들의 복지에 궁극적 관심을 갖는다고 비판한 세계 시민주의적 관점과 대조를 이룬다. 롤스는 중요한 것은 '사회의 정의'라고 규정한다. 반면, 세계 시민주의는 "개인들의 복지에 관심을 가지며, 그 결과 지구적으로 최소 수혜자의 복지가 향상될 수 있는지에 관심을 갖는다."고 지적한다. 하지만 자신의 '만민법'에서 '최소 수혜자의 원칙'을 원조 문제에 확대하는 것에 반대하며, 중요한 것은 "질서 정연한 만민의 사회의 성원으로 살아가는 자유(주의)적 사회와 적정 수준에 이른 사회들이 올바른 이유들에 기초하고 있어야 할 정의와 안정성"이라고 주장한다.

이처럼 롤스는 정치 문화, 즉 선거에 의한 개방적인 의사 결정 체제와 사회 구조, 여성의 권리 신장이 이루어지면 (자연 자원이 빈약한 우리나라나 일본처럼) 자연적이며 우연적인 조건에 의한 불평등과 결핍은 극복할 수 있으리라고 생각했다. 이와 같은 롤스의 생각을 정리하면, "인류의 불의는 잘못된 사회 구조에서 비롯된 것이지만, 사회 구조는 개선되거나 바꿀 수 있는 것이기 때문에 불의의 원인이 되는 사회 구조를 개선한다면, 심각한 부정의 문제는 점진적으로 사라지리라는 것이다." 롤스는 이것을 '현실주의적 유토피아'라고 생각했다.

국가와 개인 간의
적절한 관계 설정은
가능할까?

×
×

1. 아리스토텔레스
: 자연적 본성과 국가

아리스토텔레스는 자신의 『정치학』 첫 문장을 "모든 공동체는 어떤 좋음을 위해 구성되며, 모든 폴리스는 어떤 종류의 공동체"라는 말로 시작한다. 그에 따르면, 인간의 모든 행위는 "각자에게 좋음으로 여겨지는 것"을 목표로 삼고, 모든 공동체 또한 어떤 종류의 좋음을 목표로 삼는다. 이에 기초해 그는 "공동체들 중에서 최고의 것이면서, 다른 모든 공동체들을 포괄하는 가장 으뜸이 되는 공동체, 즉 폴리스는 모든 좋음들 중에서 최고의 것을 목표"로 한다고 자신의 주장을 확장한다.

아리스토텔레스는 공동체에 대한 자신의 견해를 자기 철학에서 근본이 되는 '목적론적' 관점에 기초해 전개한다. 즉 그것은 가장 작은 규모의 공동체인 가정으로부터, 마을과 마을들을 거쳐 완전한 공동체인 폴리스에 이르는 구조인데, 흥미로운 것은 이 모든 단계에서 일관되게 채택되고 있는 것은 목적론적 관점, 그리고 자연은 어떠한 것도 헛되이 하지 않는다는 사고이다.

그에게 가정이란 "일상생활 속에서 필요한 것들을 충족하기 위해 자연적으로 형성된 공동체"이다. 그리고 마을은 일상생활 속에서 필요 이상의 것들을 충족하기 위해 여러 가정들로 구성된 공동체이다. 최종적으로 여러 마을들로 구성된 완전한 공동체, 즉 폴리스는 부족함이 없는 완전히 자족적인 것이며, 좋은 삶을 위해 존재하는 것이다.

그의 이런 입장에서 주목할 부분은 그가 폴리스를 "자연(본성)적으로 존재하는 것"이라고 보았다는 점이다. 그가 가정을 '자연적으로 형성된 공동체'라고 이해했다는 것을 더 작은 목적은 더 큰 목적을 위해 존재한다는 '목적론적 관점'과 결합하게 되면, 그가 폴리스를 자연적으로 존재하는 것이라고 말한 이유를 이해할 수 있다. 각각의 것들은 본성적으로 어떤 목적을 향하고 있으며, 그것이 완결되었을 때 그것을 그것의 본성이라고 부르기 때문이다. 이로부터 아리스토텔레스는 다음과 같이 말한다.

> 폴리스는 자연적으로 존재하는 것들에 속하며, 인간은 본성적으로 '폴리스'를 형성하며 살아가기에 적합한 동물이다. 운 때문이 아니라 본성 때문에 폴리스 없이 사는 사람은 좀 모자라는 사람이거나 인간 이상의 사람이다. 또 그런 사람은 형제도 법도, 집도 없는 자이다.

이처럼 폴리스의 형성 근거를 인간의 자연적 본성에 두었던 아리스토텔레스는 또한 이것에 기초해 인간이 군집 생활을 하는 벌이나 다른 동물들보다 더 완전하고 우월하다고 주장한다. 그에 따르면, "자연은 결코 아무런 헛된 일을 하지 않기 때문이다." 여기에 더하여 그는 "동물들 중에서 인간만이 말(logos, 이성)을 갖는다고 주장한다." 그는 동물들도 고통이나 즐거움을 표현할 수는 있지만, 인간만이 말을 통해 단순한 표현을 넘어 정의로운 것과 정의롭지 않은 것을 '분명하게' 가릴 수 있다고 주장한다. 즉 동물과 비교할 때, 인간만이 좋은 것과 나쁜 것, 정의로움과 정의롭지 않음, 도덕적 지각 능력을 지닌다는 것이다. 그가 식물은 동물을 위해, 동물은 인간을 위해 있는 것이라고 했던 이유를 이해할 수 있는 대목이다.

> 만약 자연이 아무것도 불완전하게 만들지 않고, 또한 헛되게 만들지 않는다면, 자연은 그 모든 것을 인간을 위해 필연적으로 만든 것이어야 한다.

한편, 아리스토텔레스는 "전체는 필연적으로 부분에 앞선다."는 자신의 논리에 기초해 "폴리스는 본성적으로 가정과 우리 각자 모두에 앞선다."고 주장한다. 폴리스는 자연(본성)적이기 때문이다. 이로써 인간이 폴리스적 존재라는 사실은 분명해진다. 이것을 아리스토텔레스는 "공동의 일을 함께 나눌 수 없는 사람이나 자족 때문에 공동의 일을 함께 나눌 필요가 없는 사람은 결코 폴리스의 부분이 아니다. 그러므로 그 사람은 짐승이거나 신이다."라는 말로 제시한다. 따라서 그에게 폴리스를 형성한다는 말은 '공동의 생활을 하며 살아가는 것', '어떤 하나의 공동의 일을 갖는 것', '정치적 삶을 사는 것' 정도로 이해해도 무리는 없겠다. 이제 인간은 "폴리스를 형성하며 살아가기에 적합한 존재"라는 아리스토텔레스의 명제에 기초해 인간을 '정치적 동물'로 정의할 수 있게 되었다.

한편, 폴리스(도시 국가)에 기초해 인간이 정치적 동물이 된다는 의미에는 자기와 같은 동료 시민과 친구를 적과 구분한다는 의미도 포함되어 있다. 또 폴리스를 형성한다는 말에는 공동의 경험과 기억이라는 의미도 포함되어 있다. 따라서 폴리스의 시민에게는 공직에 참여하며, 이를 위한 훌륭한 시민적 덕성 또한 갖출 것이 요구된다. 훌륭한 폴리스의 시민들은 우애, 다시 말하면 공통의 애착과 충성, 신뢰, 유대 등으로 서로 결합되어 있어야 한다. 왜냐하면 이런 것들은 "함께 살겠다는 의도적 선택, 즉 우애의 산물들"이기 때문이다. 이런 의미에서 국가 공동체는 "단지 모여 살기 위해서가 아니라 훌륭한 행위를 위해 존재"하는 것이라고 보아야 한다. 따라서 국가 공동체인 폴리스가 행복해지고 잘 통치되기 위해서는 폴리스를 구성하는 사람들과 그들이 어떤 성격의 사람들(시민의 훌륭한 덕)이어야 하는지가 중요하다.

현대사회와 윤리 주제탐구

2. 홉스 : 자기 보존과 코먼웰스

홉스는 자신의 정치 철학의 전개를 '자연 상태'로부터 시작한다. 홉스는 "자연은 인류를 육체적 · 정신적 능력에서 평등하게 창조"했지만, 이러한 평등으로부터 '불신'이 발생한다고 본다. 즉 평등에 따라 누구나 똑같은 수준의 기대와 희망을 갖지만, 원하는 것이 서로 같고 그것을 똑같이 누릴 수 없다면 서로 적이 되어 상대방을 굴복시키려 한다는 것이다. 홉스는 이와 같은 서로에 대한 경쟁은 '자기 보존'을 위한 것이며, 또 파괴와 정복에 따른 '쾌감' 때문이라고 주장한다. 뿐만 아니라 서로에 대한 이와 같은 불신 상황에서는 자신을 보존하기 위해 상대방을 먼저 공격하는 것이 최선일 수 있으므로 이것은 누구에게나 허용되어야 한다고 본다.

홉스에 의하면, 자연 상태에서의 상호 경쟁과 불신, 그리고 공명심(자만, 명예욕)으로 인해 "만인은 만인에 대해 전쟁 상태"에 놓이게 된다. 이러한 전쟁 상태에서는 토지의 경작이나 무역, 예술이나 학문이 불가능하며, 사회 또한 불가능하다. 홉스는 이 중에서도 가장 나쁜 것은 "끊임없는 두려움과 폭력으로 인해 삶과 죽음의 갈림길에서 각자의 삶은 외롭고 가난하고, 비참하고, 잔인하며, 짧은" 것이라고 주장한다. (참고로 홉스에게 자연 상태는 과거의 원시 상태가 아니라 일반 사회에서도 권력이 집행되지 않을 때, 또 자신의 생명이나 재산의 안전에 대해 두려워할 이유가 있을 때 언제나 존재한다.)

홉스는 모든 사람에 대해 모든 사람이 전쟁인 상태, 즉 영원한 두려움과 불신의 상태에서는 "어떠한 것도 부당하지 않으며, 따라서 옳고 그름의 관념, 정의와 불의의 관념 또한 존재하지 않는다."고 주장한다. 즉 "공통의 권력이 없는 곳에서는 법도 존재하지 않으며, 법이 없는 곳에서는 불의나 불법도 존재하지 않는다."는 것이다. 정의나 불의, 소유(내 것과 네 것이 구별)는 고립된 개인들 사이에서가 아니라 사회 속에 있는 개인들과 관련되기 때문이다.

사실, 홉스의 자연 상태에 대한 이러한 묘사는 이제 시작되는 자신의 정치 철학을 내세우기 위한 일종의 사전 장치이다. 홉스는 인간이 가혹한 자연 상태로부터 벗어날 가능성을 인간이 지니고 있는 '정념'과 '이성'에서 발견한다. 그는 사람들을 평화로 향하게 하는 정념들로 죽음에 대한 두려움, 쾌락적 삶에 대한 욕망, 자신의 노력으로 생필품을 획득할 수 있다는 희망, 그리고 이성을 통해 사람들이 평화의 협정을 이끌어낼 수 있는 가능성, 즉 자연법을 제시한다.

홉스에 의하면, '자연적 권리'로서 '자연권'은 "모든 사람이 자신의 본성인 자기 생명을 보존하기 위해 자기 힘을 자기 뜻대로 사용할 수 있는 자유"를 의미한다. 또 자연법에 대해서는 "인간의 이성이 발견해낸 계율

(지침), 즉 일반적 규칙"이라고 정의한다. 자연법에 따라 각자는 다른 사람의 생명을 파괴하거나 생명 유지의 수단을 박탈해서는 안 되고, 모든 사람은 평화를 획득할 수 있는 한, 평화를 이루기 위해 노력해야 하며, 이것이 불가능한 경우 어떤 수단이든 사용할 수 있다(자기방어 권리). 이것이 이성의 계율로서 제1 자연법, 즉 "평화를 추구하고 따르라."이다. "다른 사람이 너에게 행하기를 원치 않는 일을 너 또한 다른 사람에게 행하지 말라."는 말로 이해해도 무방하다.

제2 자연법은 "모두(각자)는 평화와 자기방어를 위해 자신이 필요하다고 판단하는 한, 만물에 대한 이 권리를 기꺼이 포기하고 만족해야 한다."이다. 자연 상태의 권리를 갖고 있는 한 모든 사람은 전쟁 상태에 놓이게 되기 때문이다. 그런데 인간이 자신의 권리를 양도하거나 포기할 때는 그 이유가 있는데, 그것은 '자기 이익'이다. 즉 모든 자발적 행위는 자기 이익을 목적으로 한다. 홉스는 그럼에도 포기 또는 양도된 것으로 볼 수 없는 것이 있는데, 그것은 "힘으로 생명을 빼앗으려는 자들에게 저항할 권리"라고 말한다. 이것은 누구도 포기할 수 없다. 여기에는 어떤 자기 이익도 없기 때문이다. 이것과의 연속선에서 개인이 자신의 권리를 양도하는 이유는 자신의 생명을 보존하고, 생명을 보존할 수 있는 안전한 수단의 확보를 위해서라고 할 수 있다.

홉스는 권리를 서로 양도하는 것을 계약(契約, contract)이라 하고, 계약 당사자 중 한쪽이 다른 한쪽에 대해 신뢰를 갖고 일정 기간이 지난 뒤 채무를 이행하기를 기다리는 것을 신약(信約, covenant, 계약을 맺고 동의함)이라고 한다. 이 점에서 홉스에게 자기 보존과 관련된 계약은 곧 신약의 의미를 갖는다. 이로부터 제3 자연법이 도출된다. 즉 "맺은 신약은 준수해야 한다."이다. 홉스에 의하면, 이행해야 할 의무가 없는 신약은 공허한 말만의 약속에 불과하다. 아무튼 신약이 먼저 이루어지지 않으면 어떤 권리도 양도된 것이라 볼 수 없고, 어떤 행위도 불의가 될 수 없다.

하지만 자연법이 있더라도 각자의 안전을 보장할 만큼의 '공통 권력(commonwealth)'이 없다면, 각자는 자신의 힘에 의지할 수밖에 없다. 즉 자연법 자체는 권력(힘)의 위협이 있을 때 지켜질 수 있다. 홉스는 이것을 "칼(sword)이 없는 신약은 단지 말(word)에 불과하며, 인간의 생명을 보장할 아무런 힘도 없다."고 정의한다. 홉스는 이에 근거해 통치자의 단일한 판단에 의해 통치되지 않는다면, 안전도 보장할 수 없다고 주장한다.

홉스는 동물들의 화합은 자연적이지만, 인간의 화합은 오직 인위적인 신약을 통해서만 가능하며, 이러한 신약은 인간을 두렵게 하고 공동의 이익에 맞게 행동하도록 지도하는 공통 권력을 통해 지켜질 수 있다고 주장한다. 그에게 공통 권력은 "외적이나 서로의 침입(침해)로부터 안전을 보장해주며, 자신의 노동을 통해 대지의 산물을 이용할 수 있게 해준다." 이런 "공통 권력을 세우는 유일한 길은 모두의 의지를 다수결에 의해 하나의 의지로 결집하는 것, 즉 각자의 모든 권력과 힘을 '한 사람' 또는 '하나의 합의체'에 부여하는 것이다."

각자의 인격을 이것에 위임하고, 그것을 위임받은 자가 공공의 안전과 평화를 위해서 하는 모든 행위는 또한 각자가 그 모든 행위의 당사자임을 의미한다. "이것은 동의나 화합 이상의 것이며, 사람과 사람끼리 맺은 신약이 단 하나의 동일 인격으로 결합되는 참된 통일"이라 할 수 있다. 홉스는 이처럼 "다수의 사람들이 하나의 인격으로 결합하여 통일될 때, 그것을 '코먼웰스(리바이어던, 지상의 신, 인공적 인격, 주권자, 필멸의 신)'"라고 부른다.

이제 이 지상의 신은 대내적으로는 평화를 유지하고, 대외적으로는 외적을 물리치며, 강제력을 행사함으로써 모두의 의지를 하나의 의지로 만들어낸다. 코먼웰스는 "많은 사람들이 서로 신약을 맺어 세운 하나의 인격이며, 각자는 그 인격이 하는 행위의 당사자가 됨으로써 그 인격이 평화와 안전을 위해 모든 힘과 수단을 사용할 수 있도록 한 것이다." 그리고 이것을 가리켜 '주권자(주권적 인격)'라고 한다. 결론적으로 코먼웰스는 계약을 통해 모든 사람의 인격을 나타내는 권리가 다수결에 의해 한 개인 또는 합의체에 주어지고, 그렇게 함으로써 평화와 안전을 보호받고자 함으로써 설립된다.

이러한 이유 때문에 "국민은 통치의 형태를 변경할 수 없고", "통치권(주권)을 박탈할 수도 없고, 주권자의 어떠한 행위도 처벌할 수 없다." 즉 코먼웰스를 설립한 사람들은 신약에 의해 주권자의 행위와 판단을 자신의 것으로 인정할 의무가 있다. 주권자는 자신의 국민들과 어떤 신약을 맺은 것은 아니기 때문이다.

이에 따라 주권자는 "규칙을 제정할 권리", 즉 소유권, 그리고 모든 행동의 선악, 합법과 불법에 대한 시민법을 제정할 권리를 갖는다. 뿐만 아니라 주권자는 모든 분쟁을 심리(정밀하게 조사함)하고 결정할 권리도 갖는다. 따라서 주권자의 주권은 분할할 수 없다. "분할된 왕국은 존립할 수 없기 때문이다." 홉스에 의하면, "코먼웰스 외에는 어느 누구도 법을 제정할 수 없고, 코먼웰스의 권력을 분할하는 것은 코먼웰스를 해체하는 것"과 같다.

> 주권자의 권리는 그의 동의 없이는 타인에게 양도될 수 없으며, 또한 몰수
> 되지도 않는다. 그는 어떤 국민에게서도 권리 침해를 이유로 비난받을 수
> 없고, 또한 처벌되지도 않는다. 그는 평화를 위해 무엇이 필요한지를 판단
> 하는 심판관이자, 여러 학설의 심판관이다. 그는 유일한 입법자이고, 전
> 쟁과 평화의 시기 및 기회를 판단하는 최고 심판관이다.

이처럼 홉스에 의하면, 주권자에게는 국민을 재판하고, 선악을 분별
하는 각종 규칙을 제정할 권리(입법권)가 있으며, 이 규칙이란 다름 아
닌 법이다. 홉스는 코먼웰스가 갖는 절대적 주권에 대해 비판하는 주장
이 있을 수 있지만, 오히려 권력의 부재로 인해 발생하는 영원한 전쟁
상태와 비교한다면, 이것이 훨씬 나은 것이라고 반박한다. 오히려 홉스
는 "두려움과 자유는 양립"한다고 주장한다. 배가 침몰할지도 모른다는
'두려움' 때문에 자기 재산을 바다에 내다버리는 행위가 자발적 행위인
것처럼, 코먼웰스 안에서 법에 대한 두려움 때문에 그렇게 하지 않을 수
없는 행위는 '자유'를 포함한다고 본 것이다.

결론적으로 인간은 평화를 획득하고 자신의 생명을 지키기 위해 코먼
웰스라는 인공적 인격(인간)과 '시민법'이라는 공적인 사슬을 만들며, 법
률 아래에서 자신의 이성이 가장 유리하다고 판단하는 것을 행할 자유를
갖게 된다. 따라서 "국민이 갖는 자유는 신약에서 발생한 자유"이며, 그
렇기 때문에 국민의 자유는 주권자의 절대 권력과도 양립한다고 할 수
있다.

그렇더라도 국민은 모든 경우에 대해 주권자에게 무조건 복종해야

현대사회와 윤리 주제탐구

하는가의 문제는 여전히 남는다. 홉스는 주권자에 대한 국민의 의무는 "주권자에게 국민을 보호할 권력이 존속하는 한에서"라고 답한다. 인간은 자신을 아무도 보호해줄 자가 없는 경우 '자기 보존의 자연적 권리'를 갖는데, 이 권리는 어떤 신약에 의해서도 양도될 수 없다는 것이 홉스의 생각이다. 즉 "자신의 몸을 지키지 않기로 하는 계약은 무효"라는 것이다.

홉스에게 "국가의 영혼은 주권자", 즉 군주이고, 국가는 자연적으로 존재하거나 형성되는 것이 아니라 상호 신약에 의해 인공적(인위적)으로 설립되는 것이다. 또 주권자만이 자연법에 따라 선과 악, 정의와 부정의의 기준을 정립할 수 있다(입법권). 이 때문에 국민인 신민은 군주가 제정하는 법이 악법으로 드러나더라도 그것을 준수할 의무가 있게 된다. 하지만 군주의 권리가 무한하다고 해서 신민의 의무 또한 무한한 것은 아니다. 신민 또한 자기 생명 보존권, 즉 주권자의 명령이 이것을 위협할 경우 이에 대한 복종을 거부할 권리가 있기 때문이다.

홉스의 정치 철학에서 우리가 주목할 부분이 있다면, 그것은 '개인'을 중심에 놓고 있다는 점이다. 홉스는 자연 상태, 즉 하고 싶은 대로 할 수 있는 '개인의 자연권'으로부터 주권자의 권력을 도출해낸다. 이렇게 보면, 홉스에게서 주된 것은 권리이고, 의무는 파생적이라는 점이 두드러진다. 주권자의 직책(역할)이자 목적은 각 개인의 자연권을 다른 사람들의 권리와 일치하게 함으로써 자연권을 보호하려는데 있는 것이다. 이렇게 본다면, 홉스는 '의무'보다 '권리'를 우선함으로써 오늘날 '자유주의의 아버지'라는 일반적 평가를 받고 있다.

3. 로크 : 저항권과 국가

홉스처럼 로크 또한 사회 계약론자로서 자신의 입장을 자연 상태로부터 시작한다. 로크는 자연 상태에서 각자는 자유롭고 평등하므로 타인의 의지에 종속되지 않으며, 자연법의 범위 내에서 자신의 행동을 스스로 규제하고, 자신의 재산과 신체를 자기 마음대로 처리할 수 있다고 묘사한다. 계속해서 그는 자연 상태는 "자연법의 지배를 받으며, 자연법은 모든 사람에게 적용"되고, 이러한 자연법의 근간은 '이성'이라고 주장한다. 따라서 범죄자를 징벌하는 경우가 아니라면, 다른 사람의 생명, 신체, 건강, 자유, 재산에 대해 피해를 주어서는 안 된다. 또 자연 상태에서 발생하는 범죄에 대해서는 국가 상태에서와 마찬가지로 지은 범죄에 비례해서 징벌해야 한다.

하지만 자연 상태에서는 각자(즉 모두)가 집행권을 가지므로 개인적인 이해관계에 따라 공정성이 보장되기는 어렵다. 이 때문에 로크는 자연 상태에서의 불편함을 해결하기 위한 적절한 방안으로 '시민 정부'를 구상

　　　　　　　　　현대사회와 윤리 주제탐구

한다. 공동의 재판관이 없는 자연 상태, 또는 전쟁 상태에서 각자는 하늘에 호소할 수밖에 없어서 작은 불화나 갈등이 파멸을 초래할 수도 있게 되기 때문이다. 우리가 사회를 형성하게 되는 중요한 이유가 바로 이런 자연 상태에서 벗어나기 위해서이다.

> 인간은 자신의 소유물, 즉 생명, 자유, 재산을 다른 사람의 위해(공격)로부터 보호할 천부적 힘(권력)을 가지며, 나아가 (사형을 포함해) 징벌할 힘도 갖는다. 재산을 보호하고 징벌할 권력 없이는 어떤 정치 사회도 존재 또는 존속할 수 없다.

로크는 그렇기 때문에 사회를 구성하는 모든 사람은 자신의 자연적 권력을 공동체에 위임하며, 누구든 사회가 제정한 법에 호소해야 한다. 이것이 정치 사회가 필요한 이유이다. 이렇게 형성된 국가는 사회 전체 구성원들의 재산을 보호하기 위해 범죄자에 대한 징벌권도 갖게 되는데, 이것은 곧 자연법을 거스르는 범죄자에 대한 개인의 징벌권 포기를 의미한다. 즉 정치 사회(시민 사회)는 각자가 자신의 자연법 집행권을 공동체에 위임(양도)함으로써만 성립한다. 그런데 시민 사회의 목적은 자연 상태의 불편을 해결하려는 것에 있으므로 절대 군주제는 그러한 시민 사회에 적합하지 않다. 절대 군주가 입법권과 집행권을 모두 장악하게 되면 공정하고 공평한 재판을 기대하기 어렵기 때문이다.

시민 사회, 즉 하나의 공동체를 형성하는 유일한 방법은 각자가 타고나면서 부여받은 자유를 스스로 박탈하는 것이다. 그렇게 함으로써 안락하고 평화로운 삶과 자신의 재산에 대한 향유, 그리고 외부의 침탈로부터 자신의 안전이 가능해진다. 이렇게 볼 때, 공동체를 움직이게 하는 것은 오직 그에 속한 개인들의 동의뿐이다.

우리가 살펴본 것처럼, 로크에 의하면 인간(각자)은 누구나 태어나면서부터 자유롭기 때문에 자신의 동의가 아니면 시민 사회의 권력에 지배받을 수 없다. 따라서 각자가 정부의 법에 지배받기 위해서는 동의의 내용이 무엇인지를 살펴야 한다. 로크는 '동의'와 관련해 그것을 '명시적인 것'과 '묵시적인 것'으로 구분해 설명한다. 로크는 만약에 어떤 사람이 자신의 명시적 동의에 따라 사회의 구성원이 되기로 한다면, 그가 정부(사회)의 구성원이자 신민이 되는 것은 분명하다고 말한다. 또 묵시적 동의와 관련해서는 "국가(정부) 영토의 일부를 소유하거나 향유하고 있는 사람이라면 누구나 묵시적으로 동의한 것이며, 그것을 계속해서 향유하는 한, 그는 정부의 법에 복종해야 한다."고 주장한다. 즉 정부의 법은 그 정부의 영토 내에 있는 사람 누구에게나 구속력을 갖는다는 것이다. 그것은 토지를 상속받은 사람이든, 이용하는 사람이든, 잠시 머무는 사람이든 상관없다. 적어도 머무는 동안에는 (외국인일지라도) 그곳의 법과 통치를 따라야 한다는 것이 로크의 입장이다.

로크는 "생명, 자유, 토지(재산)의 상호 보존"을 위해 자유롭더라도 위험하고 불확실한 상태를 포기하고 사회를 형성한다고 본다. 따라서 인간이 국가(정치 사회)를 형성하여 정부 아래로 들어가는 주된 목적은 자신의 재산을 보호하기 위해서라고 할 수 있다. 왜냐하면 자연 상태에서는 옳고 그름에 대한 공통의 동의와 분쟁을 판결하는 공통의 척도(또는 공정한 재판관)가 될 수 있는 법이 없기 때문이다.

인간이 사회에 들어갈 때는 자연 상태에서 가졌던 자유, 평등, (자연법에

현대사회와 윤리 주제탐구

대한 자기) 집행권을 사회에 양도해 사회의 이익을 위해 필요할 때 입법기구가 이용할 수 있도록 해야 한다. 하지만 그 의도는 단지 모든 구성원의 자유와 재산을 보호하기 위한 것이다. 그렇기 때문에 입법기구의 권력은 결코 공익의 범위를 넘어설 수 없다.

따라서 공동체의 권력(힘)은 국민의 평화와 안전, 공익을 지향해야만 한다. 그리고 이러한 목적을 달성하기 위해서 정부가 갖는 최고 권력은 입법권이다. 입법권은 국가가 갖는 최고의 권력이다. 어느 누구도 사회의 동의와 사회에서 인정하는 권위가 없으면 법을 제정할 수 없다. 하지만 로크는 입법기구가 국가의 최고 권력체이기는 하지만, 그 권력이 "국민의 생명과 재산을 절대적으로 좌우할 수는 없다."고 주장한다. "입법권은 모든 사회 구성원의 공동 권력이 법을 제정하는 사람이나 단체에 위임된 것일 뿐"이기 때문이다. 즉 그것은 공동체를 형성하기 전에 자연 상태에서 인간이 가졌던 권력보다 클 수 없다.

누구도 자신 또는 타인의 생명을 침해하거나 재산을 침탈해도 될 만큼 절대 권력을 행사할 수는 없다. 입법 권력은 단지 자연법이 자신과 타인을 보호하기 위해 허용하는 한에서만 행사될 수 있는 것이다. 입법기구의 입법 권력은 "단지 국민을 보호하기 위한 목적만 가지므로 국민을 파괴하고 예속(지배)하고 빈곤하게 만들 권리를 결코 가질 수 없다." 로크는 이러한 주장에 근거해 절대적이며 제멋대로의 전횡적 권력은 사회와 정부의 목적에 어긋난다고 주장한다. 즉 무제한적인 절대 권력은 자연 상태보다 더욱 나쁘다는 것이다.

한편, 입법기구의 입법 권력은 국민으로부터 위임된 권력이므로 다른 곳, 또는 남에게 양도될 수 없는 권력이다. "법의 목적은 궁극적으로 국민의 이익을 위한 것"이며, 이것의 실현을 위해 국가는 입법기구를 구성하며, 입법기구는 법을 제정하는 자신의 권한을 다른 사람에게 양도할 수 없다.

그런데 입법권을 가진 자가 집행권까지 장악하게 된다면, 자신이 만든 법에 복종하지 않으려 할 수 있고, 자신의 이익 추구를 합법화하는 법을 만들 수도 있어 사회(공동체)와 정부의 목적을 저버릴 수 있는 일이 얼마든지 발생할 수 있다. 이 때문에 로크는 "입법권과 집행권의 분리"를 주장한다. 입법권은 국가가 지닌 최고 권력이며, 그것은 공동체의 보존과 이익을 위해 사용되어야 한다. 입법권은 이것을 목적으로 위탁된 권력이므로 "입법 행위가 위임된 신탁에 어긋나게 행사될 경우, 그 입법기구를 없애거나 바꿀 수 있는 최고 권력은 여전히 국민에 있다." 즉 공동체의 이익과 보존이라는 목적을 위해 신탁된 권력은 제약을 받지 않으면 안 된다. 정치 권력은 명시적이거나 묵시적으로 위탁된 권력이므로 구성원들의 이익(공동체의 이익)을 도모하고 보호하는데 사용되어야 한다.

입법기구(입법부)가 정부(국가)의 목표에 어긋나는 행위를 일삼고 스스로 무소불위의 권력을 행사하여 국민의 생명과 자유, 재산을 강탈하거나 다른 사람의 수중에 던져 주려고 하는 것은 위탁받은 책무에 어긋나며 권력의 남용에 해당한다. (이에 대해 국민은) 스스로를 보호하고 침략자에 맞서 저항할 권리를 갖는다(저항권). 즉 권력은 다시 국민의 손으로 돌아간다.

그렇기 때문에 위탁받은 책무에 어긋나게 권력을 남용하는 정부가 있다면, 그 정부의 권력은 국민에 의해 해체되며, 국민은 정부를 구성할

현대사회와 윤리 주제탐구

자유로운 상태로 돌아갈 권리를 갖게 된다. 인간(각자)이 사회를 형성하고, 입법기구에게 권한을 위임한 이유는 자신의 재산을 보호하려는 데 있기 때문이다. 따라서 입법자들이 국민의 재산을 빼앗고 파괴하려는 행위, 국민을 입법부의 전횡적 권력에 예속시키려는 시도는 국민과의 전쟁 상태로 들어가는 것, 즉 반역자가 된다는 뜻이다. 그럴 경우 "국민은 더 이상 국가(정부)에 대해 복종할 의무를 지지 않으며, 권력의 위탁도 중단된다. 그리고 권력은 다시 국민에게 귀속된다." 즉 국민은 원래 가졌던 자유를 되찾고, 새로운 입법기구를 수립해 자기 보호와 안전을 도모할 수 있게 된다. 입법 권력과의 전쟁 상태에서 각자는 자신을 지키기 위해 공격자에 대해 (무력을 포함해) 저항할 권리를 갖는다.

로크에게서 시작하여 칸트와 밀을 거친 자유주의 전통은 현대 롤스에 이른다. 로크의 주장, 즉 "각자(모든 사람)는 자신의 신체에 대해 소유권을 갖는다. 그것은 오직 그 자신을 제외한 누구의 권리도 아니다."로부터 우리는 롤스의 주장, 즉 "모든 사람은 정의에 근거해 불가침의 권리를 지닌다. 그것은 전체로서 사회의 행복으로도 짓밟을 수 없다. 일부 사람의 자유의 상실로 다수의 사람들의 큰 선이 실현되더라도 그것은 정당화될 수 없다."를 떠올릴 수 있다.

4. 루소 : 일반의지와 국가

    루소에 의하면, 자유롭고 평등했으며 행복했던 자연 상태의 자연인('고상한 야만인')은 사적 소유(사유 재산)의 등장과 함께, 즉 사회의 발달과 함께 사슬에 얽매이고 불평등하며 불행하게 된다. 그는 자연 상태에서는 거의 존재하지 않았던 불평등이 인간 능력의 발달과 정신의 진보라는 사회의 발전 때문에 강화되고 확장되었으며(『인간 불평등 기원론』), 최종적으로 재산권과 법의 토대 위에서 정당화되기에 이르렀다고 본다. 이런 문제의식에 기초해 루소는 자연인이 지녔던 선함과 행복을 올바른 이성을 통해 사회 상태에서 다시 회복하고자 했고, 이를 자신의 『사회 계약론』에서 전개한다. 그가 『에밀』에서 선언했던 "자연으로 돌아가자!"는 사회 계약을 통해 사회 상태의 불행한 인간을 구원하는 자유와 평등에 대한 희망의 메시지였던 것이다.

    루소는 인간에게 가장 중요한 의미를 지녔던 '(평등한) 자유'와 '자기 보존'이 사회 상태에서 훼손되고 있는 상황을 비판하며, 이를 사회 계약

현대사회와 윤리 주제탐구

을 통해 해결하고자 한다.

> 각 구성원의 몸(생명)과 재산을 공동의 힘으로 지키고 보호해주는 결합의
> 한 형태를 찾아내는 것, 즉 각자가 전체와 결합되어 있지만, 여전히 자기
> 자신에게만 복종하면서도, 이전과 다름없이 자유롭게 남아 있게 하는 그런
> 결합의 형태를 찾아내는 것, 이것이야말로 근본적인 문제이며, 사회 계약
> 은 이에 대한 하나의 해결책을 제시한다.

　한편, 루소는 사회 계약과 관련해 그것은 '조금이라도 수정될 수 없
으며', 그렇게 되면 계약은 무효가 된다고 강조한다. 그가 말하는 사회
계약의 내용이란 "각 구성원들이 자신의 모든 권리와 함께 자신을 공동
체 전체에 전적으로 양도하는 것"인데, 그 이유는 각자가 자신을 온전
하게 양도하게 된다면, 각자의 처지가 같아지기(평등해지기) 때문이다.
루소에게 이것이 중요한 또 다른 이유는 각자(즉 모든 사람들)의 처지가
같게 된다면, 어느 누구도 다른 사람의 처지를 악화시키는 일에 관심을
갖게 되지 않을 것이라고 보기 때문이다. 루소는 이것을 다음과 같이
표현한다.

> 우리들 각자는 자신의 몸(인격)과 모든 재산(능력)을 공동의 것인 '일반의
> 지'라는 최고의 지도(명령) 아래에 둔다. 이러한 통합을 통해 우리는 서로
> (각자)를 전체와 뗄 수 없는(불가분의) 일부로서 받아들이게 되며, 또한 한
> 몸으로서 받아들이게 된다.

　루소에게 일반의지란 두 가지 의미를 지닌다. 하나는 국가 간 질서가
아닌 공동체를 지도하는 최고 원리를 말한다. 일반의지는 모든 인류에

게 보편적으로 적용되는 것이 아니라 일반적으로 하나의 정치 공동체에 속하는 시민에게 적용된다. 다른 하나는 다수의 인간들이 각자의 자기 보존(생존)을 위해 서로 계약을 체결할 때 생성되는 것이다. 즉 '우리(전체)'가 요구하는 정도에 따라 신체(몸)와 재산을 포함하는 모든 것을 각자가 양도할 때 이 모든 공동의 것을 지배하는 우리의 최고 의지가 바로 일반의지이다. 따라서 "일반의지는 항상 올바르고 공동의 이익을 목적으로" 하기 때문에 입법의 원리가 되지만, 그렇다고 항상 고정적이고 불변하는 것은 아니다. 또 인민의 의지가 항상 올바르다는 것도 아니다.

이러한 결합과 계약 행위를 통해 각자는 자신을 대신하여 하나의 '정신적 인격체', '인위적 단체', '정신적 존재'인 '국가' 또는 '도시 국가'를 만들어내는데, 이 단체는 투표자와 같은 수의 구성원들로 이루어진다. 루소는 모든 사람들의 결합에 의해 이루어지는 이 '공동의 자아', 즉 '공적인 인격'은 과거에는 '도시 국가'라 불렀고, 지금(당시)은 '공화국' 또는 '정치체'라 부른다고 말한다. 또 그는 구성원들(집합적으로는 인민, 주권에 참여한다는 점에서는 시민, 국가의 법률에 복종한다는 점에서는 신민)은 이것을 수동적으로는 '국가', 능동적으로는 '주권자'로 부르며, 그와 비슷한 것과 비교할 때는 '권력체'로 부른다고 말한다.

이와 같은 내용들에 근거해 루소는 다음과 같이 선언한다. "주권은 절대로 양도될 수 없는 것이다. 그것은 일반의지의 행사이기 때문이다. 주권자란 집합적 존재이기 때문에 이 집합적 존재 자체에 의해서만 대표될 수 있다." 일반의지는 공동선을 실현하려는 각각의 시민들의 의지, 즉 공동선을 성취하려는 투표권자들에 의해 형성되는 것이므로 대의제에서처럼 (국회) 의원들에게 대신(대표) 또는 양도되어서는 안 된다는 의미이다. 루소는 이와 관련해 영국의 대의제는 투표권자들의 진정한 자유를 보장하지 못한다고 비판한다.

> 주권은 이양(양도: 남에게 넘겨줌)될 수도 없고, 대표될 수도 없다. 주권은 본질적으로 일반의지의 행사일 뿐이기 때문이다. 따라서 인민의 대의원은 일반의지를 대표하는 자가 될 수 없다. 그들은 인민이 고용한 사람들일 뿐이기 때문이다. 또한 그렇기 때문에 인민이 승인하지 않은 법은 모두 무효이고, 결코 법률이 아니다. 그런데 영국 인민은 선거할 때만 자유롭고, 선거가 끝난 다음에는 노예가 되어버린다.

루소는 인민은 '집회를 했을 때에만 주권자'로서 행동할 수 있다고 주장한다. 즉 인민은 '집회'를 통해 주권자로서의 권리뿐만 아니라 집회를 통해 법률을 승인하고 헌법을 정하기 때문이다. 따라서 루소에게 인민의 정기적 집회, 즉 정치 참여는 중요한 의미를 갖는다(인민 주권론). 이렇게 볼 때 주권은 양도될 수도 없고, '분할될 수도 없다.'는 것이 그의 결론이다. 물론, 루소에 의하면, 개인의 '특수 의지'가 '일반의지'와 일치할 수는 있지만, 적어도 그와 같은 일치가 영속적이고 항구적일 수는 없다. 왜냐하면 일반의지는 평등을 지향하지만, 특수 의지는 그 속성상 불평등 또는 차별 쪽으로 기울고자 때문이다.

한편, 루소는 국가의 해체와 관련해 다음과 말한다. 통치자가 법률에 따라 국가를 다스리지 않고, 주권을 빼앗는 경우이다. 정부가 주권을 빼앗는(탈취하는) 순간 사회 계약은 깨지고, 일반 시민은 모두 당연히 자연적 자유로 복귀하게 된다. 즉 복종을 강요당할 수는 있어도 더 이상의 정치적 의무는 지지 않게 된다.

정치체(공화국)의 생명의 원천은 주권에 있다. 입법권은 국가의 심장이고, 집행권은 모든 부분에 운동을 주는 국가의 뇌수이다. 뇌수가 마비되어도 개인은 여전히 존재할 수 있고, 바보가 되어도 목숨은 이어간다. 하지만 심장의 기능이 정지함과 함께 동시에 동물의 생명은 끝이 난다. 국가는 입법권에 의해 존속된다. 인민(또는 인민의 집회: 주권자로서 행동)이 스스로 승인한 것이 아닌 법률은 모두 무효이며, 절대로 법률이 될 수 없다. 인민의 대의원은 일반의지의 대표자가 아니며, 대표자일 수도 없다. 그들은 인민의 고용인일 뿐이다.

잘 알려진 것처럼, 루소의 『사회 계약론』은 근대 프랑스 혁명의 '법전'으로 불릴 만큼 그 영향력은 결정적이었다. 또 칸트가 루소의 『에밀』을 읽은 첫날 산책하는 시간을 까먹었다는 일화는 널리 알려져 있다. 루소의 칸트에 대한 영향은 그의 '준칙의 보편화'를 넘어서는 것 같다. 루소가 "일반의지에 복종하는 것은 사실상 우리가 정한 법에 복종하는 것"이라고 주장했듯이, 칸트는 "보편적 도덕 법칙을 따를 때에만 우리는 자율적인 도덕적 행위자가 된다."고 주장한다.

현대사회와 윤리 주제탐구

【글을 쓰면서 도움을 많이 받은 유익한 자료들】

- 구승회, 『생태 철학과 환경윤리』, 서울 : 동국대학교출판부, 2001.
- ──── , 『에코필로소피』, 서울 : 새길, 1995.
- 구영모 엮음, 『생명의료윤리』, 서울 : 동녘, 2005.
- 구인회, 『생명 윤리, 무엇이 쟁점인가』, 서울 : 아카넷, 2005.
- 김기호, "국제 정치와 분배 정의 : 존 롤스의 국제 정치 사상에 대한 연구",
- 연세대학교 석사학위논문, 2001.
- 김상득, 『생명의료 윤리학』, 서울 : 철학과 현실사, 2001.
- 김옥주, "인체 관련 의학 연구의 윤리", 한국기독교사회윤리학회, 2002.
- 김재명, "'정의의 전쟁'이론에 관한 비판적 연구", 국민대학교 박사학위논문, 2006.
- 김휘원, "생명권과 생명 가치에 대한 연구", 이화여대 석사학위 논문, 2010.
- 류지한, 『성윤리』, 서울 : 울력, 2011.
- 문종길, 『윤리와 사상 : 텍스트와 함께 읽기2』, 서울 : 인간사랑, 2011.
- 박찬구, 『우리들의 응용 윤리학』, 서울 : 울력, 2012.
- 박찬국, 『에리피 프롬과의 대화』, 서울 : 철학과 현실사, 2001.
- ──── , 『현대 철학의 거장들』, 서울 : 철학과 현실사, 2005.
- 박홍규, 『예술, 정치를 말하다』, 서울 : 이다미디어, 2010.
- 법철학연구회, "시민 불복종에 대한 법철학적 고찰", 제39권, 2004.
- 변종찬, "아우구스티누스의 '신국론'에 나타난 '국가' 개념 고찰",
- 가톨릭대학교 대학원 석사학위논문, 2012.

- 서규선, 문종길, 『환경윤리와 환경윤리 교육』, 서울 : 인간사랑, 2000.

- 송명규, 『현대 생태 사상의 이해』, 서울 : 따님, 2004.

- 송문영, "예술 작품의 도덕적 가치와 예술적 가치의 관계", 서울대학교 석사학위 논문, 2012.

- 신준식, "종교의 순기능에 관한 연구", 사회문화연구, 1983.

- 안나현, "과잉형벌 시대와 형벌 이론의 역할", 고려대학교 박사학위논문, 2012.

- 오병남, 『미학 강의』, 서울 : 서울대학교출판부, 2006.

- 유용민, "인공지능 시대의 새로운 윤리학 모색", 커뮤니케이션 이론, 2022년 18권 2호.

- 오충환, "예술 작품에서의 도덕적 가치와 미적 가치에 관한 연구", 한국외국어대학교 박사학위 논문, 2012.

- 이미순, "법철학적 관점에서 본 시민 불복종", 이화여대 석사학위논문, 2006.

- 이장규 · 홍성욱, 『공학 기술과 사회』, 서울 : 지호, 2006.

- 이종원, "응보적 정의와 회복적 정의", 신학과 실천, 제28호, 2011.

- 이주영, 『예술론 특강』, 서울 : 미술문화, 2007.

- 이하준, 『철학이 말하는 예술의 모든 것』, 서울 : 북코리아, 2013.

- 이현복 외, 『인간 본성에 관한 철학 이야기』, 서울 : 아카넷, 2007.

- 이혜민, "마이클 월저의 정전론(正戰論)의 재구성을 통해 본 이라크전쟁 정당성 분석", 2012.

- 경북대석사학위논문.

- 임우열, "인체실험에 대한 연구 윤리", 동아대학교 석사학위논문, 2007.

- 임종식, 구인회, 『삶과 죽음의 철학』, 서울 : 아카넷, 2003.

- 장영란 외, 『성과 사랑, 그리고 욕망에 관한 철학적 성찰』, 서울 : 서광사, 2001.

- 장정훈, "벤담과 밀의 공리성과 정의의 관계에 관한 연구", 윤리문화 연구, 제8호, 2012.

- ──────, "제레미 벤담의 공리주의적 처벌에 관한 연구", 동국대학교 대학원 박사학위논문, 2012.

- 정동호 외, 『철학, 죽음을 말하다』, 서울 : 산해, 2004.

- 지순임 외, 『고전 미학 연구』, 서울 : 민음사, 1992.

- 최재천 엮음, 『과학, 종교, 윤리의 대화』, 서울 : 궁리, 2001.

- 최준식, 『종교를 넘어선 종교』, 서울 : 사계절, 2005.

- 한면희, 『환경윤리』, 서울 : 철학과 현실사, 1997.

- 한자경 편집, 『죽음, 삶의 끝인가 새로운 시작인가』, 서울 : 운주사, 2011.

- 한정연, "인체실험윤리에 관한 주요 문헌 연구", 동아대학교 석사학위논문, 2011.

- 홍성욱, 『과학에세이』, 서울 : 동아시아, 2008.

- 황지섭, "적극적 평등 실현 조치의 평등심사 방안에 관한 연구",

- 서울대학교 법학석사학위논문, 2011.

- 간디, 소로 지음, 함석헌, 장기홍 옮김, 『간디 자서전, 시민의 불복종』, 서울 : 삼성출판사, 1997.

- 나이젤 워버턴 지음, 최희봉 옮김, 『철학의 주요 문제에 대한 논쟁』, 서울 : 간디서원, 2003.

- 래난 길론 지음, 박상혁 옮김, 『의료윤리』, 서울 : 아카넷, 2005.

- 러셀 바노이 지음, 황경식 · 김지혁 옮김, 『사랑이 없는 성』, 서울 : 철학과 현실사, 2003.

- 로버트 노직 지음, 남경희 옮김, 『아나키에서 유토피아로』, 서울: 문학과 지성사, 2014.

- 로버트 애링턴 지음, 김성호 옮김, 『서양 윤리학사』, 서울 : 서광사, 2003.

- 루이스 포이만 지음, 박찬구 외 옮김, 『윤리학』, 서울 : 울력, 2010.

- 마이클 왈저 지음, 유홍림 외 지음, 『전쟁과 정의』, 서울 : 인간사랑, 2009.

- 매클로스키 지음, 황경식 · 김상득 옮김, 『환경윤리와 환경정책』, 서울 : 법문사, 2000.

- 미카엘 란트만 지음, 진교훈 옮김, 『철학적 인간학』, 서울 : 경문사, 1994.

- 벤담 지음, 신건수 옮김, 『파놉티콘』, 서울 : 책세상, 2007.

- 사아키안 지음, 박종대 옮김, 『윤리학』, 서울 : 서강대학교출판부, 1985.

- 쇼펜하우어 지음, 김중기 옮김, 『의지와 표상으로서의 세계 외』, 서울 : 집문당, 2007.

- 앤드류 볼스 엮음, 김한식 외 옮김, 『국제정치에 윤리가 적용될 수 있는가』,

- 서울 : 철학과 현실사, 2004.

- 앤드류 헤이우드 지음, 조현수 옮김, 『정치학』, 서울 : 성균관대출판부, 2006.

- 앤서니 케니 지음, 김성호 옮김, 『중세철학』, 서울 : 서광사, 2010.

- 에리히 프롬 지음, 황문수 옮김, 『사랑의 기술』, 서울 : 문예출판사, 2013.

- 우도슈클렝크 외 지음, 김성한 편역, 『성과 윤리』, 서울 : 아카넷, 2010.

- 장 자크 루소 지음, 박호성 옮김, 『사회계약론』, 서울: 책세상, 2019.

- 장 폴 사르트르 외 지음, 정동호 외 편역, 『죽음의 철학』, 서울 : 청람, 2004.

- 제임스 레이첼스 엮음, 황경식 외 옮김, 『사회 윤리의 제문제』, 서울 : 서광사, 1983.

- 제임스 레이첼스 지음, 노혜련 외 옮김, 『도덕 철학의 기초』, 서울 : 나눔의 집, 2006.

- 존 로크 지음, 남경태 옮김, 『시민 정부』, 파주: 효형출판, 2012.

- 존 베일리스, 스티브 스미스 편저, 하영선 외 옮김, 『세계정치론』, 서울 : 을유문화사, 2003.

- 존 스튜어트 밀 지음, 서병훈 옮김, 『공리주의』, 서울 : 책세상, 2007.

- 칸트 지음, 이한구 편역, 『칸트의 역사철학』, 서울 : 서광사, 1992.

- 캐롤린 머천트 지음, 허남혁 옮김,『래디컬 에콜로지』, 서울 : 이후, 2001.
- 타타르키비츠 지음, 손효주 옮김,『미학의 기본 개념사』, 서울 : 미술문화, 2011.
- 토마스 홉스 지음, 최공웅 외 옮김,『리바이어던』, 서울: 동서문화사, 2018.
- 피터 싱어 엮음, 김성한 외 옮김,『응용윤리』, 서울 : 철학과 현실사, 2005.
- 피터 싱어 지음, 김희정 옮김,『세계화의 윤리』, 서울 : 아카넷, 2003.
- ──────── 지음, 변순용 외 옮김,『생명윤리학1』, 서울 : 인간사랑, 2005.
- ──────── 지음, 황경식 외 옮김,『실천윤리학, 서울 : 연암서가, 2013.
- ──────── 지음, 황경식 · 김성동 옮김,『실천윤리학』, 서울 : 연암서가, 2013.
- 한스 요나스 지음, 이유택 옮김,『기술 의학 윤리』, 서울 : 솔, 2005.
- 한스 큉 지음, 안명옥 옮김,『세계 윤리 구상』, 서울 : 분도출판사, 1992.
- C.P. 스노우 지음, 오영환 옮김,『두 문화』, 서울 : 사이언스, 2011.
- E. 바칼로 지음, 이남원 외 옮김,『현대 사회와 윤리』, 서울 : 박학사, 2009.
- N. 포션 지음, 김일순 옮김,『의료 윤리』, 서울 : 현암사, 1997.

- Barbar MacKinnon, Ethics: Theory and Contemporary Issues,
- Wadsworth Publishing Company. 1981.
- Garret et. al., Health Care Ethics. Prentice Hall, 2nd Edition, 1993.

- http://blog.naver.com/respublica7?Redirect=Log&logNo=196549925
- http://en.wikipedia.org/wiki/Just_war
- http://terms.naver.com/entry.nhn?docId=1058788&cid
- http://terms.naver.com/entry.nhn?docId=1065298&cid=200000000&categoryId=200003886

현대사회와 윤리 주제탐구

- http://terms.naver.com/entry.nhn?docId=1142425&cid=40942&categoryId=31534

- http://terms.naver.com/entry.nhn?docId=1720375&cid=3437&categoryId=3437

- http://terms.naver.com/entry.nhn?docId=390043&cid=170&categoryId=170

- https://terms.naver.com/entry.naver?docId=6593510&cid=43667&categoryId=43667